자기 깨어짐
DE PAENITENTIA

김남준 현 안양대학교의 전신인 대한신학교 신학과를 야학으로 마치고, 총신대학교에서 목회학 석사와 신학 석사 학위를 받았으며, 신학 박사 과정에서 공부했다. 안양대학교와 현 백석대학교에서 전임강사와 조교수를 지냈다. 1993년 **열린교회**(www.yullin.org)를 개척하여 담임하고 있으며, 현재 총신대학교 신학과 조교수로도 재직하고 있다. 저자는 영국 퓨리턴들의 설교와 목회 사역의 모본을 따르고자 노력해 왔으며, 아우구스티누스를 비롯한 보편교회의 신학과 칼빈, 오웬, 조나단 에드워즈와 17세기 개신교 정통주의 신학에 천착하면서 조국교회에 신학적 깊이가 있는 개혁교회 목회가 뿌리내리기를 갈망하며 섬기고 있다.

주요 저서로는 **1997년도 기독교 출판문화상**을 수상한 『예배의 감격에 빠져라』와 **2003년도 기독교 출판문화상**을 수상한 『거룩한 삶의 실천을 위한 마음지킴』, **2005년도 기독교 출판문화상**을 수상한 『죄와 은혜의 지배』를 비롯하여 『구원과 하나님의 계획』, 『게으름』, 『하나님의 도덕적 통치』, 『교사 리바이벌』, 『자네, 정말 그 길을 가려나』, 『목회자의 아내가 살아야 교회가 산다』, 『설교자는 불꽃처럼 타올라야 한다』, 『돌이킴』, 『싫증』, 『개념없음』, 『그리스도인이 빛으로 산다는 것』, 『가상칠언』, 『목자와 양』, 『아이야 엄마가 널 위해 기도할게』, 『깊이 읽는 주기도문』, 『서른통』, 『부교역자 리바이벌』, 『인간과 잘 사는 것』 등 다수가 있다.

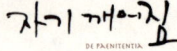

ⓒ **생명의말씀사** 2006

2006년 3월 25일 1판 1쇄 발행
2007년 12월 15일   3쇄 발행
2006년 4월 5일 2판 1쇄 발행
2021년 3월 26일   18쇄 발행

펴낸이 | 김창영
펴낸곳 | 생명의말씀사

등록 | 1962. 1. 10. No.300-1962-1
주소 | 서울시 종로구 경희궁1길 6 (03176)
전화 | 02)738-6555(본사) · 02)3159-7979(영업)
팩스 | 02)739-3824(본사) · 080-022-8585(영업)

지은이 | 김남준

기획편집 | 태현주, 조해림
디자인 | 박소정, 디자인집
인쇄 | 영진문원
제본 | 다인바인텍

ISBN 89-04-03093-5
      89-04-00127-7 (세트)

저작권자의 허락없이 이 책의 일부 또는 전체를
무단 복제, 전재, 발췌하면 저작권법에 의해 처벌을 받습니다.

거룩한 삶의 신학 시리즈 1

자기 깨어짐
DE PAENITENTIA

김남준 지음

생명의말씀사

| 추천의 글 |

박찬호 | 웨스트민스터 신학대학원 총장

평소 김남준 목사님의 설교에 대해 두 가지 점을 높이 평가해 왔다. 첫째는 청중들로 하여금 생각하게 하는 설교, 즉 성도들의 지성에 호소하는 설교라는 점이다. 둘째는 청교도적인 영성을 따라 성화에 대한 아주 구체적인 메시지를 제시하는 설교라는 점이다. 이 책에서 다루는 '자기 깨어짐'의 교리 역시 구원론의 성화와 관련이 있는 내용이다. 저자가 지적하고 있듯 불행하게도 기독교 교리 체계에서는 이 부분을 심도 있게 다루지 못하고 있다.

이 책은 회개와 인간 본성의 변화에 대한 저자의 심도 깊은 성경적 연구와 신학적 분석 그리고 철학적 탐구를 담고 있다. 그러기에 이 책은 거룩에 대한 열망을 가지고 있는 사려 깊은 성도들에게도 유익하겠지만, 학문적인 면에서도 적잖은 기여가 되고 자극이 되리라는 기대를 가져본다. "하나님의 영광을 위한 갈망 속에서 사는 신자의 삶은 하나님께서 이 땅에 있는 신자들에게 기대하시는 최고의 삶입니다." 저자가 말하고 있는 이 최고의 삶을 위하여 우리 모두에게 자기 깨어짐은 필수적일 수밖에 없다. 이 책을 통하여 우리 모두가 더 많이 자기 깨어짐을 경험하고 하나님의 신실한 종들도 설 수 있기를 바라며, 기쁨으로 이 책을 추천하는 바이다.

백금산 | 예수가족교회 담임목사

  예수님은 "누구든지 나를 따라오려거든 자기를 부인하고 자기 십자가를 지고 나를 좇을 것이니라"고 말씀하셨다. 김남준 목사의『자기 깨어짐』은 예수님의 참된 제자가 되기를 원하는 사람들에게 '자기를 부인'하며, '자기 십자가를 지고 예수님을 따르는 것'이 무엇인지를 구체적이며 실제적으로 우리에게 설명해 준다.

  이 책은 그리스도인의 성화에 있어 필수적인 '자기와의 싸움' 혹은 '내 안에 있는 죄성'과의 전투를 치르고 있는 사람들에게 영적 전투의 승리를 위한 중요한 지침이 되어줄 것이다.

유해무 | 고려 신학대학원 교의학 교수

한국교회는 급속한 성장의 여파로 많은 아픔을 안고 산다. 청교도들의 몸부림은 우리에게 좋은 치유책이지만, 단번에 답습하기에는 매우 어려운 귀감이다. 김남준 목사는 청교도 전통을 끈기로 체득하고 내면화하여 혼신으로 설교하는 독보적 경지를 열어 가고 있다. 본서는 저자가 칼빈과 어거스틴에게까지 지평을 넓혀 결실을 맺은 쾌거이다. "진정한 철학자는 하나님을 사랑하는 사람이다."라는 어거스틴의 말을 신조로 삼아, 저자는 진리에 대한 사랑을 성경으로 묵상하고, 부패한 인간의 내면을 현미경으로 보듯 분석하여, 교회와 성도의 아픔을 진단하고 치료한다. 기도와 말씀으로 사투를 벌이는 저자의 경건한 모습이 이 책에 고스란히 담겨 있다. 따라서 '자기 깨어짐'이란 서명(書名)이 도전적이다 못해 도발적일 수밖에 없다. 이 고통을 신학의 언어로 표현하다 보니, 그 언어에 익숙하지 않은 독자들에게는 다소 생경하겠지만, 기도하며 완독한다면 자기가 깨어지는 체험을 할 것이다. 나아가 한국교회도 이 책으로 깨어지고 치유되는 놀라운 역사를 기대해 본다.

추천의 글 | 5
저자 서문 | 16

제 1 부 신자와 자기 사랑

제1장 자기 깨어짐 | 21

I. 자기 깨어짐이란 무엇인가 | 23
  A. 자기 깨어짐의 정의 | 24
  B. 자기 깨어짐과 회개 | 25
  C. 자기 사랑과 정욕 | 26

II. 이 교리를 세우는 유익 | 27

제2장 죄에 대한 사랑 | 33

I. 신자 안에 있는 옛 본성 | 35
II. 죄의 뿌리인 자기 사랑 | 37
III. 죄가 사랑으로 뿌리 내리는 방식 | 39
  A. 영혼 안에서 : 하나님을 대적하는 경향성으로 | 40
    1. 지성을 속임으로써 | 41
      a. 부주의하게 함 | 42
      b. 헛된 것에 몰두하게 함 | 43
      c. 이성의 추론을 방해함 | 44
    2. 영혼의 전일성을 파괴함으로써 | 46
    3. 영혼을 강압함으로써 | 47
  B. 마음 안에서 : 육체의 욕심, 정욕, 이기심으로 | 48
    1. 정욕을 불러일으킴으로써 | 49

2. 죄의 즐거움을 줌으로써 | 50
   a. 소극적으로 : 상상을 불러일으킴으로써 | 50
   b. 적극적으로 : 죄를 실행함으로써 | 51
3. 마음의 틀을 바꿈으로써 | 53
   a. 마음의 틀 | 53
   b. 마음의 틀에 대한 이중의 공격 | 54
      1) 미덕스러운 틀을 파괴함 | 55
      2) 악덕스러운 틀을 구축함 | 56
C. 삶 속에서 : 하나님의 계명을 거스르는 불순종으로 | 58
  1. 개별적인 죄의 실행 | 58
      a. 개별적인 정욕이 죄로 실행되는 방식 | 58
         1) 신자의 내적 취향에 의함 | 59
         2) 산출되기에 적합한 환경을 만남 | 60
            a) 양심의 제약을 덜 받는 상황 | 60
               ① 도덕적으로 너그러운 환경 | 61
               ② 양심의 작용이 저해받는 환경 | 62
            b) 죄의 실행에 불편함이 제거됨 | 62
            c) 처벌받지 않을 것이라는 기대 | 64
         3) 죄를 산출하는 즐거움에 대한 기대가 극대화됨 | 65
      b. 개별적인 죄의 실행과 그 영향 | 65
  2. 죄의 반복 | 66
      a. 산출된 죄의 목표 | 66
         1) 부당한 거역의 반복 | 67
         2) 죄의 산출을 용이하게 함 | 68
      b. 산출된 죄를 반복하게 하는 방식 | 69
         1) 정욕에 대한 억제 기능을 파괴함으로써 | 70
            a) 양심의 기능을 파괴함 | 70
            b) 선한 의지를 부패하게 함 | 71
         2) 원천적인 정욕을 강화함으로써 | 72
         3) 일반섭리 안에서 죄스러운 환경 안에 갇힘으로써 | 73

IV. 죄를 버리지 못하는 이유 : 기쁨, 집착, 두려움 | 75
  A. 죄가 주는 기쁨 때문에 | 75
     1. 죄의 결과가 드러남으로써 | 76
     2. 죄의 결과가 숨겨짐으로써 | 77
  B. 죄에 대한 집착 때문에 | 78
  C. 혼자 있을 두려움 때문에 | 79
  D. 정죄받을 두려움 때문에 | 80

제3장 자기의 | 85

I. 자기 깨어짐에서 말하는 자기의 | 87
  A. 자기를 의롭다고 믿는 정신 | 88
   1. 죄를 가볍게 여김 | 89
   2. 자신을 정당화함 | 89
  B. 소극적 의미와 적극적 의미 | 90
   1. 소극적 자기의 | 90
   2. 적극적 자기의 | 91

II. 율법적 의와 복음적 의 | 92
  A. 율법적 의 | 92
  B. 복음적 의 | 95

II. 자기의의 악덕스러움 | 95
  A. 하나님께 대한 절대 의존을 떠난 의 | 96
  B. 하나님 사랑에 종속되지 않은 의 | 98
   1. 결함을 가진 의 | 98
   2. 창조 목적에 기여하지 못하는 의 | 98
   3. 인격적 사랑이 아님 | 99
  C. 하나님께 대한 순종이 결핍된 의 | 100
  D. 하나님의 생명으로부터 떠난 의 | 101

IV. 자기의와 거룩한 삶에 대한 지성적 혼란 | 102
  A. 그리스도와 거룩한 생활의 관계에 대한 무지 | 103
  B. 의로운 삶의 무용론-율법폐기론적 태도 | 105

V. 구원의 열매인 의로운 생활 | 107

제 2 부 자기 깨어짐의 과정

제4장 성령의 조명 | 117

I. **성령의 조명** | 120
   A. 본성의 빛으로 파악할 수 없는 죄 | 120
   B. 영혼의 이중적 어두움 | 123
      1. 객관적 어두움 | 124
      2. 주관적 어두움 | 126

II. **조명과 영광의 빛** | 127
   A. 중생 후에도 계속되는 조명의 작용 | 128
   B. 조명과 영광의 빛 | 131
      1. 영광의 빛과 복음 | 132
         a. 영광의 의미 | 132
         b. 복음의 영광 | 133
         c. 지성을 압도하는 빛 | 135
      2. 영광의 빛, 신적 지식 | 135
         a. 신적 임재의 효과 | 136
         b. 참회하게 함 | 137
         c. 성장하게 함 | 137

III. **하나님 앞에서의 삶을 위한 지식** | 138

IV. **조명과 인간의 책임** | 140
   A. 지성과 영혼의 관계 | 140
   B. 조명과 인간의 책임 | 141
      1. 조명된 지식의 파지(把持) | 142
      2. 조명된 이성의 추론(推論) | 142

제5장 죄의 확신 | 147

I. 조명과 확신 | 149
  A. 조명과 관련하여 고려할 점 | 150
    1. 조명을 통한 인식과 확신 | 150
    2. 이성의 추론과 확신 | 151
    3. 확신케 하시는 성령 | 152
  B. 도덕적 책임의 인식 | 153
    1. 하나님 앞에서의 확신 | 154
    2. 절대선의 존재 증거 | 155
    3. 악덕스러움의 확신 | 156

II. 확신하는 내용들 | 157
  A. 죄의 존재 | 157
  B. 개별적인 실행죄 | 158
  C. 죄의 원천 | 158
  D. 하나님의 심판 | 159

III. 죄를 확신함에 있어서 인간의 책임 | 160
  A. 성령-인간의 협력 사역 | 160
  B. 인간의 책임 | 161
    1. 정직할 것 | 161
      a. 최초의 빛에 대하여 | 162
      b. 이성적 추론에 대하여 | 163
    2. 관심을 회피하지 말 것 | 164
    3. 믿음을 가질 것 | 165

제6장 자기 부인 | 169

I. 죄의 확신과 자기 비판 | 171
II. 자기 부인의 성격 | 173
   A. 전망적 사실의 현재화 | 173
   B. 거부하는 의지의 작용 | 174
      1. 자기 부인의 의지적 성격 | 174
      2. 의지가 거부하는 내용 | 175
         a. 환경의 거부 | 175
         b. 속박의 거부 | 176
         c. 독립의 거부 | 178
            1) 소극적 측면 : 자기 불신 | 178
            2) 적극적 측면 : 하나님께 대한 의존 | 178
   C. 자유에 대한 갈망 | 181
III. 자기 사랑의 허무함 | 182
   A. 하나님께 대하여 | 183
   B. 창조세계와 다른 사람들에 대하여 | 183
   C. 자신에 대하여 | 184
      1. 삶의 허무 | 185
      2. 영혼의 고통 | 185
         a. 현세에서 | 186
         b. 내세에서 | 187
IV. 자기 부인의 두 측면 | 187
   A. 소극적 측면 : 이성의 추론과 욕망의 거부 | 188
      1. 부패한 이성의 추론을 거부함 | 188
      2. 부패한 육신의 요구를 거부함 | 190
         a. 욕망이 죄의 실행으로 발전하는 경로 | 190
         b. 근원인 욕망을 죽임 | 191
   B. 적극적 측면 : 자기 사랑을 비움 | 192

제7장 자기 심판과 자기 처벌 | 197

I. 성령의 조명과 양심 | 200
II. 자기 심판 | 201
    A. 자기에 대한 유죄선고 | 202
    B. 양심과 자기 심판 | 203
        1. 양심의 기능 | 203
        2. 두 종류의 죄에 대한 심판 | 205
            a. 실행된 죄에 대하여 | 205
            b. 마음 안에 있는 죄에 대하여 | 206
III. 자기 처벌 | 208
    A. 고통의 선취적 경험 | 208
        1. 양심의 가책이 주는 고통 | 209
        2. 하나님의 마음을 느끼는 고통 | 211
    B. 자기 처벌의 고통을 경험하는 방식 | 212
        1. 죄를 올바로 인식하는 고통 | 212
        2. 섭리 속에서 주어질 징계를 인식하는 고통 | 214
        3. 심판의 고통을 경험함 | 215
            a. 회고적 경험 | 215
            b. 전망적 경험 | 216

제8장 그리스도와 함께 죽고 다시 삶 | 221

I. 그리스도와 함께 죽고 다시 삶 | 223
    A. 옛 사람의 죽음을 경험함 | 223
    B. 새 사람의 살아남을 경험함 | 225
    C. 창조의 목적으로 돌아감 | 228
II. 철학적 사유를 통한 현자의 삶 | 230

DE PAENITENTIA

제9장 그리스도를 따름 | 237

I. 그리스도를 따름 | 239
  A. 부주의함을 고침 | 240
  B. 그리스도를 의지함 | 242
    1. 자기를 의지하던 태도를 버림 | 242
    2. 그리스도를 전적으로 의지함 | 243
  C. 순종으로 그리스도를 알아감 | 244
    1. 총체적인 삶에 있어 순종함 | 244
    2. 순종을 통하여 지식에서 자라감 | 245
  D. 하나님을 더욱 섬기고자 함 | 248

II. 깨어짐의 고통을 감당하게 하는 것들 | 249
  A. 그리스도께 대한 믿음 | 251
  B. 하나님을 향한 사랑 | 252
    1. 하나님 사랑의 가치를 깨달음 | 253
    2. 회복되는 새 감격 | 253
  C. 의지의 올곧음 | 255
    1. 선한 의지의 지속이 필요함 | 256
    2. 올곧음은 신자의 책임임 | 257
    3. 성경이 풍부한 증거를 보여줌 | 258
    4. 의지의 올곧음의 작용은 은혜 안에 있음 | 259

III. 자기 깨어짐이 없는 섬김 | 260
  A. 헌신과 자기 깨어짐 | 260
  B. 왜 참된 헌신이 없는가 | 262

부록 1. 참고 문헌 | 270
부록 2. 성구 색인 | 278
부록 3. 주제별 색인-본문 | 281
부록 4. 주제별 색인-각주 | 285

| 저자 서문 |

열린교회 앞뜰에 단풍이 곱게 물들던 가을날이었습니다. 마당에 홀로 앉아 성경을 묵상하고 있을 때, 예고 없이 후배 목회자가 찾아왔습니다. 그는 저에게 물었습니다. "생명력 있는 목회의 비결이 무엇입니까?" 저는 짤막하게 대답하였습니다. "죽음." 이해할 수 없다는 듯 그는 맑은 눈망울로 저를 바라보았고, 저는 다시 그에게 말했습니다. "목회자의 자기 죽음입니다."

목회가 즐겁고 행복하다는 선배 목사님들의 고백 앞에 서면, 저는 늘 한없이 작고 초라해집니다. 영혼을 돌보는 섬김에 어찌 은밀한 기쁨이 없겠습니까? 그렇지만 목회는 제게 아직도 당하기 원치 않는 가슴앓이고, 설교는 영원한 이국의 언어입니다.

17세기 영국의 경건하고 박학한 청교도 존 오웬(John Owen) 목사님은 하나님께서 교회에 목회자를 세우신 경륜에 대하여 다음과 같이 말하였습니다. "하나님께서 교회에 목회자를 세우신 것은 성도들이 그를 통하여 참으로 신자가 되는 것이 무엇인지를 볼 수 있게 하시기 위함이다."

목회자인 저에게 몇 천 명의 교인을 목회하는 일보다 더 힘든 일은 한 사람을 목회하는 일입니다. 그 한 사람은 여러분 중 가장 완고한 교인보다 더욱 고집스럽고 악합니다. 아직도 저의 목양의 손길에 들어오지 않는 한 사람은 바로 제 자신입니다.

어느 날 주님의 음성이 제 마음에 들렸습니다. "애야, 네 몸에 나 예수의 흔적이 있니?" 처음에는 작은 소리를 내며 흐르는 개울물 같던 그 음성은 점점 시간이 흐를수록 계곡을 휘돌아 흐르다 떨어지는 폭포수처럼 들려왔습니다. 그래서 불꺼진 교회당 한 구석에서 울고 또 울었습니다. 길을 걸어갈 때에도, 찬물에 말은 아침밥을 뜰 때에도, 깊은 밤 홀로 들판을 산책할 때에도, 서재에서 책을 읽을 때에도 그 음성이 생각이 나서 울고 또 울었습니다. 그렇게 아픈 여러 달을 지나면서 제게는 소박한 소원이 하나 생겨났습니다. 제가 언제 이 고단한 목회 사역의 날개를 접게 되든지 그 날이 살아온 날들 중에는 가장 많이 주님을 닮은 날이 되고, 앞으로 살아 있을 날에 대하여는 그 날이 가장 주님을 덜 닮은 날이 되는 것이었습니다.

여기 여러분들 잎에 펼쳐 보여드리는 이 교리들은 제가 그러한 고통의 시기들을 지나면서 깨달은 성경의 진리들입니다. 때로는 저의 죄악과 무지로 넘어지고, 주의 은혜로 다시 일어서는 과정을 통하여 깨달은 것들입니다(그러나 저는 아직도 불결하기 짝이 없는 죄인일 뿐입니다). 부디 이 것들이 순례자의 길을 가는 독자들에게 길동무가 되기를 바랍니다.

2006년 1월 21일 오후 열린교회 교육관 서재에서
그리스도의 노예 김남준

제1부

신자와 자기 사랑

자기 깨어짐
DE PAENITENTIA

자기 깨어짐이란 죄에 대한 사랑과 거기에 기반을 둔 자기의에 대한 신뢰가 파괴되는 것으로,
곧 하나님의 뜻을 거스르는 본성의 파괴를 의미합니다.

제 1 장

자기 깨어짐

"자기 깨어짐이란 신자 안에 있는 부패한 자기 사랑이 파괴되는 것을 의미하는데, 이는 죄에 대한 사랑과 거기에 기반을 둔 자기의에 대한 신뢰가 깨어지는 것입니다." _ 김남준

제 1 장

자기 깨어짐

신자 안에 넘쳐나는 영적인 생명력은 그를 순종하며 살게 하고, 하나님을 위해 헌신하게 하며, 예수 그리스도를 닮아가게 합니다. 그런데 신자가 영적인 생명력과 활기를 소유하고 살기 위해서는 죄 죽임의 실천이 필요합니다. 우리가 살펴보고자 하는 자기 깨어짐은 신자 안에 있는 죄와 정욕이 죽어 가는 과정에 대한 경험입니다.

I. 자기 깨어짐이란 무엇인가

성화의 과정에는 회개가 있습니다. 자기 깨어짐은 회개의 경험 안에서 일어나는 합당하지 않은 것들에 대한 사랑과 신뢰의 파괴입니다. 이것이 구체적으로 무엇을 의미하는지 살펴보기 위해서 먼저 다음 사항들을 숙고하여야 합니다.

A. 자기 깨어짐의 정의

자기 깨어짐에서 말하는 '자기'는 신자 안에 남아 있는 죄된 옛 본성을 가리킵니다. 그리고 '깨어짐'이라는 용어는 '생명이나 기능, 혹은 작용을 잃어버리도록 파괴되는 것'을 의미합니다.[1] 자기 깨어짐은 회개의 경험 안에 있는 마음의 작용으로, 이것은 영혼의 경향성에 영향을 미칩니다. 회개가 죄에 대하여 죽어 가고 의에 대하여 살아나는 과정이라면, 자기 깨어짐은 죄에 대한 죽음의 실행 과정입니다. 따라서 자기 깨어짐은 다음과 같이 정의될 수 있습니다.

'자기 깨어짐이란 신자 안에 있는 부패한 자기 사랑이 파괴되는 것을 의미하는데, 이는 죄에 대한 사랑과 거기에 기반을 둔 자기의(自己義)에 대한 신뢰가 파괴되는 것이다.'

그리고 이러한 자기 깨어짐의 결과는 하나님을 향한 지순(至純)한

---

1) 참회하는 신자의 마음에 대한 성경의 가장 대표적인 묘사는 '상(傷)한 마음'과 '통회(痛悔)하는 마음'이라는 표현일 것이다. 이 두 마음은 신학적인 의미와 원어적인 의미 모두에 있어서 서로 다른 마음이다. "여호와는 마음이 상한 자에게 가까이하시고 중심에 통회하는 자를 구원하시는도다"(시 34:18). 여기에서 "마음이 상한 자"는 영어 성경 *New International Version*에서 'the broken hearted', 히브리어로는 '니쉬베레-레브'(נִשְׁבְּרֵי־לֵב)이며, 문자적으로 '마음의 깨어진 사람들' (ones being broken of heart)이다. "통회하는 자"는 영어 성경 *New International Version*에서 'those who are crushed in spirit', 히브리어로는 '다크에-루아흐'(דַּכְּאֵי־רוּחַ)이며, 문자적으로는 '영혼의 밟혀 으깨어진 사람들'(ones crushed of spirit)이다. H. W. F. Gesenius, *Gesenius' Hebrew-Chaldee Lexicon to the Old Testament*, (Grand Rapids; Baker Book House, 1979), p.198, 803; 필자는 이 두 마음을 각각 다르게 본다. (1) '상(傷)한 마음'은 '각성된 마음' (awakened heart)이다. : 이는 율법의 숙고, 하나님의 엄위에 대한 묵상, 자신의 무능에 대한 자각, 인생의 허무에 대한 직시 등을 통하여 각성된 마음인데, 그 자체가 자기 깨어짐에 이른 마음은 아니다. (2) '통회(痛悔)하는 마음'은 '깨어진 마음'(broken heart)이다. : 이는 율법과 복음을 통하여 성령의 역사로써 자기 깨어짐에 이른 마음이며, 죄에 대한 사랑과 자기의에 대한 신뢰를 버리는 마음이다. 상한 마음과 깨어진 마음의 차이와 작용, 마음지킴의 중요성에 대하여는 다음 책을 참고하기 바란다. 김남준,「마음지킴」, (서울; 생명의말씀사, 2003), p.189.

사랑(*caritas*)의 회복입니다.

B. 자기 깨어짐과 회개

종교개혁자 존 칼빈(John Calvin)이 지적한 바와 같이 회개는 구원에 이르도록 이미 이루어진 회심을 삶 속에서 구체적으로 실현해 가는 과정입니다. 따라서 회개는 부패한 옛 자아에 대하여는 죽어 가고, 그리스도로 말미암아 심겨진 새 사람에 대하여는 살아나는 전(全) 과정을 의미합니다. 신자는 회개를 통해 옛 사람이 죽고 성령의 역사가 풍성하게 살아나는 것을 경험해야 합니다. 그러므로 진실한 회개는 거룩한 삶을 위한 규칙입니다.[2]

회개의 경험 안에서 '자기'가 죽는다고 할 때, 그 죽음의 주체는 신자 안에 있는 죄된 육신, 즉 옛 사람의 성품입니다. 위대한 교부 어거스틴(Augustine of Hippo)은 인간의 모든 죄의 뿌리를 '자기 사랑'(*amor sui*)이라고 정의하였는데, '자기 깨어짐'에서 말하는 깨어져야 할 대상은 바로 여기에서 언급된 '자기'입니다.[3] 따라서 자기 깨어짐은 하나님의 뜻을 거스르는 본성의 파괴를 의미합니다.

---

[2] 존 칼빈(John Calvin)은 거룩한 삶을 위한 규칙으로서의 회개는 세 가지의 끊임없는 실천으로 이루어진다고 보았다. 즉 자기 부인, 죄된 육신의 죽음, 천국 생활에 대한 묵상이 그것이다. 따라서 칼빈에게 있어서 회개는 단지 종교적인 과정의 문제가 아니라 거룩한 삶에 있어서 성숙해가는 신자의 삶의 과정 자체이다. 이는 곧 이 세상에서 그리스도인으로서의 전 삶은 회개로 이어진다는 것이다. "Repentance is therefore not to be thought of as merely a certain kind of feeling, or as one stage in the religious life which might lead to some higher form of Christian life no longer deserving of the name of 'repentance.'" Ronald S. Wallace, *Calvin's Doctrine of the Christian Life*, (Eugene; Wipf & Stock Publishers, 1997 reprinting), p.94.

C. 자기 사랑과 정욕

성경은 인간의 자기 사랑을 중립적인 것으로 봅니다. 문제가 되는 것은 인간의 사랑하는 방식과 사랑하는 대상입니다. 만약 그가 사랑하는 대상이 그리스도 안에서 새롭게 된 피조물로서 하나님의 뜻을 따라 살고자 하는 '자기'라면, 그러한 자기 사랑은 하나님을 향한 사랑과 충돌하지 않습니다. 그러나 그가 사랑하는 대상이 옛 성품에 속한 부패한 '자기'라면, 그 사람의 자기 사랑은 하나님을 향한 사랑과 정면으로 배치됩니다.

인간의 자기 사랑은 동물들의 본능적인 자기애(自己愛)와는 다릅니다. 동물들의 자기애는 자신과 종족의 보존에 국한되는 소극적인 것입니다. 그러나 인간의 자기 사랑은 그보다 훨씬 더 적극적인 목적을 가지고 있습니다. 그것은 무엇에도 속박받지 않고 자신이 좋다고 여기는 대로 살아가고자 하는 것입니다. 이것은 단순하고 충동적인 육욕(lust) 이상의 것으로서 정욕(concupiscence)이라고 불립니다.

이 정욕은 두 가지로 생각해 볼 수 있습니다. 첫째로, 넓은 의미에서의 정욕입니다. 이런 의미의 정욕은 죄된 육체의 자기 중심적인 욕망

---

3) 이러한 의미에서 '자기'(自己)는 그리스도를 따르는 데 있어서 부인되어야 할 '자기'이다. 이것은 제자들에게 주신 예수 그리스도의 가르침에서도 명백히 나타난다. "이에 예수께서 제자들에게 이르시되 아무든지 나를 따라오려거든 자기를 부인하고 자기 십자가를 지고 나를 좇을 것이니라"(마 16:24). 한편 사도 바울은 '내가 그리스도와 함께 십자가에 못박혔나니 그런즉 이제는 내가 산 것이 아니요 오직 내 안에 그리스도께서 사신 것이라 이제 내가 육체 가운데 사는 것은 나를 사랑하사 나를 위하여 자기 몸을 버리신 하나님의 아들을 믿는 믿음 안에서 사는 것이라"(갈 2:20)고 고백하였다. 여기에서 십자가에 못박힌 '나'는 옛 자아이고, 믿음 안에서 사는 '나'는 거듭난 새로운 자아이다. 김남준. 「하나님의 깊은 사랑을 경험하라」, (서울; 생명의말씀사, 2002), p.184.

으로서 인간의 모든 악한 육욕의 원천입니다(롬 7:5).⁴⁾ 이것은 육욕적 자기 사랑(*cupiditas*)에 의하여 보호받습니다. 둘째로, 좁은 의미에서의 정욕입니다. 이런 의미의 정욕은 인간 안에 있는 악한 성적 욕망을 가리킵니다(고전 7:9).⁵⁾

인간의 자기 사랑은 정욕의 원천이고, 하나님을 거스르는 모든 악한 삶은 그 정욕에서 비롯됩니다. 그런데 사람에 따라, 그리고 그 사람의 상태에 따라 정욕이 역사하는 힘도 다릅니다. 정욕은 분출되고자 하는 속성을 가지고 있기에, 이것이 인간의 내면에 넘치도록 가득해지면 선한 의지(意志)의 제방이 무너지고 온갖 악한 삶이 실행됩니다.

그리고 이것은 결국 인간이 하나님의 뜻대로 살기 위하여 필요한 하나님을 향한 순전한 사랑을 버리고 부패한 자기를 사랑한 데서 비롯된 것입니다.[6]

II. 이 교리를 세우는 유익

이 책에서 다루고자 하는 자기 깨어짐의 교리는 회개와 인간 본성

---

4) "우리가 육신에 있을 때에는 율법으로 말미암는 죄의 정욕이 우리 지체 중에 역사하여 우리로 사망을 위하여 열매를 맺게 하였더니"(롬 7:5). "구하여도 받지 못함은 정욕으로 쓰려고 잘못 구함이니라"(약 4:3).
5) "만일 절제할 수 없거든 혼인하라 정욕이 불같이 타는 것보다 혼인하는 것이 나으니라"(고전 7:9). "젊은 과부는 거절하라 이는 정욕으로 그리스도를 배반할 때에 시집가고자 함이니"(딤전 5:11).
6) 우리의 처음 조상들을 생각해 보라. 하나님께 사랑을 받으며 만물이 복종하는 무죄 상태에서 그들은 부족한 것이 아무것도 없었다. 그들은 아주 쉽게 하나님의 명령에 순종할 수 있었다. 그럼에도 불구하고 그들은 하나님의 계명을 범하였다. 모든 것을 자기들 마음대로 다스릴 수 있었음에도, 그들은 하나님처럼 되고 싶은 욕망, 즉 정욕에 사로잡혔다. 그러한 정욕은 자기 사랑에서 비롯된다.

의 변화에 대하여 가르치고 있는 성경의 진리를 토대로 구축한 것입니다.

성경적인 연구와 신학적인 분석과 경험적인 탐구와 철학적인 사유의 도움을 통해 이 교리를 세우고자 하는 것은 다음과 같은 유익을 기대하기 때문입니다.

첫째로, 이 교리의 이해는 성령의 은혜가 어떻게 신자 안에 있는 정욕의 원천인 자기 사랑을 파괴하는지 구체적으로 알려줍니다. 우리가 알고 있는 기독교 교리 체계에서는 이 부분이 구체적으로 다루어지지 않고 있습니다. 오늘날 우리는 회개에 대해서는 알고 있으나, 회개의 과정 속에서 신자 안에 있는 자기 사랑이 어떻게 파괴되어 가는지에 대해서는 많이 숙고하지 않습니다. 이 교리를 이해하게 되면, 성령의 은혜가 자기 사랑을 어떻게 파괴하는지 세밀하게 알 수 있을 것이며 그 깨달음을 자신의 경험 속에서 구체적으로 적용할 수 있을 것입니다.

둘째로, 이 교리는 회개가 인간 영혼에 영향을 미쳐 인간 본성의 변화를 이끌어 내는 과정을 보다 구체적으로 이해할 수 있게 하여, 자신의 회개가 참된 회개인지를 판단하게 합니다. 많은 신자들의 고민거리는 회개를 하는데도 회개의 열매가 잘 나타나지 않는다는 것입니다. 그러나 이 교리를 이해하게 되면 다양한 회개의 경험들을 분별하여 그것이 참된 회개인지 아닌지를 판단할 수 있게 될 것입니다.

셋째로, 이 교리는 자기 깨어짐의 과정에 있어서 인간의 책임이 무엇인지 알려 줍니다. 자기 깨어짐은 하나님의 은혜의 산물인데, 자기 깨어짐의 각 단계는 인간이 그러한 은혜의 작용에 어떻게 참여하는지를 보여줍니다. 자기 깨어짐의 과정에 대한 이해는 우리로 하여금 성화에 있어서 하나님을 전적으로 의지하면서도, 또한 신자가 어떻게 믿음과 순종으로 그 일에 참여하는지를 보여주어, 영혼의 변화에 진보가 있게 합니다.

넷째로, 이 교리는 신자의 거룩한 삶의 실천에 도움을 줍니다. 이 교리를 이해하게 되면, 신자는 자신의 영혼 안에서 죄가 역사하는 방식과 마음 안에서 정욕이 역사하는 방식을 이해하게 될 뿐 아니라, 성령의 은혜가 어떻게 이것을 파괴하고, 이러한 성령의 역사를 위하여 인간이 협력하여야 할 의무가 무엇인지를 명확하게 알게 됩니다. 이러한 깨달음은 신자의 성화의 진전에 큰 도움을 줄 것입니다.

우리의 신앙은 하나님을 향하여 사는 생활입니다. 믿음이 하나님을 기쁘시게 하는 것은 우리가 그 믿음을 통해 얻은 지식을 따라 살기 때문입니다. 믿음을 통해서 우리는 하나님을 알고, 아는 것을 통해서 하나님을 더 잘 믿게 되니, 믿음은 이성을 찾고 이성은 믿음을 요구한다고 할 수 있습니다. 이 땅에서 이어지는 우리의 성화의 여정 역시, 바로 그렇게 믿음과 이성을 통하여 얻은 지식으로 가는 길입니다.

그러므로 성화의 길을 가는 신자들에게는 항상 다음의 세 가지가 있어야 합니다. 눈부신 진리의 빛과 불타는 마음의 기도, 그리고 목마른 지성의 탐구입니다.

신자인 우리의 관심은 우리의 모든 삶을 거룩한 지식의 기반 위에 두는 것과, 우리의 모든 지식을 거룩한 삶의 토대로 삼는 것에 있어야 합니다. 따라서 우리는 거룩한 지식을 소유하기 위해 부단히 노력하고 구해야 합니다. 성도의 참된 특권과 행복은 하나님이 어떤 분이신지, 그 하나님께서 우리에게 어떤 삶을 원하시는지 하나하나 알아가면서, 날마다 더 그분을 닮아가며 사는 데 있기 때문입니다.

자기 깨어짐

한·눈·에·보·는·1장

I. 자기 깨어짐이란 무엇인가

A. 자기 깨어짐의 정의
- 자기 깨어짐이란 신자의 부패한 자기 사랑이 파괴되는 것으로, 이것은 구체적으로 죄에 대한 사랑과 자기의에 대한 신뢰의 파괴를 의미함
- 자기 깨어짐의 결과는 하나님을 향한 지순한 사랑의 회복

B. 자기 깨어짐과 회개
- 신자는 회개를 통해 옛 사람이 죽고, 성령의 역사가 풍성하게 살아나는 것을 경험함
- 회개를 통해 경험하는 자기 죽음의 주체는 자기 깨어짐에서 깨어져야 할 대상으로 언급되는 자기임

C. 자기 사랑과 정욕
- 정욕은 자기 사랑으로 말미암아 싹트며, 자기 사랑에 의해 보호됨

II. 이 교리를 세우는 유익

- 성령의 은혜가 어떻게 신자의 자기 사랑을 파괴하는지 세밀하게 앎으로써, 그 깨달음을 자신의 경험 속에 적용함
- 회개가 인간 영혼에 변화를 이끌어내는 과정을 구체적으로 이해함으로써, 자신의 회개가 참된 회개인지 판단함
- 자기 깨어짐의 과정에 있어서 인간의 책임이 무엇인지 앎으로써, 믿음과 순종으로 그 일에 참여함
- 신자의 거룩한 삶의 실천에 도움을 줌

자기 깨어짐
DE PAENITENTIA

자기 깨어짐이란 죄에 대한 사랑과 거기에 기반을 둔 자기의에 대한 신뢰가 파괴되는 것으로,
곧 하나님의 뜻을 거스르는 본성의 파괴를 의미합니다.

제 2 장

죄에 대한 사랑

"모든 죄의 뿌리는 그릇된 자기 사랑입니다." _ 김남준

제 2 장
죄에 대한 사랑

 자기 깨어짐은 거듭난 신자 안에 여전히 남아 있는 옛 성품이 깨어지는 것으로, 이 때 깨어져야 할 것은 크게 두 가지입니다. 바로 죄에 대한 사랑과 자기의에 대한 신뢰입니다.
 본장에서는 먼저 죄에 대한 사랑에 관하여 고찰하고자 합니다. 즉 신자 안에 있는 옛 본성 안에 남아 있는 죄의 뿌리로서의 자기 사랑에 대해 생각해 보고자 합니다.

I. 신자 안에 있는 옛 본성

 하나님께서는 허물과 죄로 죽었던 우리를 그리스도의 공로와 성령의 역사를 통해 다시 살리셨습니다. 이것은 창조에 견줄 만한 놀라운 사건입니다. 인간의 죄로 말미암아 망가진 세상을 다시 회복시키기 위한 하나님의 우주적인 계획이 파괴된 인간의 영혼을 다시 살리시는 이 재창조(recreation)의 사건으로 시작되기 때문입니다.

거듭난 신자는 이전에 자신을 지배하던 죄의 세력으로부터 구원받은 존재로, 외적 신분에 있어서 자유롭게 되었을 뿐 아니라 내적 상태에 있어서도 자유를 누리게 되었습니다.[7] 전에는 죄인이었으나 이제는 하나님의 자녀가 되었고, 이전에는 죄의 사슬에 묶여 속박된 영혼과 마음으로 죄에 종 노릇하였으나 이제는 성령의 능력으로 죄의 사슬을 깨고 자유롭게 된 것입니다. 그러나 그에게는 여전히 죄의 본성이 부분적으로 남아 있는데, 이것이 바로 옛 본성입니다. 이것은 거듭남을 통해 성령으로 말미암아 우리 안에 심겨진 거룩한 본성을 새 사람의 성품, 혹은 새 본성이라고 부르는 것과 대조를 이룹니다. 구원받은 이후 신자의 삶은 옛 본성과 새 본성 사이의 갈등으로 점철됩니다. 하나님의 창조와 구원의 목적을 떠나 살고자 하는 땅에 속한 옛 본성은 신자 안에서도 끊임없이 성장하고 번성하여 우세해지려고 하기 때문입니다.[8]

---

[7] 청교도 조셉 벨라미(Joseph Bellamy)는 인간에 대하여 회개를 촉구하시는 하나님의 요청은 곧 죄로 말미암아 단절된 그분 자신의 성품에 대한 인간의 성심스러운 화목(hearty reconciliation)으로의 부르심이라고 해석한다. 그렇다면 준엄한 회개의 경고는 범죄함으로 하나님의 성품에 대한 경험을 상실한 채 살아가는 죄인들을 향한 하나님의 최상의 사랑의 표현이 된다. Joseph Bellamy, *Sin, the Law, and the Glory of the Gospel*, (Ames; International Outreach, Inc., 1998), p.98; 특별히 이 책 중에서 회개와 용서에 관한 저자의 탁월한 영적인 깊이를 헤아리게 하는 section. viii, pp.93-119를 참고하라.

[8] 죄의 지배는 절대적(絶對的) 지배와 상대적(相對的) 지배로 나누어 생각할 수 있다. (1)절대적 지배(absolute dominion) : 죄의 절대적 지배는 비중생자들에게서 볼 수 있는 상황이다. 그들은 죄와 사망의 법으로 속박된 채 이 세상에 태어난다. 신분에 있어서는 죄의 종이며, 마음과 영혼은 죄의 강력한 경향성 아래 붙잡혀 있는 상태이다. 그들의 존재는 진노의 대상이다. (2)상대적 지배(comparative dominion) : 죄의 상대적 지배는 중생한 신자들이 들어갈 수 있는 상태이다. 하나님의 자녀이며 성령

II. 죄의 뿌리인 자기 사랑

옛 본성의 특징은 하나님 아닌 것들에 대한 사랑이고, 그것의 뿌리는 자기 사랑입니다. 그래서 인간은 하나님이 아니면 자기를 사랑하는 존재입니다. 성경이 신자의 세상 사랑을 말하지만 그것 역시 자기의 자아가 좋아하는 세상에 대한 사랑이니 결국 자기 사랑의 한 형태입니다. 물론 인간의 자기 사랑이 언제나 다른 사람의 행복을 해치는 극단적인 악으로 나타나는 것은 아닙니다. 하나님께서는 인간에게 본성의 빛을 주셨기 때문에 인간은 본성의 빛 안에서 자기의 행복이 다른 사람의 행복과 밀접하게 연관되어 있음을 압니다. 그래서 일반적으로 폭력적이고 감정적인 방식으로 이웃을 대하지 않는 기본 양식을 가지고 있습니다. 그러나 엄밀히 따지면, 그 기본 양식에 따라 행동하는 것 역시 자기 사랑의 또 다른 방식입니다.

자기를 사랑하는 사람들이 위하는 '자기'는 하나님을 거스르는 옛 자아이기 때문에, 이들의 삶은 하나님을 사랑하는 사람들의 삶과 합

으로 말미암아 죄를 용서받은 자유로운 존재가 되었고 하나님을 사랑하며 그분의 선한 계획을 따라 살고자 하는 주도적 소원을 갖게 되었지만, 지속적인 불순종 가운데 있으면 죄는 다시 돌아와 신자의 영혼 안에서 강력한 힘을 얻게 된다. 신자에 대한 죄의 지배는 불법적이지만 죄는 신자 안에서 끊임없이 우세한 지배력을 얻고자 한다. 신자가 복음적인 원리를 따라서 자기 안에 있는 죄를 죽이는 것이야말로 은혜의 힘을 강화하는 비결이다. 이러한 의무의 이행은 신자가 죽는 날까지 계속 되어야 한다. "인간에 대한 죄의 지배는 절대적 지배와 상대적 지배로 나뉩니다. 거듭나지 아니한 불신자들은 항상 죄의 절대적인 지배 아래 놓여 있고, 거듭난 신자들이 은혜 안에 살지 아니할 때에 죄의 상대적 지배 아래 있게 됩니다. 신자들의 경우에는 죄가 절대적으로 그를 지배할 수 없습니다. 왜냐하면 그는 중생과 함께 죄와 사망의 법에서 생명의 성령의 법으로 해방된 사람이기 때문입니다. 그래서 거듭난 신자에 대한 죄의 지배는 상대적인 지배라고 말할 수 있습니다." 김남준, 「죄와 은혜의 지배」, (서울; 생명의말씀사, 2005), p.33, 죄의 절대적 지배와 상대적 지배, 그리고 그것들이 지향하는 결말에 대하여는 같은 책, pp.33-40을 참고하라.

치할 수 없습니다. 비유를 하자면 이것은 컴퍼스(compass)로 원을 그리는 것과 같습니다. 중심점을 한 지점에 고정하고 원을 그리면 그것의 외연을 아무리 확대하여 여러 개의 원을 그린다고 할지라도 그 중심점은 동일합니다. 마찬가지로 자기 깨어짐이 없는 사람들은 아무리 사랑의 범위를 확대한다고 할지라도 그것은 결국 확장된 자기 사랑에 불과합니다.9) 회심은 바로 자기 사랑의 중심점을 하나님 사랑으로 옮기는 것입니다.

구원받은 하나님의 백성들의 소명은 하나님께서 세상을 창조하신 목적과 그들을 죄 가운데서 구속하신 계획을 따라 사는 것입니다. 구원받은 하나님의 백성들로 하여금 이러한 소명을 전면적으로 거스르며 살게 하는 원천은 죄로, 이 죄의 본질은 하나님을 배향(背向)하고 대적(對敵)하는 것입니다.

따라서 죄에 대한 인간의 사랑은 곧 하나님과 하나님께 속한 모든 것에 대한 반감이며 대적함입니다. 죄를 사랑하는 사람은 자기의 죄된 성향을 거스르는 하나님의 신령한 활동에 총체적으로 저항합니다. 그러므로 신자가 하나님의 뜻을 좇아 살고 그분과 사랑으로 연합된 삶을 살기 위해서는 필연적으로 죄에 대한 사랑을 버려야 합니다. 죄에 대한 사랑이 깨뜨려지지 않으면 구원받은 신자라 할지라도 내재하는 죄의 지배 아래 하나님을 대적하며 살아갈 수밖에 없습니다. 여전히 죄를 사랑하는 신자가 바치는 헌신이 하나님께 무슨 의미가 있겠

---

9) 다만 그 동심원이 극도로 작아진 상태보다는 확장된 상태가 덜 추루(醜陋)하기 때문에 이것을 '열등한 선'(inferior goodness), 혹은 '이차적 아름다움'(secondary beauty)이라고 말할 수는 있다.

습니까? 그것은 철저한 외식이며 거짓일 뿐입니다.

자기 깨어짐은 바로 이러한 죄에 대한 사랑을 깨뜨리는 것입니다. 성화의 과정에서 동반되는 자기 깨어짐은 필연적으로 십자가에 대한 현재적 경험과 함께 나타납니다. 신자는 십자가 앞에서 비로소 자기가 죄를 사랑하는 것이 옳지 않다는 사실을 깨닫기 때문입니다. 그는 십자가 앞에서 그리스도의 처절한 죽음은 자신의 죄 때문이었음을 깨닫게 됩니다. 이 깨달음이 죄에 대한 사랑에 금이 가게 하므로, 죄에 대한 사랑이 깨지는 곳에는 반드시 십자가의 복음이 있습니다. 반면에 옛 자아를 끌어안고 거칠게 살아가는 자기 중심적인 삶 한복판에는 반드시 구원의 감격을 잃어버린 냉담함이 있습니다.

III. 죄가 사랑으로 뿌리 내리는 방식

죄의 계획은 신자의 내면을 지배할 뿐 아니라, 더 깊이 흘러 들어가서 그의 삶 전체를 디스리는 것입니다. 죄에 대한 사랑이 가득한 완고한 마음으로는 하나님께만 헌신하도록 부름 받은 구원받은 백성으로서의 의무를 잘 감당할 수 없습니다. 그리고 이것이 바로 죄가 원하는 바입니다.

죄는 자신의 목적을 이루기 위해 다음과 같은 세 가지 방식으로 신자 안에 깊이 뿌리를 내리고 성장해 갑니다.

A. 영혼 안에서 : 하나님을 대적하는 경향성으로

인간의 영혼 안에서 죄는 하나님을 대적하는 경향성을 심음으로써 뿌리 내립니다. 죄의 이같은 성향은 인간 안에서 자기 영향을 항구화하려는 의도를 보여줍니다.

조나단 에드워즈(Jonathan Edwards)의 지적과 같이 인간의 영혼은 본질적으로 '다양한 힘과 경향성'으로 이루어져 있습니다.[10] 영혼은 인간의 정신과 몸을 움직이는 중심으로서 영혼 자신과, 영혼과 연관이 있는 인간의 다른 모든 기관에 영향을 미칩니다. 따라서 죄는 인간의 마음을 통하여 들어오지만, 궁극적으로 영혼 안에서 죄의 경향성으로 뿌리 내림으로써 자기의 영향력을 항구화하고 싶어합니다. 그리고 그러한 죄의 경향성은 곧 하나님을 향한 적의(敵意)로 나타납니다. 이것

---

[10] 에드워즈는 "The Mind"라는 글 [26]과 [29]에서 원인과 힘에 대하여 "어떤 것이 존재한 후에나, 존재하는 동시에, 혹은 어떤 형식으로 존재한 다음에, 다른 어떤 것의 존재가 뒤따를 때, 전자를 "원인"이라고 정의한 후에 이어서 "이 두 존재 사이의 관계 또는 한 원인과 그 결과들 사이의 관계를 힘이라고 부르는 것"이라고 말한다. "[26] Cause is that, after or upon the existence of which, or the existence of it after such a manner, the existence of another thing follows." "[29] Power. We have explained a cause to be 'that after, or upon the existence of which, or its existence in such a manner, the existence of another thing follows.' the connection between these two existences, or between the cause and effect, is what we call power." Jonathan Edwards, "The Mind", in *The Works of Jonathan Edwards*, vol. 6, edited by Wallace E. Anderson, (New Haven; Yale University Press, 1980), pp.350, 352. 또 Miscellanies, 241번에서는 중생으로 인해 생기는 영혼의 변화에 대해 말하면서 "(영혼의) 본질은 힘들과 경향성들로 구성되어 있다."라고 말하고 있다. "…So in the first birth it seems to me probable that the beginning of the existence of the soul, whose essence consists in powers and habits, is with some kind of new alternation there, either in motion or sensation." Jonathan Edwards, The "Miscellanies", a-500, in *The Works of Jonathan Edwards*, vol. 13, edited by Tomas A. Schafer, (New Haven; Yale University Press, 2002), p.358. 에드워즈의 경향성에 관한 분석에 대하여는 이상현, 「조나단 에드워즈의 철학적 신학」, (서울; 한국장로교출판사, 1999)을 참조하라.

은 신자의 경우도 마찬가지입니다.

1. 지성을 속임으로써

죄는 지성을 속임으로써 인간의 영혼 안에 하나님을 대적하는 경향성을 심습니다. 지성(*mens*)은 영혼의 가장 탁월한 기능입니다. 인간이 하나님의 형상을 따라 창조되었다고 할 때, 그것은 일차적으로 인간이 지성을 가진 존재로 창조되었다는 것을 의미합니다. 하나님께서는 인간의 지성에 말씀하시며, 인간의 지적 능력은 인간을 인간 되게 하는 가장 탁월한 특성입니다. 사실, 믿음이라는 수단도 지성을 통해 철학적 사색을 하지 못하는 자들을 위한 하나님의 권위에 근거한 '일시적 처방'입니다. 믿음은 지성의 작용을 통해 권위로써 주어진 하나님의 계시를 이해할 때까지 이성의 활용을 준비시키고 훈련시키시는 수단이 되는 것입니다.[11]

그래서 죄는 인간의 영혼에 뿌리 내리기 위해 먼저 영혼의 주된 기

---

[11] 어거스틴에게 있어서 가장 인간다운 길은 지성(知性)의 성찰을 통하여, 영원한 진리가 인간 오성(悟性, *intelligentia*)에 비추는 직관으로써 하나님께 도달하는 것이다. 신앙은 그렇게 될 때까지 하나님의 권위(*auctoritas Dei*)에 의하여 비록 이해하지 못하더라도 그분의 신실하신 성품에 대한 신뢰를 바탕으로 믿으라는 요청에 따르는 것이다. 이러한 어거스틴의 논리의 틀은 저 멀리 플라톤을 비롯한 그리스의 철학자들에게서 발견된다. '지식'을 '에피스테메'(ἐπιστήμη)라고 하였는데, 이는 원래 '친밀함'(acquaintance), '이해'(understanding), '기술'(skill), '지식'(knowledge), '학문적 지식'(scientific knowledge) 등을 의미한다. 그리스 철학에서는 이 말이 '사물에 대한 온전한 지식'을 뜻하는 말이 되었다. 사물에 대한 지식을 말함에 있어서, 이 '에피스테메'(ἐπιστήμη)의 지식을 가장 높게 인정하였다. 이것은 이성적인 추론을 통하여 갖게 된 사물에 대한 지식을 가리키는 것이다. 그리스 철학자들에게도 사물에 대한 지식을 갖는 또 다른 통로가 있었는데, 그것은 '믿음'이었다. 즉 자신의 능력의 한계로 인하여 이성적으로 추론할 수는 없지만, 이미 권위에 의하여 받아들여지고 있는

능인 지성을 공격합니다. 죄는 생각과 영혼 전체를 올바르게 감시하는 지성의 기능을 무력화시키려고 애씁니다. 박식한 청교도 신학자 존 오웬(John Owen)을 비롯해 위대한 교부 어거스틴(Augustine of Hippo), 존 칼빈(John Calvin), 조나단 에드워즈(Jonathan Edwards) 역시 이 사실을 한결같이 지적하였습니다. 따라서 신자는 지성이 순수한 신앙 속에서 그 순결을 유지할 수 있도록, 끊임없이 성령과 진리의 작용으로 영혼이 쇄신되는 과정 속에 있어야 합니다.

신자의 지성에 대한 죄의 공격은 생각하는 기능에 집중됩니다. 그리고 그 공격에서 죄가 사용하는 주된 무기는 속임(deceit)입니다. 죄의 속이는 역사는 생각이 영혼을 공격하는 죄를 죄로 인식하지 못하도록 다양한 방법으로 이루어집니다. 지성과 관련하여 죄의 속이는 역사는 크게 세 가지로 설명할 수 있습니다.

a. 부주의하게 함

첫째로, 생각을 부주의하게 하여 죄를 죄로 인식하지 못하게 합니

명제를 일단 사실이라고 받아들임으로써 사물을 알게 되는 것을 가리킨다. 그리스 철학에서 이것을 '알레데이아 독사'(ἀλήθεια δόξα)라고 불렀다. 신약 그리스어에서 '독사'(δόξα)는 '영광'(榮光)이라는 뜻이지만, 고전 그리스어에서는 '허영', 혹은 '…인 체함' 등의 의미로 보다 자주 사용되었다. 따라서 그들이 '믿음'이라고 부르던 '알레데이아 독사'(ἀλήθεια δόξα)의 원 뜻은 '진리인 체하는 것'이라는 의미였으니, 이는 그들이 이성의 추론이 아니라 믿음의 근거하여 얻게 된 지식을 인식하는 자에게 있어서는 '잠정적 진리'라고 이해한 것을 보여준다. 여기에 나오는 단어들의 보다 상세한 의미는 다음 책을 참고하라. Henry S. Jones & Roderick McKenzie eds., *Liddell and Scott's Greek-English Lexicon*, (Oxford; Clarendon Press, 1940 new edition), p.63, 660 등; 이러한 이치는 마치 수학에서의 정리(定理)와 같다. 고등학교 수학에 등장하는 정리는 학생들에게 그것이 왜 그렇게 수학적 정리가 되는지 증명해 주지 않으면서 일단 그대로 받아들여서 수학문제를 풀도록 가르치는 것과 같다. 왜냐하면 때로는 고등학교에서 사용하여야 하는 정리가 고등학교에서 배우는 수학의 범위 안에서는 증명되지 않고 대학에서 배우는 더 높은 수준의 수학 능력에 의하여 증명이 되기 때문이다.

다. 혹은 죄로 인식은 하지만 그것을 자의적으로 그리고 부당하게 가볍게 여기도록 속입니다.

죄의 뿌리는 자기 사랑으로, 이것은 신자 안에 있는 하나님을 향한 참된 공경심을 파괴합니다. 하나님을 공경하는 경외심은 하나님을 소중히 여기는 주의 깊음(carefulness)으로 나타납니다. 사랑은 곧 주의 깊음과 배려입니다. 하나님을 섬기되 주의 깊음으로 섬기고, 하나님 면전에 있다는 두려움과 떨림으로 살아가는 것은 하나님께 대한 경외의 핵심입니다. 이것은 사랑의 감정과 함께하지만, 그것에 선행해야 하는 것이기도 합니다.

b. 헛된 것에 몰두하게 함

둘째로, 생각으로 하여금 허탄한 것에 몰두하게 함으로 죄에 대하여 부주의하게 합니다. 이것은 인간의 생각의 방향을 부당하게 되돌려놓는 방식으로 이루어집니다. 죄의 속임은 생각의 관심을 본질적이지 않고 가치가 적은 일에 몰두하게 함으로써 죄 자체를 주시하지 못하게 합니다.[12] 그리고 이렇게 되면 성령의 조명을 통해 생각이 죄를 파악하였다고 할지라도 그 사실을 지속해서 파지(把持)하지 못하고, 이성은 자기 깨어짐으로 나아가기 위한 정당한 추론을 그만두게 됩니다. 결국 참회에 이르지 못하는 것입니다.

---

12) "너희가 다 이것을 보았거늘 어찌하여 아주 허탄한 사람이 되었는고"(욥 27:12). "내 눈을 돌이켜 허탄한 것을 보지 말게 하시고 주의 도에 나를 소성케 하소서"(시 119:37). "어떤 사람은 그 지혜와 지식과 재주를 써서 수고하였어도 그 얻은 것을 수고하지 아니한 자에게 업으로 끼치리니 이것도 헛된 것이라 큰 해로다"(전 2:21).

c. 이성의 추론을 방해함

셋째로, 생각을 부패하게 만들어 이성으로 하여금 정당한 추론의 기능을 실행하지 못하게 합니다. 죄의 영향으로 인하여 생각이 부패하게 되면 죄를 정당하게 인식하지 못하거나 가볍게 여길 뿐 아니라, 인식한 죄라고 할지라도 그것의 결말을 정당하게 추론하지 못합니다. 이성(ratio)은 생각이 파악한 개별적 사실들을 정당한 인과 관계로 서로 연결하여 논리를 갖게 하는 기능입니다. 이것을 이성의 추론 기능이라고 부르는데, 신자 안에 들어온 죄는 이런 정당한 추론의 기능을 현저하게 방해합니다. 왜냐하면 신자가 자기 사랑으로 말미암아 어두워진 총명으로 인해 사물을 명정(明正)하게 보지 못하기 때문입니다. 이로 말미암아 존재하는 사물의 실재(realitas)와 인식하는 표상(phantasmata) 사이에 현저한 차이가 생겨나게 되고, 존재하지 않는 것을 존재하는 것처럼 혹은 존재하는 것을 존재하지 않는 것처럼 잘못 판단하는 가운데 거짓된 삶을 살게 되는 것입니다.[13] 신자의 자기 깨

---

[13] 여기서 우리는 존재하는 사물과 그것에 대한 인간의 인식 사이에 존재하는 차이에 대하여 생각하지 않을 수 없다. 이것이 바로 실재(realitas)와 표상(phantasmata)의 문제이다. 타락한 인간은 전일성의 상실로 말미암아 실재하는 것을 정확하게 실재대로 인식하지 못하게 되었다. 이는 사물을 지각하는 감관이 눈앞에 현전(現前)하는 사물의 실재(實在)와는 다른 표상(表象)을 전달해 주기 때문이다. 하나님께서는 인간에게 말씀하실 때 어떤 물체적 피조물을 통하지 않으신다. 꿈이나 그와 비슷한 상태에서 신체와 유사한 모습을 갖게 하여 그 영적 피조물을 통해 말씀하시는 것도 아니다. 하나님께서는 지성으로 들을 수 있는 사람들에게는 진리 자체로써 말씀하신다. 비록 인간이 타락하였으나, 이성의 위대함은 여기에 있는 것이다. "하나님은 인간의 지성에 말씀을 건네시며, 그것은 인간을 구성하는 그 밖의 모든 것보다 훌륭하며 그보다 훌륭한 존재는 하나님뿐이시다."(*Ad illud enim hominis ita loquitur, quod in homine ceteris, quibus homo constat, est melius, et quo ipse Deus solus est melior*). Avrelivs Avgvstinvs, *De Civitate Dei*, in *Corpvs Christianorvm Series Latina; Avrelii Avgvstini Opera*, (Tvrnholti; Typographi Brepols Editores Pontificii, 1955), p.322.

어짐은 그의 지성으로 하여금 통전적인 전일성(全一性, integritas)을 유지하게 하여 사물 자체와 어떤 일의 결과를 올바로 인식하게 합니다.[14] 이에 대해 어거스틴은 다음과 같이 말합니다. "지성에는 선천적으로 이성과 오성이 깃들어 있지만, 지성 자체는 암울하고 오래 묵은 몇몇 악습으로 무력하여 불변하는 광명을 향유하고 합일하기 어렵고, 그 광명을 감당하기도 힘에 부친다. 그래서 인간의 지성은 나날이 쇄신되고 치료되어야 하며, 저토록 위대한 행복을 향유할 능력이 생기기

---

14) '전일성 (全一性), 혹은 '일자성 (一者性)이라고 번역될 수 있는 '인떼그리따스' (integritas)는 선(善)의 개념과 관계가 있다. 인떼그리따스는 '어떤 존재가 가지고 있는 존재 자체로서의 통일적인 일체성'을 가리킨다. 다시 말해서 '그 존재의 본질과 다른 이질적인 것이 섞이지 않은 고유한 순수성'을 말한다. 절대적인 의미에서 전일성은 오직 하나님께만 있다. 어거스틴이 하나님을 '진리 자체 (眞理 自體)', ipsa Veritas), '절대 일자' (絶對一者, unum absolutum), '최고유' (最高有, summa essentia)로 표현한 것은 하나님의 존재에 대한 철학적 설명이었으며 철학자 플라톤의 개념을 따른 것이다. 타락하기 이전의 인간과 사물도 상대적인 전일성을 가지고 있었으나, 타락한 이후 인간을 포함한 모든 만물은 전일성을 상실하였다. 사람은 물론 물질까지도 본래는 선한 것이지만, 부패의 침범으로 인하여 전일성을 상실하게 되는데, 이는 그것들이 하나님 자신으로부터 유래하였지만, 하나님 자신이 아니기 때문이다. 어거스틴의 다음과 같은 언급은 이러한 사상을 잘 보여준다. "부패가 건강에 상반되는 것이라면 건강은 곧 선이라는 데 의심의 여지가 없다. 부패가 침범하는 대상들은 모두가 선한 것이고, 부패가 침범하는 대상들은 결국 부패된다. 그러므로 부패되는 사물들은 선한 것들이며, 다만 이것들이 부패되는 것은 최고선들이 아니기 때문이다. 선하다는 면에서는 하나님께로부터 유래하고, 최고선이 아니라는 점에서는 그것들이 하나님은 아니다. 따라서 부패될 수 없는 선은 곧 하나님이시다. 그 밖의 모든 선한 사물은 그분에게서 유래하여 존재하고, 그 자체로 보아서는 부패될 수 있으니, 그것은 그 자체로 보아서는 곧 허무이기 때문이다. 다만 그분의 덕을 입으면, 어느 면에서는 부패하지 않을 수도 있고, 부패했더라도 회복할 수 있다." (Si ergo saluti aduersatur uitium et nullo dubitante salus bonum est, bona sunt omnia, quibus aduersatur uitium, quibus autem aduersatur uitium, ipsa uitiantur. Bona sunt ergo, quae uitiantur, sed ideo uitiantur, quia non summa bona sunt. Quia igitur bona sunt, ex deo sunt, quia non summa bona sunt, non sunt deus. Bonum ergo, quod uitiari non potest, deus est. Cetera omnia bona ex ipso sunt, quae per se ipsa possunt uitiari, quia per si ipsa nihil sunt. Per ipsum autem partim non uitiantur, partim uitiata sanantur). Avrelivs Avgvstinvs, De Vera Religione, in Corpvs Christianorvm Series Latina; Avrelii Avgvstini Opera, (Tvrnholti; Typographi Brepols Editores Pontificii, 1992), pp.209-210.

까지 먼저 신앙으로 물들여지고 정화되지 않으면 안 된다."15)

2. 영혼의 전일성을 파괴함으로써

죄는 영혼의 전일성(全 一性, integritas)을 파괴함으로써 인간의 영혼 안에 하나님을 대적하는 경향성을 심습니다. 일자성(一者性)이라고도 불리는 영혼의 전일성은 영혼 자체가 영혼으로서의 본질로 가득 차 있어, 그 영혼 자체로서의 통일적인 일체성을 유지하는 상태를 가리키는 말입니다. 하나님께서 창조하신 모든 만물에는 이러한 전일성이 있습니다. 그리고 만물은 전일성을 소유한 상태에서 창조의 아름다움을 드러내고, 창조 목적에 가장 잘 부합하는 작용과 기능을 갖게 됩니다. 그러나 무(無)로부터(ex nihilo) 창조된 모든 것은 시간이 흘러감에 따라 전일성을 상실하게 되어 있습니다. 즉 하나님 자신 이외에는 모든 만물이 변전(變轉)하는 것입니다.

타락한 후 인간은 이러한 영혼의 전일성을 상실하게 되었습니다. 중생은 하나님께서 타락한 죄인의 영혼을 다시 살려 전일성을 회복하게 하시는 시작입니다. 그러나 중생한 인간은 처음 창조된 인간과는

---

15) "*Sed quia ipsa mens, cui ratio et intellegentia naturaliter inest, uitiis quibusdam tenebrosis et ueteribus inualida est, non solum ad inhaerendum fruendo, uerum etiam ad perferendum incommutabile lumen, donec de die in diem renouata atque sanata fiat tantae felicitatis capax, fide primum fuerat inbuenda atque purganda.*" 이는 어거스틴의 인식론(epistemology)의 근간을 이루는 원리이다. 신앙으로 지성이 순결하게 되어야 바른 사유와 추론이 가능해져서 마침내 진리를 아는 데에 이를 수 있다는 것이다. Avrelivs Avgvstinvs, *De Civitate Dei*, in *Corpus Christianorvm Series Latina; Avrelii Avgvstini Opera*, (Tvrnholti; Typographi Brepols Editores Pontificii, 1955), p.322.

달리 부분적으로 부패한 본성을 여전히 지니고 있으니, 그는 어떤 면에서는 중생을 통하여 이미 전일성을 회복한 사람이나 또 어떻게 보면 아직 그렇게 되지 못하여 성화를 통해 전일성을 회복해 가는 도상에 있는 존재입니다.

신자 안에 내재하는 죄는 전일성을 회복시키는 은혜의 작용을 끊임없이 방해하고 또 이미 이루어진 전일성을 파괴함으로써 신자의 영혼 안에서 보다 강력한 경향성을 형성하려고 합니다. 죄가 이렇게 강력한 힘을 가진 경향성을 형성하려고 하는 것은 하나님을 거스르는 삶을 신자 안에서 항구화하고, 신자로 하여금 그리스도를 닮아가지 못하게 함으로써 궁극적으로 창조 목적인 선(善)을 따라 살지 못하게 하기 위해서입니다. 죄는 이처럼 영혼의 전일성을 파괴함으로써 신자 안에 강력한 경향성을 형성하고자 합니다.

3. 영혼을 강압함으로써

죄는 신자 안에서 영혼의 전일성을 파괴함으로써 경향성을 형성합니다. 이러한 죄의 경향성은 죄가 신자를 강압함으로 더욱 효과적으로 형성됩니다. 그리고 이렇게 신자를 강압함으로 성공을 거둔 죄는 더욱 강한 경향성을 신자의 영혼 안에 뿌리 내리게 됩니다. 그리고 죄는 그러한 경향성으로 신자 안에서 법이 됩니다. 여기에서 '법'(law)이라 함은 '밀어붙이는 경향성'입니다.

성경에서 '법'이라고 표현할 때, 그것은 '지시적 법'이나 '실효적 법'을 가리킵니다. 지시적 법은 '어떤 행위의 객관적인 규범'을 지시하는 법입니다(렘 5:4-5).¹⁶⁾ 그리고 실효적 법은 사람 안에 '실제로 작용하는 힘'으로서의 법을 가리킵니다. 바로 이것이 밀어붙이는 경향성입니다. 이것은 마치 알코올 중독자가 견디지 못하는 음주의 욕구 같은 것입니다. 영혼을 강압하는 죄의 힘이 비교적 약할 때에는, 신자는 어떤 개별적인 죄를 짓는 즐거움에 대한 기대감 때문에 범죄합니다. 그러나 영혼 안에서 밀어붙이는 죄의 힘이 강해지면, 어떤 개별적인 죄를 실행하지 않고 있는 상태를 견디는 것이 고통스럽게 느껴지기 때문에 범죄하게 됩니다. 이것을 사도 바울은 '죄의 법 아래로 사람을 사로잡아 오는 것'이라고 묘사하였습니다(롬 7:21-23).¹⁷⁾ 이렇게 함으로써 신자는 죄의 올무에 사로잡히게 되는 것입니다(히 12:1).¹⁸⁾

B. 마음 안에서 : 육체의 욕심, 정욕, 이기심으로

마음 안에서 죄는 육욕과 정욕, 그리고 이기심으로 뿌리를 내립니다. 인간의 모든 기관은 영혼과 밀접하게 연결되어 있습니다. 따라서 영혼 안에 자리 잡은 죄의 경향성은 다른 모든 기관과 기능에 영향을

---

16) "내가 말하기를 이 무리는 비천하고 우준한 것뿐이라 여호와의 길, 자기 하나님의 법을 알지 못하니 내가 귀인들에게 가서 그들에게 말하리라 그들은 여호와의 길, 자기 하나님의 법을 안다 하였더니 그들도 일제히 그 멍에를 꺾고 결박을 끊은지라"(렘 5:4-5).

17) "그러므로 내가 한 법을 깨달았노니 곧 선을 행하기 원하는 나에게 악이 함께 있는 것이로다 내 속사람으로는 하나님의 법을 즐거워하되 내 지체 속에서 한 다른 법이 내 마음의 법과 싸워 내 지체 속에 있는 죄의 법 아래로 나를 사로잡아 오는 것을 보는도다"(롬 7:21-23).

18) "이러므로 우리에게 구름같이 둘러싼 허다한 증인들이 있으니 모든 무거운 것과 얽매이기 쉬운 죄를 벗어버리고 인내로써 우리 앞에 당한 경주를 경주하며"(히 12:1), "저희로 깨어 마귀의 올무에서 벗어나 하나님께 사로잡힌 바 되어 그 뜻을 좇게 하실까 함이라"(딤후 2:26).

미칩니다. 하나님을 대적하는 경향성으로 자리 잡은 죄는 신자의 마음을 통해 속임과 힘으로 역사합니다. 영혼 안에 있는 죄의 경향성이 신자의 마음 안에서 사랑으로 뿌리 내리는 방식은 다음과 같이 설명될 수 있습니다.

1. 정욕을 불러일으킴으로써

죄는 신자의 마음에 정욕을 불러일으킴으로써 점점 더 마음의 사랑을 받아 뿌리를 내립니다. 그리고 정욕을 원천으로 하여 솟구치는 구체적인 욕망들은 신자로 하여금 개별적인 죄를 짓도록 그 마음 안에서 힘차게 작용합니다. 즉 성적 욕망에 사로잡히게 되면 개별적인 성적 범죄를 저지르게 되고, 탐심에 사로잡히게 되면 남의 물건을 도적질하거나 부당하게 많은 것들을 소유하고자 하는 구체적인 범죄를 저지르게 됩니다. 그렇게 범죄가 실행되면 마음 안에서 모든 더러운 욕망의 원천이 되는 정욕은 더욱 넘쳐나게 됩니다. 마치 커다란 저수지를 가득 채운 물처럼 밀입니다.

한 사람의 마음이 풍부한 정욕의 물로 넘실거릴 때, 그의 영혼 안에서는 죄가 더욱 강한 경향성으로 뿌리 내리게 됩니다. 영혼 안에 있는 경향성으로서의 죄와 마음 안에 있는 정욕은 놀라울 정도로 합일을 이룹니다. 그 사람 안에서 함께 존재함에 있어서뿐만 아니라 함께 능숙하게 작용함에 있어서 합치를 이룹니다. 죄와 정욕의 관계는 그리스도와 교회의 관계와 유사합니다. 그리스도가 교회의 머리이신 것처럼, 죄의 경향성은 모든 정욕의 원천이 됩니다. 죄는 정욕을 통하여 인간의 마음에 욕망을 불러일으키고 그 몸의 지체들을 그 욕망을 위하여 죄를 짓게 만듭니다.

죄, 정욕, 개별적인 욕망, 범죄하는 몸의 지체들 사이에는 놀라운 작용의 일치와 목표의 합치가 있으니, 이것들은 모두 합력하여 하나님의 창조의 목적인 선(善)을 거스르는 것입니다. 이 모두 인간의 자기 사랑 때문이라는 것은 두말할 필요도 없습니다.

2. 죄의 즐거움을 줌으로써

또한, 죄는 신자에게 즐거움을 줌으로써 그 마음에 사랑으로 뿌리내립니다. 죄가 신자의 마음에 즐거움을 주는 방식은 다음과 같습니다. 소극적으로는 죄에 대한 상상을 불러일으킴으로써, 그리고 적극적으로는 죄를 실행하게 함으로써 즐거움을 줍니다. 이것은 성경이 말하고 있는 '죄악의 낙'(樂)입니다(히 11:25-26).[19]

a. 소극적으로 : 상상을 불러일으킴으로써

첫째로, 죄의 즐거움은 소극적으로 상상을 통해 옵니다. 죄는 마음 안에서 개별적인 죄에 대한 상상을 불러일으킴으로써 즐거움을 줍니다. 죄는 신자 안에서 마음에 끌리는 특정한 죄에 대한 상상을 불러일으킴으로써 마음에 사랑으로 뿌리를 내립니다. 신자가 마음으로 특정

---

19) "도리어 하나님의 백성과 함께 고난 받기를 잠시 죄악의 낙을 누리는 것보다 더 좋아하고 그리스도를 위하여 받는 능욕을 애굽의 모든 보화보다 더 큰 재물로 여겼으니 이는 상 주심을 바라봄이라"(히 11:25-26).

한 죄를 상상하는 것은 이미 의지가 악에 굴복한 것이며, 이성이 그것을 받아들인 것입니다. 마음으로 죄를 상상하는 것은 그 개별적인 죄의 욕구를 실행할 수 없도록 환경적으로 방해받고 있거나, 죄를 실행할 때 도래되는 불편이 죄가 가져다 줄 만족을 능가할 것이라고 판단되기 때문입니다.[20]

그런 점에서 그가 죄를 실행하지 않고 상상을 통해 마음으로만 범죄하고 있는 것은 하나님을 위한 것이 아니라 자신을 위한 것이니, 자기 사랑이 범죄를 실행하지 못하게 하고 있는 것입니다. 특정한 죄에 대한 욕구를 가진 신자에게 있어서 상상을 통한 범죄의 유익은 도덕적인 가책이나 환경의 불편함 없이도 마음에 죄가 실행될 때의 기쁨을 부분적으로 맛볼 수 있다는 것입니다. 하나님의 은혜의 지배를 떠난 신자의 마음은 그러한 부패한 상상이 주는 즐거움을 맛보면서 죄를 사랑하게 되고 마음 안에서 떨쳐 버릴 수 없도록 뿌리 내리게 됩니다.

b. 적극적으로 : 죄를 실행함으로써

둘째로, 죄의 즐거움은 적극적으로 죄의 실행을 통해 옵니다. 죄는 마음에 있는 죄의 욕구를 실행하게 함으로써 신자의 마음에 즐거움을

---

[20] 마음에 있는 죄지을 욕구를 실행에 옮기지 못하게 하는 요인으로서의 불편함의 논증(argument of inconvenience)은 다시 둘로 나누어 생각할 수 있다. 필자는 이것을 사전(事前)적 불편함의 논증과 사후(事後)적 불편함의 논증으로 분류한다. (1)사전적 불편함 : 어떤 범죄를 실행하기 위하여 행하는 사전적 행동이 그 자체만으로 또 다른 죄책감을 불러일으키는 악한 행동은 아니지만, 그것이 너무 불편하기 때문에 죄의 실행을 포기하는 것이다. (2)사후적 불편함 : 어떤 범죄를 실행할 욕구도 있고, 그렇게 함으로써 도래하게 될 하나님의 심판에 대한 두려움도 없지만, 범죄를 실행한 후의 도래하게 될 결과로서의 현실 상황이 불편하기 때문에 죄지을 욕구를 실행에 옮기지 않는 것이다. 예를 들어 술을 좋아하는 사람이 이튿날의 숙취의 불편함을 생각하며 술 마시기를 마다하는 것과 같은 경우이다.

줍니다. 신자가 상상에서의 범죄를 통해 맛보는 즐거움은 그의 마음에 곧 면역을 불러일으킵니다. 그래서 그는 보다 더 악한 것을 상상하거나 그것을 실행하지 않으면 즐거움을 얻을 수 없게 됩니다. 이는 마치 마약에 중독된 사람이 그것을 사용할수록 점점 더 투여하는 단위를 늘려야 하는 것과 같습니다.

개별적인 죄의 욕구의 만족도는 생각(想像)-청각(聽覺)-시각(視覺)-촉각(觸覺)-실행(實行)의 순서로 더욱 증대됩니다.21) 저는 마지막 죄의 실행을 '경험'(經驗)이라고 하였는데, 이는 전 인격적인 총체적 경험을 가리키는 것입니다. 감관(感官)들에 의한 지각(知覺) 역시 모두 경험이지만 그것은 실행하고자 하는 죄에 대한 부분적인 경험이고 따라서 각 단계에서의 만족도 부분적일 수밖에 없습니다. 그러나 죄의 실행은 그 모든 개별적인 죄의 욕구가 다다를 수 있는 마지막 지점으로서 신자의 몸의 모든 지체들이 함께 참여하며 전 인격적으로 죄의 즐거움을 맛본다는 점에서 '총체적 경험'(total experience)이라고 부를 수 있습니다. 이렇게 함으로써 죄는 신자의 마음 안에 그 파괴적인 정체를 감춘 채 사랑을 받으며 뿌리를 내리게 됩니다.

---

21) 두 번째 단계인 청각(聽覺)의 단계에서 후각(嗅覺)이 첨가될 수도 있다. 이 '실행'(實行)이 개별적인 죄의 욕구가 다다를 수 있는 마지막 지점이기 때문에 거기서 즐거움을 맛본 사람은 그 죄를 다시 실행하기에 쉬운 위치에 있다. 왜냐하면 더 큰 죄의 즐거움을 맛보았기 때문에 '실행' 이전의 각 단계에서 맛보는 부분적인 즐거움으로는 더욱 만족하기 어렵게 되기 때문이다. 이렇게 이루어지는 특정한 죄에 대한 반복적인 실행은 다섯 가지 결과를 가져온다. (1)그 특정한 죄에 대한 죄책감의 현저한 감퇴, (2)정욕이 더 커짐, (3)죄의 경향성이 강화됨, (4)마음이 심각하게 굳어짐, (5)하나님의 생명으로부터 떠남 등이 그것들이다. 이러한 개별적인 범죄에서 성공을 거둔 죄의 유혹은 거기서 작용을 멈추지 아니하고 더욱 더 궁극적인 목표로 나아간다.

3. 마음의 틀을 바꿈으로써

죄는 신자 안에서 기존의 마음의 틀을 바꿈으로써 사랑으로 뿌리를 내립니다. 이러한 교리적 사실을 이해하기 위해서는 다음 사항들을 숙고하여야 합니다.

a. 마음의 틀

첫째로, '마음의 틀'(frame of heart)에 대한 이해입니다. '마음의 틀'이라는 용어는 청교도들, 특별히 존 오웬(John Owen)에 의해 즐겨 사용되던 표현입니다. 그의 용어 사용(terminology)에 있어서 이것은 '인간 본성이 가진 마음의 경향성'을 가리킵니다. 인간의 이러한 본성적 경향성은 이미 아리스토텔레스(Aristotle) 이후, 철학의 중요한 화두로 떠올랐습니다. 그리스 철학에 있어서 사물의 '경향성'을 뜻하는 말, '헥시스'(ἕξις)는 '자신의 반복적인 실천 혹은 실행에 의하여 이루어진 사물의 어떤 상태, 혹은 놓여 있는 항구적인 상태'를 가리킵니다.[22]

아퀴나스(Thomas Aquinas)를 비롯한 교부들은 이것을 라틴어 '하비투

---

[22] 김남준, 「구원과 하나님의 계획」, (서울: 부흥과개혁사, 2004), p.20; 그리스어 '헥시스'(ἕξις)는 성경과 필로(Philo of Alexandria)의 문헌 등에도 나타난다. 70인역(the Septuagint)에서는 '육체적이거나 혹은 정신적인 상태, 숙련된 기술' 등을 의미하는 말로 사용되었고, '성숙'(maturity), 혹은 '성숙의 상태' 등을 가리키는 말로 사용되었으며, 신약성경에서는 '(성인으로서 도달하게 된) 인격적 특성의 상태' 등을 의미하는 말로 사용되었다(히 5:14). Walter Bauer, *A Greek-English Lexicon of the New Testament and Other Early Christian Literature*, edited by Frederick W. Danker, William F. Ardnt & F. Wilbur Gingrich, (Chicago; The University of Chicago Press, 2000 3rd edition), p.350; 이 단어에 대한 보다 더 풍부한 의미에 대해서는 Henry S. Jones & Roderick McKenzie eds. *Liddell and Scott's Greek-English Lexicon*, (Oxford; Clarendon Press, 1940 new edition), p.595를 참고하라.

스'(habitus)라는 말로 설명하였습니다. 조나단 에드워즈가 영혼의 본질을 '힘들과 경향성들'(powers and habits)이라고 설명한 것은 사물 안에서 작용하는 이러한 경향성과 힘을 가진 법칙들이 존재의 지속적인 원리라고 보았기 때문입니다.

따라서 '인간 마음의 틀은 지식을 사용하는 마음의 경향성이다.'라고 정의될 수 있습니다. 생각은 지식을 감지하고, 총명은 그것을 받아들일지의 여부를 판단하며, 이성은 그것을 추론합니다. 그리고 마음은 그 지식의 빛을 사용합니다. 그 지식의 빛을 사용하여 다시 생각과 정서를 불러일으키고 의지를 분기시킵니다. 따라서 영혼 안에서 시작된 죄의 경향성이 신자의 삶 속에서 범죄로 이어지기 위해서는 반드시 지식을 사용하는 공장인 마음을 자극하여야 합니다. 그러므로 신자의 마음은 죄와 은혜가 서로 자신이 역사하는 처소로 차지하기 위하여 다투는 치열한 전쟁터입니다.[23]

b. 마음의 틀에 대한 이중의 공격

둘째로, 죄가 마음의 틀을 공격한다는 사실입니다. 죄가 신자의 마음의 틀을 바꾸는 방식은 크게 두 가지 방향으로 이루어집니다. 정욕을 불러일으키고 작용하게 하기에 적합하지 않은 기존의 마음의 틀은 허물고, 거기에 적합한 새로운 틀을 세우는 것입니다. 신자의 마음의 틀에 대한 죄의 이중적인 공격은 다음과 같습니다.

---

[23] 성화에 있어서 마음과 그 작용에 대하여는, 거룩한 삶의 사령부로서의 마음을 지키는 신자의 의무와 마음의 틀을 거룩한 삶에 적합하게 고치고 또 죄의 공격으로부터 지키는 길이 무엇인지를 상세히 탐구한 필자의 다음 교서를 참고하라. 김남준, 「마음지킴」, (서울; 생명의말씀사, 2004).

1) 미덕스러운 틀을 파괴함

먼저 미덕스러운 틀의 파괴입니다. 신자의 마음 안에서 정욕을 불러일으키는 죄의 작용은 신자 안에 존재하는 미덕스러운 '마음의 틀'을 파괴합니다. 제가 '미덕스러운 마음의 틀'이라는 표현을 사용하는 것은 뒤이어 나올 '악덕스러운 마음의 틀'과 대조하기 위해서입니다. '미덕스럽다,' 혹은 '악덕스럽다'는 말은 어떤 존재와 작용에 대한 도덕적 평가입니다. 즉 신자는 중생과 함께 그 영혼 안에 "생명의 성령의 법"이 심겨진 사람입니다(롬 8:2). 그리고 그러한 법은 실효적인 힘으로 작용하기 때문에 신자의 마음 안에 하나님의 선(善)을 따라 살고자 하는 주도적 소원을 갖게 합니다. 그는 아직 남아 있는 부패한 본성에 영향을 받지만, 여전히 마음 안에 하나님의 창조의 목적을 따라 순종하며 살고자 하는 주도적인 소원을 가지고 있습니다. 그리고 그러한 소원은 단지 우연적 충동이 아니라, 마음의 지향성(propensity)입니다. 이것은 성령의 중생케 하시고 거룩하게 하시는 인간에 대한 은혜의 작용으로 이루어진 '마음의 틀'입니다.

자기 안에 이러한 마음의 틀을 가진 사람은 하나님 앞에서 '선함'(goodness), '아름다움'(beauty), '탁월함'(excellency)을 가진 사람입니다. 그리고 그는 '미덕스러운'(virtuous) 사람입니다. 따라서 그런 사람의 마음의 틀은 '미덕스럽다'고 할 수 있습니다.

그러나 죄의 입장에서 보면 이러한 마음의 틀은 정욕을 불러일으켜 상상으로 범죄하게 하고 또 온몸의 지체를 고용하여 죄의 욕구를 실행하기에 방해가 됩니다. 왜냐하면 생각을 통해 죄에 대한 지식이 들어온다고 할지라도 그것을 유용하도록 사용하는 곳은 마음이기 때문입니다. 또 마음의 작용은 그 자신이 가지고 있는 '틀'에 매이기 때문입니다. 경건한 마음의 틀을 가진 신자라고 할지라도 악한 생각이 떠오를 수 있습니다. 그러나 그런 생각은 그가 가진 틀에 어울리지 않습니다. 그래서 그 틀에 의하여 금세 배척을 받습니다. 하지만 거룩한 생각들은 그의 마음의 풍취(風趣)에 어울리기 때문에 그 틀에 의하여 환영받습니다.

그래서 신자 안에 죽임당하지 않은 채 내재하는 죄는 끊임없이 정욕을 불러일으키고 자신이 살아남기 위하여 신자의 마음의 은혜로운 틀을 허물어 버림으로써 자신의 존재와 작용에 적합한 악한 마음의 틀을 구축하고자 합니다. 이렇게 해서 기존의 마음의 틀이 가진 미덕스러운 경향성들을 버리게 하는 것입니다. 아아, 오늘도 우리의 마음 안에서는 이러한 일들이 쉼 없이 일어나고 있지 않습니까?

2) 악덕스러운 틀을 구축함

다음으로, 악덕스러운 틀의 구축입니다. 신자 안에 있는 죄는 끊임없이 마음에 정욕을 불러일으키기를 힘쓸 뿐 아니라, 신자의 마음이 그것을 사랑하며 품게 합니다. 신자 안에 있는 죄의 특성 중 하나는 '쉬지 않는 것'입니다. 다시 말해서 자신의 목적을 이루기 위하여 신자 안에서 끊임없이 작용하는 것입니다. 비유하자면 죄는 정욕이라는 성냥불로 마음이라는 가연재(可燃材)에 불을 붙이려 한다는 것입니다. 죄는 자신의 목적을 이루기 위하여 끊임없이 신자의 마음에 악한 상상을 불러일으킵니다. 선한 의지에 의하여 번번이 거절당하면서도 죄는 낙망하지 않습니다. 반복적인 유혹과 상상의 분기로써 신자의 생각과 마음에 끊임없이 영향을 주려고 합니다. 신자가 그러한 악한 생각을 마음으로 품을 때까지 지속적으로 시도함으로써 미덕스러운 마음의 틀을 파괴합니다.

여기서 기억할 사실이 있습니다. 그것은 아무리 죄의 유혹이 반복적이고 크다고 할지라도 신자가 의지를 가지고 마음으로 그것을 품지 않는 한 미덕스러운 틀은 파괴되지 않는다는 것입니다(마 4:1-11).

그러면 죄는 무엇 때문에, 그토록 신자 안에 있는 은혜로운 마음의 틀을 허물고 그러한 악덕스러운 틀을 새로 형성하고자 하는 것일까요? 이것은 크게 세 가지 이유 때문입니다.

첫째로는, 그러한 틀 안에서 죄와 정욕이 보호될 수 있기 때문입니다. 죄의 존재와 작용은 은혜로운 마음의 틀과는 부합하지 않습니다. 그런 마음의 틀은 죄에 대하여 공격적이고 소멸적이기 때문에 죄 자신과 정욕을 보호할 수 없습니다. 따라서 죄는 자신을 보호하고자 악덕스러운 마음의 틀을 새로 세우고자 합니다.

둘째로는, 그러한 틀 안에서 죄는 작은 힘으로도 죄의 욕구를 실행할 수 있기 때문입니다. 신자 안에 있는 죄는 할 수 있는 한, 작은 힘으로 신자를 지배할 수 있게 되기를 힘씁니다. 그러한 목적을 위해서는 은혜로운 마음의 틀을 허물고 악덕스러운 마음의 틀을 새롭게 구축하여야 합니다.

셋째로는, 그러한 틀 안에서 죄는 마음에 대한 자신의 지배력을 항구화하려고 하기 때문입니다. 마음의 틀은 곧 생각과 행동을 찍어 내는 기계와 유사합니다. 그러므로 신자로 하여금 죄의 지배 아래로 들어가서 마음에 악덕스러운 틀을 구축하게 함으로써, 죄의 영향력을 항구화하려고 합니다.

C. 삶 속에서 : 하나님의 계명을 거스르는 불순종으로

삶 속에서 죄는 불순종으로 뿌리를 내립니다. 죄는 신자의 영혼과 마음에서 사랑받음으로 뿌리를 내립니다. 그러나 죄는 단지 인간의 내면에 머물러 있으려고만 하지 않고 밖으로 산출되려는 지향성을 갖습니다. 죄의 이러한 지향성은 다음과 같은 방식으로 신자의 삶 속에 불순종을 항구화합니다.

1. 개별적인 죄의 실행

죄는 인간으로 하여금 개별적인 죄를 실행하게 함으로써 삶 속에 뿌리를 내립니다. 신자의 영혼 안에서 죄의 경향성이 강화되는 만큼 마음은 육욕의 원천으로서의 정욕으로 가득 차게 됩니다. 그리고 그러한 정욕으로 가득 차게 되면 그 힘으로 개별적인 정욕들을 용솟음치게 합니다. 음욕과 미움, 교만함, 탐심, 무자비함 등이 바로 그것입니다. 다시 말해 원천으로서의 정욕이 이러한 개별적인 정욕들을 강하게 불러일으킵니다. 이러한 교리적 사실을 이해하기 위해서는 다음 사항들을 숙고하여야 합니다.

a. 개별적인 정욕이 죄로 실행되는 방식

첫째로, 개별적인 정욕이 실행되는 방식입니다. 신자 안에 있는 죄의 경향성의 실체인 원천으로서의 정욕(cupiditas)은 마치 비포장 도로를 급히 달리는 자동차 위에 실린 물탱크와 같아서 잠시도 쉬지 않고 출렁거립니다. 그리고 행위의 실행죄로 산출되기 위하여 끊임없이 강한 힘을 가지고 작용합니다. 다음과 같은 방식에 의하여 개별적인 정욕은 마음 안에 머무르지 않고 행동으로 산출되려고 합니다. 이러한 교리적 사실을 이해하기 위해서는 다음 사항들을 숙고하여야 합니다.

1) 신자의 내적 취향에 의함

먼저, 신자의 내적 취향을 따른다는 사실입니다. 원천으로서의 정욕은 특정한 죄에 대해 이끌리는 신자의 취향에 의하여 개별적인 정욕을 불러일으킬 때 유리점을 갖습니다. 즉 신자 자신 안에 있는 죄에 대한 취향을 따라서 원천으로서의 정욕은 개별적인 정욕을 더욱 효과적으로 불러일으킵니다. 이는 은혜의 지배를 벗어나 죄의 지배 아래로 들어가게 된 신자들 중 제일 먼저 술 취함의 죄에 빠지는 사람들은 술을 좋아하는 취향을 가진 사람인 것과 같습니다. 돈에 대한 탐심이나, 성(性)에 대한 탐닉의 취향을 가진 사람들이 죄의 지배 아래로 들어갈 때 부정직한 방법으로 남의 돈을 취하거나 간음죄로 쉽게 이어지는 것과 흡사한 이치입니다.[24] 그리고 그렇게 불러일으켜진 정욕은

---

24) 따라서 본성적으로 정직하고 소유에 대한 생각이 확실한 사람은 은혜로부터 멀어져 죄의 지배 아래로 들어간다고 할지라도 남의 재물을 쉽게 사취(詐取)하거나 부정한 방법으로 소득을 얻으려고 하지 않을 것이다. 원천으로서의 정욕이 그 사람 안에서 넘실거리고 있다 할지라도 그러한 개별적인 죄에 대한 취향이 그 사람 안에 별로 없기 때문이다. 이는 육류를 좋아하는 일반적인 성향을 가진 사람이라도, 자신이 싫어하는 특정한 방식으로 요리된 육류일 경우 강하게 마음이 끌리지 않는 것과 같은 이치이다.

마치 암탉의 알집에서 성숙되어 가는 무수한 계란들이 산출을 대기하듯이 임박한 산출을 기다리게 됩니다. 이 때 신자의 내적 취향을 따라 효과적으로 우선적으로 불러일으켜진 개별적인 정욕들은 쉽게 산출됩니다.

2) 산출되기에 적합한 환경을 만남

다음으로, 산출되기에 적합한 환경을 찾는다는 것입니다. 원천으로서의 정욕이 개별적인 죄의 욕망을 불러일으킬 때 산출되기에 적합한 환경을 만남으로써 쉽게 불순종하는 행동의 죄로 산출됩니다. 이것은 신자 안에 있는 죄의 욕망이 개별적인 불순종의 행동으로 산출됨에 있어서 내적인 죄의 욕망의 크기나 힘만이 아니라 외적인 상황도 요인으로 작용한다는 사실을 보여줍니다. 신자 안에 있는 개별적인 정욕이 행동의 죄로 산출되기에 적합한 조건은 다음과 같습니다.

a) 양심의 제약을 덜 받는 상황

죄는 양심의 제약을 덜 받는 상황에서 잘 산출됩니다. 신자의 머리 속에서 생각의 파편으로 떠돌던 죄가 마음에 착상될 때에도 의지가 결정적인 역할을 합니다만, 특별히 그렇게 해서 신자의 마음 안에 있는 개별적인 정욕이 행동의 죄로 산출되기 위해서는 더 강력한 의지의 힘이 필요합니다. 마음에 있는 개별적인 정욕이 행동의 불순종으로 나타나기 위해서는 의지에 있어서 두 가지 조건이 갖추어져야 합니다. 죄를 산출하려는 '의지의 존속'(continuance of will)과 '산출할 수 있는 힘'(power of will)입니다.[25] 신자가 범죄하고자 하는 바에 대하여 도덕적으로 비난을 받지 아니하거나 덜 받는 상황에 있을 때 죄는 산출되기에 좋은 환경을 만나게 됩니다. 이것은 다시 다음과 같이 두 가지 경우로 나누어서 생각해 볼 수 있습니다.

① 도덕적으로 너그러운 환경

먼저, 실행하고자 욕구하는 죄에 대하여 도덕적으로 너그러운 환경을 만나게 될 때 양심의 제약을 덜 받을 수 있습니다. 이러한 상황은 지금 신자가 범하고자 하는 개별적인 죄에 대해서 특별히 관용하는 환경일 수도 있고, 총체적으로 죄에 대하여 너그러운 환경일 수도 있습니다.

어떠한 경우든지 간에 이러한 상황에서 죄는 평소보다 적은 힘으로도 죄를 산출할 수 있는 유리한 고지를 얻게 됩니다. 예를 들면, 같은

---

25) 지면과 시간의 제약으로 인하여 모두 논증할 수 없지만, 개별적인 정욕이 죄를 산출하고자 할 때 그것을 산출하지 못하게 하는 요인이 다양하게 관계한다. 다음 사실을 명심하도록 하라. 이것은 다음과 같이 세 가지 작용 안에서 일어난다. (1)섭리(攝理)의 작용 안에서 : 죄를 산출하지 못하게 하는 역기능적 환경들이 죄의 산출을 불가능하게 하거나 불편을 주어서 어렵게 한다. 이 때 죄가 산출되기 위해서는 죄를 짓고자 하는 의지가 더 오래도록 존속하거나 더 강한 힘을 발휘해야 한다. (2)이성(理性)의 작용 안에서 : 이것은 이성 안에서 작용하는 양심의 영향을 가리키는데, 정당한 이성의 추론이 치밀할 경우 더 많은 양심의 빛과 심판의 두려움을 갖게 되기 때문에 그것을 거스르기 위해서는 죄를 짓고자 하는 의지가 더 오래 존속되어야 하고 더 강한 힘이 있어야 한다. 이성이 죄의 작용으로 인하여 자기 중심으로 전도된 가치의 질서를 받아들이기 위하여 거기에 굴복하는 것이 곧 '악함'이다. (3)영혼(靈魂)의 작용 안에서 : 청교도 신학자 존 오웬이 지적한 바와 같이 신자가 악한 의지로 죄를 선택하는 순간은 생명의 성령의 법이 일시적으로 작용을 중단한다. 그러나 율법을 사용한 양심의 빛과 정당한 이성적 추론의 결과들은 죄를 산출하려는 신자의 마음에 다양한 힘과 방식으로 영향을 주어 죄의 실행을 막는다. 마음의 개별적인 정욕의 산출이 임박해질 때, 상대적으로 그러한 마음과 영혼의 작용이 더욱 강하게 느껴질 수 있다. 마치 아이를 가진 임부가 출산하려는 즈음에야 아이를 밖으로 나오지 못하게 하는 신체적인 요인이 자신과 아이에게 있다는 것을 실감하게 되듯이 말이다. 개별적인 정욕이 행동의 범죄로 산출되기 위해서는 이 모든 저항을 이길 수 있는 의지의 존속과 산출하려는 강한 힘이 필요하다.

성적 욕망의 크기를 가진 신자가 성개방의 풍조가 만연해 있는 사회나 나라에 있을 때 그런 죄를 산출할 가능성은 매우 높아지고, 반대로 성도덕이 엄격하고 성범죄에 대한 강력한 처벌을 담보로 하고 있는 사회나 나라에 있을 때 그런 죄를 산출할 가능성은 매우 낮아집니다.

② 양심의 작용이 저해받는 환경

또한, 신자 자신의 문제로 인해 평소와 같은 양심의 작용이 어려운 상황을 만나게 될 때 양심의 제약을 덜 받을 수 있습니다. 평소에 건강한 판단력을 가진 신자라고 할지라도 음주, 약물의 복용, 심리적인 충격이나 불안정으로 인하여 평소와 같은 이성의 추론 작용에 장애가 오거나 양심의 판단이 어려운 상황으로 들어가는 경우가 바로 그것입니다. 커다란 정신적인 장애가 아니더라도, 여성의 경우 신체의 조절작용의 이상 상태가 생기거나, 갱년기의 우울한 정신 상태에 들어가거나 일시적일지라도 심리적인 쇼크 상태에 들어가게 되면 양심의 작용이 지장을 받게 되어 죄를 산출하기에 유리한 위치를 점하게 되는 것입니다.26)

b) 죄의 실행에 불편함이 제거됨

죄는 죄의 실행에 불편이 제거될 때 산출이 용이해집니다. 비록 인

---

26) 그러나 이 경우에는 조건이 있는데, 앞에서 언급한 여러 심리 작용 속에서도 개별적인 정욕이 그대로 유지되고 죄를 실행에 옮기려는 의지도 감퇴되지 말아야 한다. 예를 들어 어떤 심리적 쇼크로 인하여 개별적인 죄를 짓고자 하는 마음이 사라지거나 죄의 욕구에 집중되어 있던 관심이 분산되거나 하면 죄의 실행은 어려워진다. 그러나 이것은 신자 안에 있는 죄의 경향성이 죽은 것이 아니라 일시적으로 움츠러든 것이다.

간이 어떤 개별적인 죄를 지을 욕망을 가졌다고 할지라도 하나님은 다양한 방법으로 그 욕망이 행동의 죄로 산출되지 못하도록 막으십니다. 만약 하나님께서 모든 인간들의 개별적인 정욕이 산출되지 못하도록 막지 않으신다면 이 세상은 지옥과 방불할 것입니다. 하나님은 신자는 물론 불신자 안에서도 이런 작용을 하시는데, 이렇게 죄가 산출되지 못하도록 하시는 은혜로운 작용을 가리켜 '억제하시는 은혜'(restraining grace)라고 부르며, 억제하게 하시는 방식들을 다루는 논증을 가리켜 '억제하시는 은혜의 논증'(argument for restraining grace)이라고 부릅니다.27) 죄의 산출을 억제하시는 은혜의 논증 중에는, '불편의 논증'(argument of inconvenience)이라는 것이 있습니다. 이 논증은 신자가 죄의 욕구를 가지고 있으나 그것을 실행하는 데 따르는 불편함

---

27) 청교도 신학자 존 오웬은 이러한 억제하시는 은혜의 논증을 다음 네 가지로 집약하였다. (1)고통(苦痛)의 논증 : 사람들이 죄에 대한 생각을 가지면, 하나님께서는 그들 앞에 장벽과 울타리를 치시사 사람들로 하여금 그것을 내버려 두거나 포기하는 것이 낫겠다고 생각하게 하신다. 헤롯은 세례 요한을 죽이고자 했으나 백성들이 선지자로 여기는 자라서 죽이지 못하였다(마 14:5) 그는 그렇게 할 수 있었으나 그 후에 겪게 될 고통 때문에 그만두었다. 바리새인들도 마찬가지였다(마 21:26). (2)불편(不便)의 논증 : 하나님은 죄를 추구하는 자들에게 닥칠 악들과 어려움들과 같은 불편함에서 오는 논증으로 그것을 억제하신다. 그들이 죄를 추구한다면, 그들에게는 불편함들(inconveniences)이 일시적으로나 또는 영원히 미칠 것이다(롬 2:14-15, 행 24:25, 욥 31:1-3). (3)무익(無益)의 논증 : 때로는 죄지을 사람에게 죄의 실행을 통해 얻을 유익이 없음을 알게 하시거나, 그 유익에 대한 흥미를 잃어버리게 함으로써 죄의 실행을 막으신다. 요셉의 형제들은 이 '무익함'을 인식함으로 요셉을 살육하는 것을 면할 수 있었다(창 37:26-27). (4)정직(正直)의 논증 : 이는 '선함과 정직의 논증'이라고도 불린다. 요셉은 보디발의 아내에게서 성적인 유혹을 받았을 때에, "어떻게 내가 하나님을 대적하여 득죄하겠는가?"라고 함으로써 시험의 초반에 그것에 저항하였다(창 39:9). John Owen, *The Nature, Power, Deceit, and Prevalency of the Remainder of Indwelling Sin in Believers; together with the ways of its working and means of prevention, opened, evinced, and applied; with a resolution of sundry cases of conscience thereunto appertaining*, in The Works of John Owen, vol. 6, edited by William H. Goold, (Edinburgh; The Banner of Truth Trust, 1991 reprinting), pp.272-274.

이, 죄의 실행 후 예상되는 즐거움을 능가할 때 그는 실행할 욕구를 접는다는 것입니다. 그러나 죄를 실행하는 데 불편을 주던 상황이 사라지면, 개별적인 죄의 욕구는 쉽게 범죄의 실행으로 이어집니다. 예를 들어 돈에 대한 탐심을 가진 사람이 돈을 훔치고자 하는데, 그 돈이 에베레스트산 꼭대기에 있다고 한다면, 아마도 그는 그 돈을 훔치러 그곳까지 가지 않을 것입니다. 그곳에 가는 행동이 또 다른 개별적인 죄를 구성하는 것은 아니지만, 어찌 그 높은 산을 오르겠습니까? 그러나 누군가에 의하여 그 돈이 자기 집 근처로 옮겨져서 보관 중이라면 돈을 훔칠 계획을 세우지 않겠습니까?[28]

c) 처벌받지 않을 것이라는 기대

죄는 처벌받지 않을 것이라는 기대가 있을 경우 산출이 촉진됩니다. 신자가 개별적인 정욕이 행동으로 범죄하게 하고자 조른다고 할지라도 자신이 지으려고 하는 실행죄에 대한 정당한 처벌을 확신한다면 그 개별적인 죄의 요구는 실행에 옮겨지기 어렵습니다. 그러나 어떤 요인 때문에 자신의 실행죄에 대하여 처벌받지 않을 것이라는 기대를 갖게 되면 개별적인 정욕은 쉽게 불순종으로 나타납니다. 예를 들어 재난이 발생한 지역에서 흔히 일어나는 다수의 군중들에 의한 상점 탈취 행동이 바로 그것입니다. 그것이 죄라는 인식은 있지만, 불특정 다수의 사람들이 같은 범죄에 참여할 때 자신이 개별적으로 처벌받지 않으리라는 기대가, 평상시라면 산출할 수 없었을 죄의 욕구

---

28) "내가 내 눈과 언약을 세웠나니 어찌 처녀에게 주목하랴 그리하면 위에 계신 하나님의 내리시는 분깃이 무엇이겠으며 높은 곳에서 전능자의 주시는 산업이 무엇이겠느냐"(욥 31:1-2).

를 출산시키는 것입니다.

3) 죄를 산출하는 즐거움에 대한 기대가 극대화됨

마지막으로 죄를 산출하는 즐거움에 대한 기대가 극대화되는 것입니다. 어떤 개별적인 죄에 대한 욕구인 정욕이 한 신자 안에 계속 머무르고 있다 할지라도 그 죄를 실행하고 나면 얻게 될 즐거움에 대한 기대가 항상 같은 수준으로 존재하는 것은 아닙니다. 예를 들어서 담배 피우는 사람들에게는 항상 흡연의 욕구가 존재하지만, 식후에 더욱 강한 흡연의 욕구를 느끼는 것과 같습니다. 마찬가지로 신자가 어느 순간에 다른 요인들로 인하여, 자기 안에 이미 존재하고 있던 어떤 개별적인 정욕을 죄로 산출하는 즐거움에 대한 기대가 극대화될 때가 있습니다. 이 때 신자는 그 개별적인 죄에 대한 욕구를 쉽게 실행에 옮기게 되고, 그 결과 불순종의 삶으로 나아가게 됩니다.

b. 개별적인 죄의 실행과 그 영향

둘째로, 개별적인 죄의 실행과 그 영향입니다. 이처럼 개별적인 죄에 대한 욕구가 실행되기 위해서는 의지의 동의가 절대적으로 필요합니다. 아무리 강력한 유혹이 빈번히 일어난다 할지라도, 또한 마음이 죄에 대한 욕망으로 가득 찬다고 할지라도 의지가 동의하지 않으면 그 죄의 욕구는 실행될 수 없습니다. 따라서 신자는 자기가 지은 죄에 대하여 다른 사람이나 환경을 탓할 수가 없는 것입니다. 자신이 의지로 그 개별적인 죄의 욕구를 실행에 옮겼기 때문입니다. 그리고 같은 유혹을 받던 다른 신자가 끝까지 죄를 실행에 옮기지 않았다면, 그는 죄의 욕구에 굴복하지 않은 자신의 의지로 말미암아 칭찬받게 됩니다. 왜냐하면 죄를 억제하시는 하나님의 은혜는 인간의 의지를 초월하여 역사하지 않기 때문입니다.

신자가 행동으로 죄를 짓게 되면, 자기 안에 있는 죄의 경향성은 죄의 산출로 말미암아 강화됩니다. 양심은 정당하게 가책 받을 수 없도록 무디어지고, 생각은 혼란하게 되며, 마음은 굳어지고, 죄의 욕구의 원천으로서의 정욕은 흥왕하게 되고, 또 다른 개별적인 죄의 욕구들이 발생하게 됩니다. 뿐만 아니라, 범죄의 실행으로 말미암아 이루어진 새로운 사물의 질서 속으로 들어가게 됩니다. 그리하여 죄는 점점 더 적은 힘으로도 범죄를 실행할 수 있게 되고, 이에 신자는 반복적으로 불순종하는 삶을 살게 됩니다.

2. 죄의 반복

신자 안의 죄의 경향성은 죄를 반복적으로 저지르게 함으로써 삶에 불순종의 뿌리를 내립니다. 개별적인 정욕이 적합한 때를 만나 행동하는 죄로 산출되고 나면, 죄는 그것으로 만족하지 않습니다. 그것은 신자 안에서 반복됨으로써 고착된 불순종으로 뿌리를 내리고자 합니다. 이러한 교리적 사실을 이해하기 위해서는 다음 사항들을 숙고하여야 합니다.

a. 산출된 죄의 목표

첫째로, 산출된 죄의 목표입니다. 산출된 죄는 구체적인 목표를 가지고 있습니다. 그래서 마음 안에 있는 개별적인 죄의 욕구가 죄의 행동으로 산출되고 나면 죄는 그 일을 반복합니다. 그렇습니다. 한 번 산출된 신자 안에 내재하는 죄의 목표는 단지 개별적인 정욕을 불러일으켜 한 번 범죄하게 하여 하나님과의 관계가 끊어지게 하는 것이 아닙니다. 산출된 죄는 그보다 더 구체적인 목표를 가지고 있습니다. 부당한 거역이 반복됨으로써 이후의 죄의 산출을 용이하게 하는 것입니다.

1) 부당한 거역의 반복

산출된 죄의 목표는 먼저 부당한 거역의 반복입니다. 한 번 산출된 죄의 목표는 하나님의 자녀가 된 신자를 다시 죄의 종이 되게 하는 것입니다. 그리스도의 속죄하시는 은혜는 신자를 이중적으로 해방하였습니다. 첫째로는 죄인이라는 신분으로부터 해방하여 하나님의 자녀가 되게 하였습니다. 그리고 둘째로는 마음과 영혼의 얽매인 죄의 상태에서 해방하였습니다. 예전에는 마음과 영혼이 죄의 사슬에 매여 그 법 아래 살 수밖에 없었지만, 이제는 생명의 성령의 법이 그를 해방해 주었습니다. 제가 신자의 죄를 '부당한 거역'이라고 부르는 것도 바로 이 때문입니다. 이는 하나님께 대한 부당한 거역일 뿐 아니라, 자기 안에 있는 신적 생명의 원리를 거스르는 부당한 거역입니다. 신자가 어떤 특정한 개별적 죄의 욕구를 행동으로 실행하게 되면 이렇게 하나님 자신과 자기 안에 있는 생명의 원리를 거역하기가 쉬워지기 때문에 욕구가 생기면 반복적으로 쉽게 거역하게 됩니다.

2) 죄의 산출을 용이하게 함

산출된 죄의 목표는 다음으로 죄의 산출을 용이하게 하는 것입니다. 신자가 개별적인 죄의 욕구를 범죄의 실행으로 산출하게 되면, 신자 안에서 죄를 산출하지 못하도록 가로막던 의지의 힘이 현저히 감퇴합니다. 그렇게 하여 한 번 실행된 죄는 지속적으로 산출되려고 합니다. 그래서 개별적인 죄에 대한 욕구가 신자 안에서 어떤 제약을 받지 아니하고 죄로 산출되려고 합니다. 이는 마치 사람의 창자에 배설물이 가득 차게 되면 변의(便意)를 느끼고 아무것에도 방해받지 않고 오히려 육체의 모든 기관의 도움을 받아 그것을 자연스럽게 배설하게 되는 것과 같습니다. 이처럼 죄는 신자의 마음과 영혼이 개별적인 죄의 정욕에 대하여 이러한 상태가 되기를 원합니다. 다시 말해서 산출되는 당면 목표는 또다시 같은 죄를 반복하게 하는 것이고, 반복되는 죄의 실행의 구체적인 계획은 정욕을 죄로 산출하는 데 있어 저항하는 신자 내면의 모든 작용을 무력화시키는 것입니다. 오히려 신자 자신이 온 마음과 의지의 작용으로써 개별적인 정욕을 마음 안에서 분기시키는 죄의 작용에 협조하고, 그것을 배설하듯이 쉽게 그리고 빈번히 죄로 산출하는 데 협력하게 하려는 것입니다. 이것이 바로 신자가 경고받고 있는 '죄의 종이 되는 것' 입니다(요 8:34, 롬 6:16, 갈 4:9).[29]

---

[29] 이러한 사실에 대하여 다음 성경 구절을 참고하라. "예수께서 대답하시되 진실로 진실로 너희에게 이르노니 죄를 범하는 자마다 죄의 종이라"(요 8:34), "너희 자신을 종으로 드려 누구에게 순종하든지 그 순종함을 받는 자의 종이 되는 줄을 너희가 알지 못하느냐 혹은 죄의 종으로 사망에 이르고 혹은 순종의 종으로 의에 이르느니라"(롬 6:16), "이제는 너희가 하나님을 알 뿐더러 하나님의 아신 바 되었거늘 어찌하여 다시 약하고 천한 초등 학문으로 돌아가서 다시 저희에게 종 노릇 하려 하느냐"(갈 4:9); '중생한 신자가 죄를 짓는 것과 비중생자가 죄를 짓는 것 사이의 차이가 무엇인가?' 라는 의문이

b. 산출된 죄를 반복하게 하는 방식

둘째로, 산출된 죄를 반복하게 하는 방식에 대해서 생각해 봅시다. 신자 안에 있던 개별적인 죄에 대한 욕구가 행동으로 옮겨져 실행죄로 산출된 후에는 그것을 반복적으로 저지르게 함으로써 불순종하는 삶을 고착시키려고 합니다. 산출된 죄가 신자 안에 있는 죄의 경향성과 협력하여 죄를 반복적으로 저지르게 하는 방식은 다음과 같습니다.

제기된다. 이 점에 대해서 다음 설명을 기억하라. 신자는 죄를 짓지만, 자신이 짓는 죄에 대하여 전적으로 동의(同意)하지는 않는다는 것이다. 인간이 죄를 실행함에 있어서 동의(同意)와 거부(拒否)는 모두 의지에 속한 작용이다. 신자가 의지로써 죄를 지으면서도 비중생자의 경우와는 달리 완전히 동의하지 않는다는 것은 신자 안에 그것을 거부하는 또 다른 의지가 존재한다는 말이 된다. 이것을 범죄하는 신자 안에 있는 '이중 의지'(二重意志, twofold will)라고 부른다. 박식하고 경건한 청교도 신학자 존 오웬의 지적과 같이, 비중생자가 죄를 지을 때, '단일 의지'(單一意志, single will)의 완전한 동의는 두 가지 방식으로 이루어진다. (1)도덕적 찬동성(贊同性) : 이는 행해진 일에 대하여 도덕적으로 찬동하는 것이다. 이는 그것이 선한 것이라고 기쁨으로 기꺼이 동의하는 것을 의미한다(롬 7:16). 그러나 중생한 신자들은 죄를 짓기 전이나, 죄를 지은 후에는 물론, 죄를 짓는 순간에도 그런 식으로 죄에 대하여 동의하지 않는다. 신자가 죄를 짓는 것은 마치 죄에 철저히 지배를 받는 비중생자가 죄를 지을 의지를 존속하지 못하거나 죄를 산출할 정도의 힘이 없으므로 죄짓기를 그만두는 것처럼(물론 중생한 신자가 죄를 지을 때는 보다 적극적인 의지의 개입이 있다는 사실이 간과되어서는 안 되지만), 죄를 짓는 것이다. 따라서 중생한 신자들은 죄에 대해 이런 식으로 동의하는 것과 거리가 멀다. 죄를 짓기 전에도, 죄 가운데 있을 때에도, 죄를 지은 후에도 저들은 궁극적으로 그것을 정죄하며, 거부하고, 미워한다. (2)원리적 단일성(單一性) : 생각하고 행동하는 영혼의 원리적 단일성이다. 인간의 영혼 안에 있는 두 원리, 곧 생각하고 행동하는 원리가 동시에 일치하게 작용함으로써 어떠한 행동에 대한 동의가 이루어지는 것이다. 그런 점에서 비중생자들은 생각의 전적인 동의와 의지의 일치에 의하여 죄를 짓는다. 다시 말해서 죄를 지음에 있어서 생각하고 행동하는 원리가 일치하게 동시에 작용한다는 것이다. 그러나 중생한 신자들은 그렇지 않으며, 그럴 수도 없다. 비록 그의 의지는 실제적이며 감각적인 반응을 일으키게 하는 또 다른 원리인 잔존하는 죄의 성향에 의해 기울어져 있지만, 죄를 지음에 있어서 진술한 바 비중생자의 경우와 같이 죄에 대하여 동의하지는 않는다. 이것은 죄와 함께 신자 안에 내재하는 은혜의 작용이다. 아무리 죄의 지배 아래 있는 신자라 할지라도 그러하다. 이것이 바로 사도 바울이 악과 함께 '선을 행하고자 하는' 의지의 소원이 자신에게 있다고 한 말의 진정한 의미이다(롬 7:19-22). John Owen, *The Doctrine of the Saints' Perseverance Explained and Confirmed*, in *The Works of John Owen*, vol. 11, (Edinburgh; The Banner of Truth Trust, 1988 reprinting), p.516.

1) 정욕에 대한 억제 기능을 파괴함으로써

먼저 신자의 마음 안에서 분기되는 개별적인 정욕을 억제하는 기능을 제거함으로써 반복적으로 불순종하게 합니다. 신자 안에는 개별적인 정욕의 분기를 억제하는 작용이 여럿 있습니다. 양심의 빛이나, 이성의 추론, 신자 안에 있는 선한 의지 같은 것이 그것입니다. 그러나 죄는 이러한 것들이 죄의 산출을 막기 위하여 지니고 있는 기능과 작용들을 파괴함으로써 신자의 마음 안에서 개별적인 죄의 정욕들이 마음껏 분기되도록 돕습니다. 죄의 이러한 계획은 다음과 같은 방식으로 실행에 옮겨집니다.

a) 양심의 기능을 파괴함

우선 양심의 기능을 파괴함으로써 이러한 목적을 이룹니다. 인간 안에 있는 양심의 기능은 두 가지인데, 하나는 양심의 정죄하는 기능입니다. 양심의 판단은 산출하고자 하는 죄와 이미 이루어진 죄에 대하여 이루어집니다. 이에 따라 신자는 가책을 느끼게 됩니다. 하나님의 엄격하심(severity)에 대한 인식과 개별적인 죄책에 따른 공정한 심판에서 오는 정죄감은 죄를 지은 후뿐만 아니라 죄를 짓기 이전에도 발생합니다. 이 모두 양심의 정죄하는 기능입니다.

또 다른 하나는, 양심의 송사하는 기능입니다. 이것은 마치 법정에 선 검사와 같이 죄에 대하여 신자의 의식 속에 달라붙어서 집요하게 그가 유죄임을 고발하는 양심의 기능입니다. 변호인은 죄인을 정죄로부터 보호하는 것이 목표이지만, 검사의 목표는 그를 정죄받게 하는 것입니다. 이것이 양심의 송사하는 기능입니다.

신자 안에서 개별적인 정욕으로 우세해진 죄는 이러한 양심의 기능을 내버려 두지 않습니다. 양심의 작용과 기능을 파괴하여 자신의 죄책에 대하여 정당하게 기능하지 못하게 합니다. 따라서 신자가 개별적인 정욕에서 우세해지면 산출하려는 죄가 갖는 정당한 죄책에 대하여 둔감해지거나 관용하게 되는데, 이는 죄의 속이는 작용(deceit)에 기인하는 것입니다. 이처럼 죄책감을 불러일으키는 양심의 기능의 약화는 신자로 하여금 같은 죄를 반복하는 데 유리점을 제공해주고, 죄의 실행이 반복될수록 영혼은 더욱 더 철저히 속임을 당하게 되고 죄를 책망하는 양심의 기능은 신뢰할 수 없는 수준으로 떨어지게 됩니다.

b) 선한 의지를 부패하게 함

또한 의지를 부패하게 함으로써 반복적으로 불순종하게 합니다. 신자가 자기 안에 있는 개별적인 정욕을 죄로 실행하기 위해서는 악한 의지가 필요합니다. 이 악한 의지는 '선함'(goodness)이 결핍된 의지입니다. 인간의 의지는 하나님을 향한 지순한 사랑을 결핍(缺乏)함으로써 '악함'을 지니게 됩니다. 그것을 가리켜 '의지의 부패', 곧 '선한 의지의 부패'라고 부릅니다. 신자 안에는 중생과 함께 하나님의 창조의 목적인 '선'(善, good)을 따라 살고자 하는 '선함'을 가진 의지가 심겨집니다.

그러나 그 의지에는 가변성이 있어서, 영혼의 상태에 따라 쇄신되기도 하고 부패하기도 합니다. 개별적인 정욕이 죄로 실행될 때에 의지는 더욱 부패하게 되어서 악습에 복속됩니다. 이는 신자 안에 있는 죄가 은혜를 소멸함으로써 이루어집니다. 이러한 의지의 부패는 개별적인 정욕을 실행하는 동기의 변화를 가져옵니다. 즉 개별적인 정욕이 최초의 죄로 실행될 때에는 범죄하게 되면 누리게 될 즐거움이 그 실행 요인으로 작용하지만, 의지가 부패하게 되면 마음의 악한 취향을 따르고자 하는 부패한 의지에 저항하는 괴로움이 그 실행 요인으로 작용하게 됩니다. 이것은 마치 약을 복용하는 사람이 처음에는 마약의 투여가 가져다 줄 쾌락에 대한 기대 때문에 그렇게 하지만, 중독된 후에는 맨 정신으로 살아가는 것이 너무나 고통스러워서 약물을 투여하는 것과 같은 이치입니다.

2) 원천적인 정욕을 강화함으로써

다음으로 죄는 신자 안에서 원천적인 정욕을 강화함으로써 신자로 하여금 반복적으로 죄를 짓게 합니다. 신자가 개별적인 정욕에 대하여 악한 의지로 순종하고 죄를 실행에 옮기게 되면, 자신 안에 있는 원천적인 정욕은 더욱 충만하게 됩니다. 그리고 원천적인 정욕의 충만은 곧 죄의 경향성의 강화를 의미하고 이렇게 될 때 더 많은 개별적인 정욕들이 불러일으켜집니다.

저수지에 물이 점점 가득 차오르는 것을 방치하면 언젠가는 제방이 무너지고 물이 넘쳐 흐르게 되는 것처럼 내면의 세계에 가득 찬 죄의 경향성과 정욕은 반드시 신자로 하여금 더욱 더 강한 고집으로 불순종의 삶을 살아가게 합니다. 개별적인 죄의 욕구가 실행에 옮겨지게 되면, 대기하고 있던 또 다른 개별적인 정욕들도 앞다투어 산출되기를 힘씁니다. 한 가지의 개별적인 죄에 대한 죄책감의 약화는 곧 욕망하게 되는 다른 개별적인 죄에 대한 죄책감도 경감시킵니다. 이 모든 일이 개별적인 죄의 욕구가 실행으로 옮겨지게 됨으로써 발생합니다. 신자의 범죄의 실행을 통하여 강화된 정욕의 힘은 개별적인 죄의 욕구들을 강한 힘으로 산출하게 합니다. 이미 죄의 실행을 통해서 그 즐거움을 맛본 신자의 마음은 자신 안에 그것에 대한 풍취를 간직하고, 상상 안에서 이루어지는 마음의 범죄가 주는 즐거움으로는 만족할 수 없는 죄에 대한 강한 성취 욕구를 지니게 됩니다. 이 때 신자는 더욱 쉽게 개별적 정욕들을 죄의 실행으로 옮기는 일을 습관으로 갖게 되고, 이것은 삶 속에서의 지속적인 불순종으로 이어집니다. 그뿐만 아니라, 죄의 이러한 작용 안에는 언제나 광기(狂氣, madness), 곧 미친 기운이 있어서 비이성적으로 행동하게 합니다. 죄인의 마음과 행동 속에 존재하는 수많은 모순율(矛盾律, contradictions)들은 바로 이러한 죄의 비이성적 광기의 결과입니다.

3) 일반 섭리 안에서 죄스러운 환경 안에 갇힘으로써

마지막으로 일반 섭리 안에서 죄스러운 환경에 갇히게 됨으로써 신자는 같은 죄를 반복적으로 저지르게 됩니다. 어떤 개별적인 정욕의 실행은 그렇지 않지만, 또 다른 어떤 것들은 죄가 실행될 때에 일반 섭리 안에서 죄의 결과를 환경으로 남겨서 그 속에 갇히게 함으로써 같은 죄를 반복적으로 저지르지 않을 수 없게 합니다.

비유를 들어 보겠습니다. 어떤 사람이 범죄조직의 지시를 받고 일회적으로 그들을 위하여 일했다고 칩시다. 그는 그들과 단 한 번만 같이 일하고 그에 따른 자신의 이익을 챙김으로써 관계를 끝내고자 하였습니다.

　그러나 그 일로 범죄단체와 연루되었고, 이익뿐 아니라 협박 때문에 그 조직과 필연적으로 얽히게 되어 같은 범죄를 되풀이하지 않을 수 없는 처지에 이르게 되었습니다. 이 경우는 범죄할 의도보다는 범죄로 말미암아 이루어진 일반 섭리 속에서 환경 때문에 범죄에서 벗어나지 못하게 됩니다. 이러한 예는 다윗에게서 잘 나타납니다. 그는 우리야의 아내 밧세바와 동침하고 난 후 회개합니다. "다윗이 나단에게 이르되 내가 여호와께 죄를 범하였노라 하매……"(삼하 12:13상).30)

　그러나 그가 비록 회개하였더라도, 이미 일반 섭리 속에서 이루어진 상황을 돌이킬 수 없었습니다. "다윗이 그 처 밧세바를 위로하고 저에게 들어가 동침하였더니……"(삼하 12:24상).31) 이렇게 환경적으로 죄에 매이게 될 때 그러한 환경은 신자에게 '비영적인 틀'(unspiritual frame)이 되어서, 그들은 빛의 자녀임에도 불구하고 오래도록 흑암 속에서 살아갈 수밖에 없습니다.

---

30) 이러한 철저한 회개는 그의 시 속에 잘 고백되어 있다. "다윗의 시, 영장으로 한 노래, 다윗이 밧세바와 동침한 후 선지자 나단이 저에게 온 때에 하나님이여 주의 인자를 좇아 나를 긍휼히 여기시며 주의 많은 자비를 좇아 내 죄과를 도말하소서"(시 51:1).

31) 다윗이 이렇게 회개한 후에도 밧세바를 물리치지 아니한 것이 전적으로 다윗 안에 지속된 정욕의 결과만은 아니었을 것이다. 하나님께서는 그의 범죄로 인하여 이루어진 결과를 묵인하심으로써 밧세바와 함께 살게 하셨다. 이러한 암시는 다음과 같은 성경 기록에서 나타난다. "……저가 아들을 낳으매 그 이름을 솔로몬이라 하니라 여호와께서 그를 사랑하사"(삼하 12:24하). 그러나 하나님의 이러한 묵인이 있기 전까지도 우리야의 아내 밧세바와 더불어 가책 속에서도 상당 기간 범죄해야 했음에 틀림이 없다. 때로는 최초로 동침할 때의 범의(犯意)보다 적은 의지(意志)를 가졌을 때도 그는 그리하였을 것이다. 이것이 바로 죄의 실행으로 말미암아 일반 섭리 속에서 죄를 반복할 수밖에 없는 환경에 갇힌 것이다.

IV. 죄를 버리지 못하는 이유 : 기쁨, 집착, 두려움

죄와 죄에 대한 신자의 사랑이 갖는 어떤 특성 때문에 신자는 죄를 사랑하는 것이 잘못된 것임을 알면서도 그것과 결별하지 못하고 죄의 종이 되어갑니다.

A. 죄가 주는 기쁨 때문에

첫 번째, 죄는 인간에게 두려움과 함께 기쁨을 가져다 주어 신자를 '죄의 낙'에 길들이기 때문에 신자는 죄에 대한 사랑을 쉽게 끊지 못합니다.[32] 죄가 가져다 주는 것이 고통과 두려움뿐이라면 신자는 그처럼 죄를 사랑하지 않을 것입니다. 상상 속에서 짓는 죄는 거기에 합당하도록 마음에 즐거움을 줍니다. 그러한 상상의 죄가 개별적인 정욕으로 발전하여 죄를 실행에 옮기게 되면 마음은 더 큰 즐거움을 누

---

[32] 성경에서 죄는 인간에게 기쁨을 주는 역할을 한다. 그래서 성경에는 "죄악의 낙"(하마르티아스 아폴라우신, ἁμαρτίας ἀπόλαυσιν)이라는 표현이 나온다(히 11:25). 여기서 '낙'(樂)은 그리스어로 '아폴라우시스'(ἀπόλαυσις)이다. 이 단어는 '즐기다', '누리다'를 의미하는 '아폴라우오'(ἀπολαύω)에서 왔는데 '어떤 것에서 유익을 얻음으로써 그것을 누린다'(having the benefit of something, and so enjoying it)는 의미를 가진다. Walter Bauer, *A Greek-English Lexicon of the New Testament and Other Early Christian Literature*, edited by Frederick W. Danker, William F. Ardnt & F. Wilbur Gingrich, (Chicago; The University of Chicago Press, 2000 3rd edition), p.115. 그래서 조셉 데이어(Joseph Thayer)는 이 '죄악의 낙'(ἁμαρτίας ἀπόλαυσιν)을 '죄에서 잉태된 쾌락'(pleasure born of sin)이라고 설명했다. Joseph H. Thayer, *Thayer's Greek-English Lexicon of the New Testament*, (Grand Rapids; Baker Book House, 1982 reprinting), p.64.; 사도행전 7:25에 나오는 스데반의 설교는 모세가 이미 나이 사십 세에 "그 형제들이 하나님께서 자기의 손을 빌어 구원하여 주시는 것을 깨달으리라고 생각" 했다

리게 됩니다.33) 이러한 기쁨은 점점 죄의 실행에 대한 기대를 갖게 만들어서 더욱 쉽게 죄를 반복하게 합니다. 신자가 죄의 실행을 통해서 즐거움을 획득하는 방식에 따라 죄는 두 가지로 나뉩니다.

1. 죄의 결과가 드러남으로써

먼저 자신이 지은 죄의 결과가 드러남으로써 즐거움이 극대화되는 경우입니다. 교만이나 미움 같은 죄가 바로 그런 것입니다. 이러한 예는 교만한 웃시야 왕이 제사장처럼 행세하려고 한 일에서도 드러납니다. "저가 강성하여지매 그 마음이 교만하여 악을 행하여 그 하나님 여호와께 범죄하되 곧 여호와의 전에 들어가서 향단에 분향하려 한지라 제사장 아사랴가 여호와의 제사장 용맹한 자 팔십 인을 데리고 그 뒤를 따라 들어가서 웃시야 왕을 막아 가로되 웃시야여 여호와께 분

는 것을 보여준다. 이 때 모세는 이스라엘 사람을 자신의 형제라고 생각하는 민족적 정체성과 하나님 앞에서 자신이 감당해야 할 민족의 구원자로서의 사명에 대해 각성하고 있었던 것으로 보인다. 모세가 비록 이러한 사명을 느꼈지만, 히브리서 기자의 시각에서는 잠시 누릴 이 세상의 '죄악의 낙'이 여전히 모세의 마음을 끌 수 있는 비교 대상이 되었음을 보여준다. Frederick F. Bruce, *The New International Commentary of the New Testament; The Epistle to the Hebrews*, (Grand Rapids; William B. Eerdmans Publishing Company, 1990 revised edition), p.310; "신자가 영혼의 어둠(spiritual darkness)과 지적인 눈멂(intellectual blindness) 가운데 죄의 속임수에 잘 넘어가는 상태가 되면, 죄는 강압으로 지배력을 행사하게 된다. 이렇게 획득된 죄의 지배는 소극적으로는 신자의 영혼을 억압함으로써, 적극적으로는 죄의 즐거움을 빼앗겠다는 협박을 통해 이루어진다. 따라서 신자는 죄가 가져다 주는 즐거움의 박탈을 두려워하는 가운데 죄를 즐기는 양상을 드러내며 죄의 지배력에 영향을 받게 되는 것이다." 김남준. 「죄와 은혜의 지배」, (서울; 생명의말씀사, 2005), p.402.

33) 신자가 죄를 사랑하는 것은 죄가 주는 기쁨 때문이다. 정욕을 만족시키는 죄를 산출할 때 신자는 소극적으로는 죄의 욕구를 끌어안고 산출되지 않도록 견디어야 하는 부담을 덜 수 있고, 적극적으로는 자기 안에 있는 악한 경향성이 밖으로 드러난 결과를 보고 기쁨을 얻는다.

향하는 일이 왕의 할 바가 아니요 오직 분향하기 위하여 구별함을 받은 아론의 자손 제사장의 할 바니 성소에서 나가소서 왕이 범죄하였으니 하나님 여호와께 영광을 얻지 못하리이다"(대하 16:16-18).³⁴⁾

2. 죄의 결과가 숨겨짐으로써

또한 자신이 지은 죄의 결과가 감추어짐으로써 즐거움이 극대화되는 경우입니다. 음란과 같은 죄가 그러합니다. 이러한 죄를 실행하였을 때에는 그 결과가 드러나기보다는 감추어짐으로써 죄의 즐거움이 극대화됩니다. 죄를 범하는 인간이 자신이 저지르는 모든 죄에 대하여 그 결과가 바깥으로 드러나기를 원하는 것은 아닙니다. 특별히 충동적이고 비이성적인 죄를 저지르는 경우는 더더욱 그러합니다.³⁵⁾ 이러한 사실은 다윗의 범죄에서도 입증됩니다. "여호와께서 또 이처

---

34) 교만한 자의 기쁨은 그것이 밖으로 드러날 때에 증폭된다. 이러한 예는 다음 성경의 보도에서도 분명하다. "아내와 동침하니 그가 잉태하여 에녹을 낳은지라 가인이 성을 쌓고 그 아들의 이름으로 성을 이름하여 에녹이라 하였더라"(창 4:17). "열국의 영광이요 갈대아 사람의 자랑하는 노리개가 된 바벨론이 하나님께 멸망당한 소돔과 고모라같이 되리니"(사 13:19). "그때에 여러 사람이 일어나서 남방 왕을 칠 것이요 네 백성 중에서도 강포한 자가 스스로 높아져서 이상을 이루려 할 것이나 그들이 도리어 넘어지리라"(단 11:14). 마음의 죄 역시 드러날 때에 기쁨이 증폭된다. "나의 하나님, 나의 주여 떨치고 깨셔서 나를 공판하시며 나의 송사를 다스리소서 여호와 나의 하나님이여 주의 공의대로 나를 판단하사 저희로 나를 인하여 기뻐하지 못하게 하소서 저희로 그 마음에 이르기를 아하 소원 성취하였다 하지 못하게 하시며 우리가 저를 삼켰다 하지 못하게 하소서"(시 35:23-25). 이 경우들은 자기가 미워하는 자에게 비는 저주가 실행되었을 때 즐거움을 누린다는 의미이다.

35) 엄밀하게 말하자면, 모든 죄는 비이성적이다. 왜냐하면 죄를 짓는 것이 자기를 행복하게 만들어 줄 것이라는 추론 자체가 죄의 속임에 넘어간 부패한 이성의 추론으로서 비이성적인 추론이기 때문이다. 그러나 여기서 필자가 '충동적이고 비이성적인 죄'라고 하는 것은 명백히 이성의 추론보다는 충동 자체에 의하여 자행되는 죄를 가리킨다. 음욕이나 도둑질 같은 것이 그것이다. 이러한 죄는 이성적인 추론을 통하여 이루어지는 죄, 곧 교만이나 미움 같은 죄보다 훨씬 더 많은 수치심을 죄를 짓는 본인에게 불러일으킨다.

럼 이르시기를 내가 네 집에 재화를 일으키고 내가 네 처들을 가져 네 눈앞에서 다른 사람에게 주리니 그 사람이 네 처들로 더불어 백주에 동침하리라 너는 은밀히 행하였으나 나는 이스라엘 무리 앞 백주에 이 일을 행하리라 하셨나이다"(삼하12:11-12).

B. 죄에 대한 집착 때문에

두 번째, 죄를 버리게 되면 그동안 죄에게서 공급받던 기쁨을 잃어버릴 것이라는 우려 때문에 신자는 죄를 버리지 못하고 집착하게 됩니다. 마음의 집착은 '일상적으로 자신에게 유익을 주는 환경이나 사물을, 혹은 정신적인 평안이나 즐거움을 상실하지 않으려는 애정을 가진 마음의 고집'입니다. 따라서 신자로 하여금 죄를 떠나지 못하게 하는 집착은 죄에 대한 사랑의 집착입니다. 이러한 집착은 이미 이루어진 죄의 반복을 통해 얻은 즐거움에 의해 신자의 마음이 길들여짐으로써 그 죄의 낙으로부터 스스로 배제되지 않으려는 마음의 경향입니다.

어떤 개별적인 죄의 실행이 반복될수록 신자의 본성은 그 죄에 대한 강한 고착력(固着力)을 갖게 되는데, 이것이 바로 집착입니다. 이러한 죄에 대한 집착은 신자로 하여금 더더욱 어떤 특정한 죄에 대하여 결별할 수 없게 하여 지속적으로 같은 죄에 빠지게 합니다. 모세가 일평생 신고 다닌 신발은 거룩하신 하나님의 임재 앞에서는 신고 있기에 적합하지 않은 것이었습니다. 그러나 그전까지 모세는 그 신발을 한 번도 불편하게 느낀 적이 없었습니다.

신자의 죄에 대한 집착도 오랜 기간에 걸쳐 신자의 본성 안에서 그의 마음의 취향에 어울리는 방식으로 형성되기 때문에 남들이 보기에는 악덕스럽게 여겨진다고 할지라도 신자 자신에게는 자연스러운 것입니다. 이처럼 죄에 대한 신자의 사랑은 죄를 버리지 못하는 집착으로 나타나고, 죄에 대한 집착은 다시금 신자가 죄에 대한 사랑을 버리지 못하게 하는 가장 중요한 원인이 됩니다.

C. 혼자 있을 두려움 때문에

　세 번째, 혼자 있는 두려움 때문입니다. 신자가 자신이 반복하고 있는 행동이 죄라는 사실을 인식해도 그것과 쉽게 결별하지 못하는 또 다른 요인은 외로움입니다. 특정한 욕망에 대한 반복적인 죄의 실행은 그것이 계속될수록 신자의 홀로 있는 외로움을 덜어줍니다. 인간은 홀로 있을 때 자신에게 솔직해질 수 있는 보다 좋은 환경을 갖게 됩니다. 그러나 일반적인 범죄 심리로 판단하자면, 신자는 죄가 반복될수록 혼자 있는 것에 대하여 두려움을 느끼게 됩니다. 그가 어떠한 영혼의 상태에 있든지 중생한 신자에게는 자신의 범죄를 판단하시는 하나님의 엄위에 대한 인식이 존재합니다.

　일반적으로 양심은, 홀로 있어 자신의 행동의 덕스러움을 성찰할 때 같은 조건을 가진 다른 경우보다 더 잘 기능합니다. 따라서 신자는 이러한 것들에 대한 자신의 생각을 분산하고자 합니다. 특정한 죄에 골몰하는 것은 그러한 의미에서의 생각의 분산을 위한 가장 좋은 방법입니다. 더욱이 죄를 반복하는 동안 맛보는 즐거움도 이러한 선택을 위한 좋은 미끼가 됩니다.

신자에게는 두 가지 고독의 본성이 함께 있습니다. 신령한 고독과 육욕적 고독이 그것입니다. 거룩한 고독은 신자로 하여금 외로울수록 하나님께 합일하고자 하는 마음을 불러일으키지만, 육욕적 고독은 외로울수록 죄의 즐거움을 탐닉하고자 하는 마음을 불러일으킵니다.

이 두 고독은 근원을 달리하는 외로움이라기보다는 동일한 본성에서 유래되는 것인데, 그 사람의 마음을 지배하고 있는 정서에 따라 다르게 나타나는 것이라고 보아야 합니다. 즉 경건한 신자에게는 은혜로운 정서가 있어서 고독의 본성으로 하나님을 찾게 하고, 타락한 신자에게는 타락한 정서가 있어서 고독의 본성으로 하여금 죄의 즐거움을 찾게 하는 것입니다. 그리고 경건한 신자 안에 있는 은혜로운 정서는 신령한 체험에서 비롯된 성령의 작용이라는 사실이 명백합니다.

D. 정죄받을 두려움 때문에

네 번째, 하나님께 정죄받을 것이라는 두려움 때문입니다. 이는 매우 역설적인 것인데, 신자가 자신이 지은 죄 때문에 언젠가 하나님 앞에 서야 할 것이라는 두려움으로 인해 더욱 죄를 버리지 못한다는 것입니다. 이러한 죄인의 심리는 이사야의 예언 속에서도 잘 나타납니다. "너희가 기뻐하며 즐거워하여 소를 잡고 양을 죽여 고기를 먹고 포도주를 마시면서 내일 죽으리니 먹고 마시자 하도다"(사 22:13).

신자가 죄를 회개하고 악한 욕망을 버리면, 주님께 더 많이 사랑받을 것이라는 판단은 신령한 판단입니다. 죄에 대한 사랑에 사로잡혀 있는 신자는 이런 바른 생각을 할 수가 없습니다. 그의 생각이 이미 본연의 의무인 생각 자신과 영혼을 공격하는 죄를 경계하는 데에서 이탈하였기 때문입니다. 그는 죄를 사랑하는 데서 즐거움을 느낄 뿐 아니라 죄의 사랑을 받는 데서 안식을 얻습니다. 죄의 세력에서 벗어나면 다시 하나님의 은혜 안에 거할 수 있을 것이라는 기대보다는 하나님 앞에 서게 될 때 받게 될 정죄감을 먼저 생각합니다. 이러한 두려움 역시 신자에게 있어서, 죄가 마지막에 가져오는 결과를 알면서도 죄에 대한 사랑을 버리지 못하는 중요한 원인이 됩니다.

죄에 대한 사랑

한·눈·에·보·는 2장

I. 신자 안에 있는 옛 본성 : 거듭난 신자에게도 죄의 본성이 부분적으로 남아 있음

II. 죄의 뿌리인 자기 사랑 : 인간은 하나님이 아니면 자기를 사랑하는 존재로, 신자의 세상 사랑은 자기 사랑의 한 형태임

III. 죄가 사랑으로 뿌리 내리는 방식
   A. 영혼 안에서 : 하나님을 대적하는 경향성으로
     1. 지성을 속임으로써
       _ 생각이 영혼을 공격하는 죄를 죄로 인식하지 못하도록 다양한 방법으로 속임(부주의하게 함, 헛된 것에 몰두하게 함, 이성의 추론을 방해함)
     2. 영혼의 전일성을 파괴함으로써
       _ 죄가 영혼의 전일성을 파괴하는 이유는 신자로 하여금 창조의 목적을 따라 살지 못하게 하기 위함임
     3. 영혼을 강압함으로써
       _ 영혼 안에서 밀어붙이는 죄의 힘이 '법'으로 작용하여 죄의 올무에 사로잡히게 함
   B. 마음 안에서 : 육체의 욕심, 정욕, 이기심으로
     1. 정욕을 불러일으킴으로써
       _ 죄는 정욕을 통하여 인간의 마음에 욕망을 불러일으키고, 그 몸의 지체들을 그 욕망을 위해 죄를 짓게 함
     2. 죄의 즐거움을 줌으로써
       _ 죄의 소극적 즐거움은 상상을 통해 얻는 것으로, 부패한 상상을 통해 죄가 실행될 때의 기쁨을 부분적으로 맛보는 것임
       _ 죄의 적극적 즐거움은 실행을 통해 얻는 것으로, 죄의 실행은 모든 개별적인 죄의 욕구가 다다를 수 있는 마지막 지점임
     3. 마음의 틀을 바꿈으로써
       _ 마음의 틀이란 지식을 사용하는 마음의 경향성임
       _ 마음에 틀에 대한 공격은 미덕스러운 틀을 파괴하고 악덕스러운 틀을 구축하려는 이중의 공격으로 나타남
       _ 죄가 신자의 마음에 악덕스러운 틀을 구축하고자 하는 이유는 그 틀 안에서 죄와 정욕이 보호될 수 있고, 작은 힘으로도 죄의 욕구가 실행 가능하며, 자신의 영향력을 항구화하는 일이 수월하기 때문임

C. 삶 속에서 : 하나님의 계명을 거스르는 불순종으로
  1. 개별적인 죄의 실행
  _ 죄는 인간으로 하여금 개별적인 죄를 행하게 함으로써 삶 속에 뿌리를 내림
  _ 원천으로서의 정욕은 신자 안에 있는 죄에 대한 취향을 따라서 개별적인 정욕을 더욱 효과적으로 불러일으킴
  _ 개별적인 정욕이 행동의 죄로 산출되기에 적합한 조건은 양심의 제약을 덜 받는 상황, 죄의 실행에 따르는 불편함의 제거, 처벌받지 않을 것이라는 기대가 있을 경우 등임
  _ 개별적인 죄의 실행은 의지의 동의를 필요로 함
  _ 죄의 실행은 신자의 내면에서 죄의 경향성을 강화하고, 양심을 무디게 하며, 정욕을 더욱 날뛰게 하는 결과를 초래함
  2. 죄의 반복
  _ 죄는 반복적으로 실행되며 고착된 불순종으로 뿌리 내림
  _ 부당한 거역이 반복됨으로써 죄의 산출이 보다 용이해지는 것이 산출된 죄의 목표임
  _ 산출된 죄를 반복하게 하는 방식은 정욕에 대한 억제 기능을 파괴함으로써(양심의 기능 파괴, 선한 의지의 부패), 원천적인 정욕을 강화함으로써, 섭리 안에서 죄스러운 환경 안에 갇힘으로써임

IV. 죄를 버리지 못하는 이유 : 기쁨, 집착, 두려움
  A. 죄가 주는 기쁨 때문에
    _ 죄는 고통뿐 아니라 즐거움도 주는데, 죄의 결과가 드러나거나, 오히려 숨겨짐으로써 즐거움을 획득함
  B. 죄에 대한 집착 때문에
    _ 죄를 버리면, 그 죄가 주던 기쁨을 잃어버릴 것이라는 우려로 인해 더욱 그 죄에 집착하게 됨
  C. 혼자 있을 두려움 때문에
    _ 혼자라는 두려움을 죄가 주는 즐거움을 통해 잊어보려 함
  D. 정죄받을 두려움 때문에
    _ 죄의 세력을 벗어나면 하나님께 더 많이 사랑받게 됨에도 불구하고, 죄 중에 있는 신자는 하나님 앞에서의 정죄감을 먼저 생각함

자기 깨어짐

자기 깨어짐이란 죄에 대한 사랑과 거기에 기반을 둔 자기의에 대한 신뢰가 파괴되는 것으로,
곧 하나님의 뜻을 거스르는 본성의 파괴를 의미합니다.

제 3 장

자기의

"자기를 의롭다 믿는 정신은 마땅히 생각해야 할 그 이상으로 자신을 높게 생각하는 경향성입니다. 이 정신은 죄를 가볍게 생각하고 자기를 정당화합니다." _김남준

제 3 장

자기의

자기 깨어짐을 통해 깨뜨려져야 할 또 하나의 부분은 신자 안에 있는 자기의(自己義)입니다. 자기의란 정확하게 말해 자신의 의로움에 대한 신뢰를 의미합니다.[36]

I. 자기 깨어짐에서 말하는 자기의

자기 깨어짐의 본질은 자기의에 관한 깨어짐입니다. '의'(義)는 원래

---

[36] 신자는 회심을 통해 자기가 거룩하신 하나님 앞에서 아무것도 아닌 비천한 존재임을 깨닫게 된다. 죄와 허물로 인하여 죽음 아래 놓인 자신을 발견할 뿐 아니라 자신에게 임하게 될 하나님의 엄위하신 진노에 대해 깨닫게 된다. 이전까지 그는 자신을 신뢰하며 살아왔다. 자기 자신이야말로 그가 믿는 최종적인 의존의 대상이었다. 그러나 이제 자기 자신을 의지하며 살아온 삶이 하나님 앞에 진노의 대상이라는 사실을 알게 되었다. 회심을 통해 그는 자신이 아니라 하나님을 신뢰하며 살아야 함을 배우게 된다. 이 때 신자는 자신 안에 하나님의 요구에 부합하는 존재가 될 만한 어떠한 자원도 없음을 깨닫게 된다. 그리고 전적인 신뢰 가운데 자기를 구원하시는 하나님의 구원방법인 예수 그리스도를 붙들게 된다. 그러나 여전히 신자 안에 남아 있는 죄는 하나님을 의존하지 말고 스스로 독립하라고 유혹한다.

하나님의 요구에 부합하는 상태나 삶의 태도를 가리키는 것으로, '자기의'는 의로워지는 자원을 인간 자신에게 둔 '의'(義)입니다.

　타락으로 말미암아 원의(原義)를 상실한 인간은 자기 안에 스스로를 하나님 앞에 받아들여질 만하게 만들 수 있는 어떤 자원도 능력도 없는 존재가 되었습니다. 따라서 '자기의'(self-righteousness)라는 말 속에는 이미 그것이 '하나님 앞에 받아들여질 수 없는 종류의 의(義)'라는 뜻이 포함되어 있습니다(시 18:14).[37]

A. 자기를 의롭다고 믿는 정신

　자기의는 자신을 의롭다고 믿는 정신입니다. 자기의에 대한 신뢰는 스스로 자신을 의롭게 여기는 태도로 나타납니다. 예수 그리스도께서는 자신을 신뢰하는 사람을 '자기를 의롭다 믿는' 사람이라고 표현하셨습니다.[38]

　'자기를 의롭다 믿는 정신'(self-righteous spirit)은 마땅히 생각해야 할 그 이상으로 자신을 높게 생각하는 경향성입니다. 자기가 가진 어떤 잇점 때문에 하나님과 사람들 앞에서 자신을 사실 이상으로 높이 평가하는 것입니다. 이러한 경향성은 당연히 교만이라는 죄의 성향과 일치합니다. 자기의를 신뢰하는 정신은 크게 두 가지로 나누어 생각할 수 있습니다.[39]

---

[37] '자기의'라는 표현은 이미 그 자체 안에 '자신의 의로움에 대한 신뢰'를 포함한다. 따라서 '자기의'의 깨어짐은 곧 '자기의를 신뢰하는 마음'의 깨어짐이기도 하다.
[38] "또 자기를 의롭다고 믿고 다른 사람을 멸시하는 자들에게 이 비유로 말씀하시되"(눅 18:9).

1. 죄를 가볍게 여김

죄를 가볍게 여기는 정신입니다. 자기 자신을 마땅한 분량보다 높이는 사람은 그 분량만큼 죄를 가볍게 여깁니다. 이것은 결과적으로 인간을 절망적인 죄인이라고 규정하는 성경을 멸시하는 것입니다. 죄를 가볍게 여기는 만큼 그는 또한 그리스도를 필요로 하지 않습니다. 그가 비중생자인 경우에는 자기의 죄를 위해 십자가에서 속죄를 이루신 그리스도의 공로에 무관심하거나 그 희생을 멸시하게 됩니다. 그가 신자인 경우에는 자신이 죄인이라는 사실을 총체적인 고백으로는 인정하면서도, 구체적으로 자신의 내면과 삶 속에서 역사하는 죄는 인식하지 못합니다. 그리고 그리스도의 구속의 공로를 낮추고 구원을 일상적인 것으로 여깁니다. 따라서 그는 마음으로 그리스도를 깊이 의존하지 않으며 하나님께 순종하지도 않습니다. 이것은 모두 복음의 교리를 아는 지식이 현저하게 부족하거나 영적인 깊은 어두움 가운데 죄에 대해 무감각해졌기 때문입니다.

2. 자신을 정당화함

자기를 정당화하는 정신입니다. 그가 비중생자인 경우에는 자신이 죄인이라는 사실을 철저히 부인할 것입니다. 인간을 구원받아야 할

---

39) "A self-righteous is a sin-extenuating, self-justifying, and in consequence a law-hating, God-condemning disposition; and so stands in direct opposition to repentance towards God, faith towards our Lord Jesus Christ." Joseph Bellamy, *Sin, the Law, and the Glory of the Gospel*, (Ames; International Outreach, Inc., 1998), p.123.

죄인으로 규정하시는 하나님의 판단에 전면적으로 부정하며 맞서는 것입니다. 그가 신자인 경우에는 자신이 그리스도의 구원을 필요로 하는 죄인이기는 하지만, 성경이 말하는 것처럼 철저히 부패하고 무능한 인간은 아니라고 생각합니다. 그는 하나님의 말씀이 아닌, 자기 자신과 세상의 판단에 따라 자신을 의롭다고 정당화합니다. 이러한 정신 아래 있는 한 그는 자신의 내면과 자신의 일상에서 일어나는 절망적인 죄의 작용과 결과들을 보지 못합니다. 그렇게 되면 올바르게 자신의 부족과 악함을 깨닫고 그리스도를 전심으로 의존하지 않을 것이 분명합니다. 따라서 그에게는 온전한 순종의 삶도 불가능합니다.

B. 소극적 의미와 적극적 의미

신자의 자기의는 두 가지로 나누어 생각할 수 있습니다. 소극적인 의와 적극적인 의가 바로 그것입니다. 그러나 이 두 가지는 구분이 가능하기는 하지만 분리되지는 않습니다. 왜냐하면 그것은 모두 교만이라는 한 뿌리에서 비롯된 것이기 때문입니다.

1. 소극적 자기의

먼저 생각해 볼 것은 소극적인 자기의입니다. 이것은 스스로 하나님의 요구에 부합하도록 충분히 순종하였다고 생각하고 스스로를 신뢰하는 것입니다. 또는 혼자의 힘으로 그렇게 살 수 있거나, 또 될 수 있다고 생각하는 것입니다. 이것은 단지 말로써 이루어지는 고백의 문제가 아니라, 마음과 영혼 안에 있는 작용에 관련된 문제입니다. 자신이 하나님께 대한 절실한 의존의 마음 없이 살 수 있다고 생각하거나, 그래서 스스로 책망받을 것이 없는 상태에 도달했거나, 그렇게 할 수 있다고 여기는 것입니다.

2. 적극적 자기의

또한 생각해 볼 것은 적극적인 자기의입니다. 이것은 자신이 하나님을 충분히 헌신적으로 섬기고 있다고 믿는 것입니다. 이로써 자신은 하나님 앞에 넉넉히 받아들여질 만하다고 스스로를 평가하는 것입니다. 이 모든 것이 자기를 의롭다 여기는 정신입니다. 인간이 이러한 자기의에 빠지게 되면 거룩하신 하나님과 자신 사이에 중보자가 필요하다는 믿음이 약해지게 됩니다. 그러나 하나님의 은혜는 예수 그리스도 앞에서 자기의 비천함을 깨닫고 그리스도를 의지하는 사람들에게 임합니다. 따라서 자기의에 빠진 사람들은 이러한 은혜로부터 멀어질 수밖에 없습니다.

하나님께서는 우리가 하나님 앞에 서기를 원하십니다. 그러나 누구도 하나님이 요구하시는 의가 없이는 하나님을 뵈올 수 없습니다. 하나님의 의로우신 성품은 당신의 거룩함에 도전하는 모든 것으로부터 당신 자신을 지키시기 때문입니다. 그러므로 그리스도를 의지하는 믿음, 예수 그리스도의 '의'가 없는 자는 하나님 앞에서 파멸되어야 할 대상입니다. 그들은 모두 하나님의 거룩함에 대항하는 존재들이기 때문입니다.

II. 율법적 의와 복음적 의

하나님이 의로우시다는 사실은 두 가지 사실을 의미합니다. 즉 하나님 자신은 언제나 옳은 바를 따라서 행하신다는 사실과 이 세상의 모든 것을 판단하심에 있어서 하나님 자신이 무엇이 옳은지에 대한 궁극적인 기준이 되신다는 사실입니다.[40] 하나님께 나아가는 인간이 하나님께 받아들여지기 위하여 필요한 '의'를 얻는 길은 오직 둘 뿐입니다. 인간은 이 둘 중에 한 '의'를 의지해서 하나님 앞에 나아가게 됩니다.

A. 율법적 의

율법적 의는 의로워지는 자원을 자기 안에 둔 것으로, 율법을 준수함으로 말미암아 얻게 되는 의입니다. 율법은 하나님께서 창조하신

---

[40] Wayne Grudem, *Systematic Theology; an Introduction to Bible Doctrine*, (Grand Rapids; Zondervan Publishing House, 1994), p.203. 여기서는 율법적 의와 복음적 의를 다루는 데 이 두 가지 외에도 '속성적 의(義)'가 있다. 이것은 하나님을 하나님 되시게 하는 속성(attribute)으로서의 '의'(義)이다. 이 '속성적 의'(essential righteousness)는 하나님께서 자신의 거룩함에 도전하는 모든 것들로부터 자신을 방어하시는 성품이다. 따라서 하나님께 불순종하는 사람들에게는 하나님이 의로우시다는 사실이 두려움이고, 하나님 앞에 바르게 살아가는데 억울한 일을 많이 당하는 사람에게는 이 사실이 기쁨이다. 신자가 하나님의 의를 위해서 산다고 할 때 그것은 온 세상이 하나님의 거룩함에 도전하는 것들이 없고 그분의 통치를 받아들이는 세상으로 고쳐지도록 살아간다는 의미이다. 구약에서 '의'는 '체덱(צֶדֶק)' 혹은 이 단어의 여성형인 '체다카(צְדָקָה)'로 사용된다. 두 단어는 거의 같은 의미이지만, 전자는 내면의 질로서의 '의'를, 후자는 밖으로 드러난 행실로서의 '의'를 가리킨다. 신약에서는 '디카이오쉬네'(δικαιοσύνη)로 나타나는데, 이것은 고전 그리스어 '정의'(디케, δίκη)에서 유래되었다. 김남준, 「구원과 하나님의 계획」, (서울; 부흥과 개혁사, 2004), pp.227-229.

세계와 백성들에 대한 하나님의 흠 없는 계획을 보여주어, 인간의 정욕을 억제하며 거룩한 백성이 살아야 할 삶의 표준을 제시합니다. 하나님께서는 우리가 그것을 모두 행함으로써 율법적인 의를 얻어서 하나님 앞에 당당히 나오기를 기대하신 것이 아닙니다.[41]

---

[41] 사람들이 참된 영적 생활을 통하여 복음적인 거룩함을 경험하고 그리스도 안에서 풍성함을 누리지 못할 때에 그리스도의 중보 사역의 공로와 효과에 대하여 무지하게 되고, 그분이 왜 절대적으로 필요한 분인지에 대한 확신을 갖지 못하게 된다. 그리스도의 속죄를 통해서 나타난 하나님의 의를 알지 못할 때에 인간은 아주 자연스럽게 자기의 의를 세우고자 한다. 사도 바울은 왜 인간이 자기의를 세우려고 하는지에 대하여 다음과 같이 밝힌다. "하나님의 의를 모르고 자기의를 세우려고 힘써 하나님의 의를 복종치 아니하였느니라"(롬 10:3). 유대인들이 바로 여기에 해당된다. "의의 법을 좇아간 이스라엘은 법에 이르지 못하였으니 어찌 그러하뇨 이는 저희가 믿음에 의지하지 않고 행위에 의지함이라 부딪힐 돌에 부딪혔느니라"(롬 9:31-32). 이들은 스스로 '하나님의 의'에 대해 가장 잘 안다고 생각하는 자들이었다. 그래서 그는 다음과 같이 밝힌다. "유대인이라 칭하는 네가 율법을 의지하며 하나님을 자랑하며 율법의 교훈을 받아 하나님의 뜻을 알고 지극히 선한 것을 좋게 여기며 네가 율법에 있는 지식과 진리의 규모를 가진 자로서 소경의 길을 인도하는 자요 어두움에 있는 자의 빛이요 어리석은 자의 훈도요 어린 아이의 선생이라고 스스로 믿으니"(롬 2:17-20). 그러나 그들은 하나님의 의에 복종한 것이 아니라 그들 자신의 의를 세우려고 했다. 왜냐하면 하나님의 의를 몰랐기 때문이다. "Yet these man submitted not unto the righteousness of God, but went about to establish their own righteousness, because they were ignorant of the righteousness of God. And wheresoever this ignorance is, men will do so. Take 'the righteousness of God' in any sense wherein it is mentioned in the Scripture, and this event will follow upon the ignorance thereof; for it must be either the righteousness that is in him, or the righteousness he requires of us in the law, or the righteousness he had provided for us in the gospel." John Owen, *The Nature of Apostasy from the Profession of the Gospel and the Punishment of Apostates Declared, in an Exposition of Heb. vi. 4-6; with an inquiry into the causes and reasons of the decay of the power of religion in the world, or the present general defection from the truth, holiness, and worship of the gospel; also, of the proneness of churches and persons of all sorts unto apostasy with remedies and means of prevention*, in *The Works of John Owen*, vol. 7, edited by William H. Goold, (Edinburgh; The Banner of Truth Trust, 1988 reprinting), p.153; 인간이 도덕적 실천을 통하여 자기의에 빠지는 것은 복음을 통한 하나님의 은혜가 도덕적인 삶의 기초가 되지 않기 때문이다. 때로는 신자가 죄에 대한 싸움을 포기하는 대신 도덕적인 의무의 실천으로 자기의에 대한 신뢰에 빠지기도 하는데, 이는 신자의 삶 전체를 비영적인 틀에 가두어 죄의 지배 아래 있게 한다. 이에 대한 상세한 논의는 필자의 다음 책을 참고하라. 김남준. 「죄와 은혜의 지배」, (서울; 생명의말씀사, 2005), p.326; 김남준. 「마음지킴」, (서울; 생명의말씀사, 2004), p.340.

이러한 율법적인 의는 인간이 획득할 수도 없거니와, 설사 그가 다른 사람에 비해 상대적으로 의롭다고 해도 그렇게 의로워지는 자원을 자신 안에 둔 것이므로 하나님 앞에 선한 것이 아닙니다. 그러므로 율법적 의는 우리를 하나님 앞에 세울 수 있는 것이 아닙니다.

우리에게 진정으로 필요한 것은 복음적 의입니다. 참된 신자는 하나님께서 보여주신 계명을 따라 분투하며 살아도 자기를 의롭게 살아가게 한 기원이 자기 안에 있다고 믿지 않습니다.42)

끝없이 결심하고 분투한 것이 사실이지만, 그렇게 하나님의 모든 계명과 율법의 요구에 부합하여 살게 한 것은 자기 안에 있는 힘이 아니라 하나님께서 주신 은혜의 힘인 것을 알기 때문입니다.

---

42) 이렇게 믿게 될 때 인간은 자기의(self-righteousness)에 빠지게 되고 하나님을 덜 의존하게 된다. 그러나 인간, 특히 구속 받은 신자들은 자신들의 모든 선에 있어서 하나님께 절대적이고 총체적으로 의존하고 있으며, 하나님은 그러한 의존을 통하여 영광을 받으신다. 따라서 이러한 자기의에 대한 신뢰는 교만에서 비롯된 것으로서 이는 그리스도 안에 있는 진리를 보지 못하게 하는 원인이 된다. "God is glorified in the work of redemption in this, that there appears in it so absolute and universal a dependence of the redeemed on him." - Here I propose to show, first that there is an absolute and universal dependence of the redeemed on God for all their good. And, Secondly, that God hereby is exalted and glorified in the work of redemption." Jonathan Edwards, "God Glorified in Man's Dependence," *Two Sermons*, in *The Works of Jonathan Edwards*, vol. 2, revised and corrected by Edward Hickman, (Edinburgh; The Banner of Truth Trust, 1995 reprinting), p.3; 어거스틴(Augustine of Hippo)에 의하면 존재와 진리는 환치된다. 즉 모든 사물은 존재하는 한에서 진실하며 존재는 일자(一者)와 환치된다. 모든 사물은 일자를 성취하는 한, 전일성(全一性 혹은 一者性, *integritas*)을 성취하는 한 진실하다. 유한한 사물이 일자를 지향하면서도 일자를 완전히 성취하지 못하는 거기에 허위가 있다. 이것이 바로 '허위'(虛僞)라는 것의 형이상학적 정체성이다. 인간에게 있어서 허위는 오성(悟性, *intellegentia*)이 존재하는 것을 없는 것으로 판단하거나 존재하지 않는 것을 있는 것으로 판단하는 데서 비롯된다. 그러나 참된 신앙과 관련해서 어거스틴은 이 허위를 좀 더 적극적인 의미를 가진 것으로 정의한다. "허위는 진실(*verum*)을 찾으면서 바로 그 행동으로써 진리(*veritas*)를 저버리고 멸시하는 모순된 행동" 이라는 것이다. Avrelivs Avgvstinvs, *De Vera Religione*, in *Corpvs Christianorvm Series Latina; Avrelii Avgvstini Opera*, (Tvrnholti; Typographi Brepols Editores Pontificii, 1992), p.233.

B. 복음적 의

복음적 의는 의로워지는 자원을 그리스도께 둔 의로, 예수 그리스도를 믿는 믿음을 통해 얻게 되는 의입니다. 율법적 의가 바리새인과 서기관들이 극성으로 믿고 하나님 앞에 나아가려 했던 의라면, 복음적 의는 창기와 세리들로 하여금 하나님 앞에 나아가게 했던 의입니다. 복음적 의는 예수 그리스도께서 우리의 죄를 위해 이 세상에 오셔서 십자가에 죽으심으로 율법의 요구를 이루어 의의 근원이 되셨고, 우리는 자기의 죄를 회개하고 그리스도의 의를 전심으로 목말라함으로 그 의를 덧입게 되어 하나님 앞에 받아들여진다는 믿음을 통해서 얻어집니다. 따라서 복음적 의를 받아들인 사람들은 자신이 아무것도 아니라는 것을 알고, 자기가 의로워진 모든 근거가 예수 그리스도의 중보자적 사역에 있음을 압니다. 그래서 그들은 그리스도를 향한 충만한 사랑과 자기 안에 남아 있는 죄에 대한 극도의 미움을 가진 사람들입니다. 왜냐하면 자기의 사랑의 최고의 대상이신 그리스도를 십자가에 못박혀 죽으시게 한 원인이 바로 그것이었기 때문입니다.

III. 자기의의 악덕스러움

신자의 의로운 생활은 더없이 미덕스러운 것이지만, 자기의를 신뢰하는 것은 그렇지 못합니다. 왜냐하면 신자가 자기의를 신뢰하는 상태에서는 창조의 목적인 선을 지향하는 삶을 살아갈 수 없기 때문입니다. 자기의가 참으로 하나님의 창조의 목적인 선(善)을 이룰 수 없는 이유는 다음과 같이 논증될 수 있습니다.

A. 하나님께 대한 절대 의존을 떠난 의

첫 번째, 하나님께 대한 절대 의존을 떠난 의이기 때문입니다. 인간 존재의 불완전함에도 불구하고 창조의 목적을 따르는 '선함' (goodness)을 지닌 채 세계를 돌볼 수 있게 하는 것은 하나님께 대한 절대 의존의 마음이었습니다. 인간의 죄는 이러한 의존의 관계를 떠나서 독립하려는 것입니다. 이는 하나님께 복종하며, 지혜롭고 위대하신 하나님에 의하여 지정된 질서를 따라 존재하고 그 가치의 질서를 따라 사랑하며 살아가기를 거부하는 것입니다. 자기의를 신뢰하는 정신은 바로 이러한 하나님께 대한 절대 의존의 관계를 벗어나서 스스로 하나님 앞에 받아들여질 만한 의를 성취할 수 있다고 믿는 정신입니다. 이것은 옛 성품에 속한 정신이며 파괴되어야만 할 것입니다. 인간은 창조될 때부터 이렇게 하나님을 절대적으로 의존하면서 살아가도록 의도되었습니다.[43]

---

[43] 조나단 에드워즈는 하나님의 구속의 본질과 계획은 하나님께 대한 인간의 직접적이며 즉각적이고 전적인 의존에 있다고 강조하면서, 구원받은 신자가 하나님을 절대적으로 의존하여야 할 이유를 다음과 같이 제시한다. (1)구속받은 신자는 하나님의(of him) 모든 선(善)을 소유하게 되었기 때문에 하나님을 절대적으로 의존할 수밖에 없다. 신자가 누릴 수 있는 그 모든 선은 하나님 자신의 것이며, 이것들은 오직 하나님의 은혜와 능력을 통하여 받게 되기 때문에 그것을 주시는 하나님을 절대적으로 의존하지 않을 수 없다. (2)이 모든 하나님의 선은 그리스도의 중보를 통하여(through) 획득되는 것이므로 중보자이신 그리스도와 그분을 주신 하나님을 의지하지 않을 수 없다. 우리의 모든 복들은 값 주

타락한 후 인간은 더더욱 하나님을 향한 절대 의존 속에서 살아가야만 했습니다. 신자는 비록 중생하여 하나님의 천지 창조의 목적을 자신의 선으로 받아들였지만, 여전히 죄스럽고 부패한 욕망들을 내면에 품고 있습니다. 그런 부패한 경향성은 그로 하여금 끊임없이 하나님께 불순종하게 하고, 악한 세상의 죄스러운 환경은 더욱 그렇게 살기 쉽게 만듭니다. 자기의는 이러한 절대 의존 속에서 성취한 의가 아니라, 오히려 하나님으로부터의 독립을 도모하는 가운데 이룩한 의입니다. 이것은 참으로 하나님을 전적으로 의존하며 살아야 할 존재로서의 소명을 거부한 것이며, 이러한 정신으로 성취한 의는 진정으로 그를 하나님 앞에 받아들여지게 할 수 있는 의가 아닙니다.

고 산 것이기 때문에 그리스도 안에서 하나님을 의지하지 않을 수 없다. (3)구속받은 자들이 이 모든 선을 하나님 안에서 소유하기 때문에 하나님을 절대적으로 의지하지 않을 수 없다. 구속받은 사람들은 자기 자신에게서 유래한 선이 아니라 밖으로부터의 선을 소유하게 되었으며, 이에 따라 신자는 하나님의 구속으로 말미암아 물려받은 이중적 재산을 소유하게 되는데, 그것은 탁월함과 기쁨이다. "As we thus have our good through God, we have a dependence on him in aspect that man in his first estate had not. Man was to have eternal life then through his own righteousness; so that he had partly a dependence upon what was in himself; for we have a dependence upon that through which we have our good, as well as that from which we have it: and though man's righteousness that he then depended on was indeed from God, yet it was his own, it was inherent in himself; so that his dependence was not so immediately on God. But now the righteousness that we are dependent on is not in ourselves, but in God. We have saved through the righteousness of Christ: He is made unto us righteousness; and therefore is prophesied of, Jer. xxiii. 6. under that name, 'the Lord our righteousness'. In that righteousness we are justified by is the righteousness of Christ, it is the righteousness of God." Jonathan Edwards, "God Glorified in Man's Dependence," *Two Sermons*, in *The Works of Jonathan Edwards*, vol. 2, revised and corrected by Edward Hickman, (Edinburgh; The Banner of Truth Trust, 1995 reprinting), p.5.

B. 하나님 사랑에 종속되지 않은 의

두 번째, 하나님을 향한 사랑에 종속되지 않은 의이기 때문입니다. 인간의 자기의는 자기 사랑을 중심축으로 소유한 채 하나님께 대한 의무의 감각 속에서 이루어진 의입니다. 이러한 의가 하나님께 받아들여질 수 없는 것은 크게 세 가지 이유 때문입니다.

1. 결함을 가진 의

이 의(義)는 그 자체로 결함을 가진 의입니다. 타락한 인간은 자신 안에 있는 전일성의 부패로 말미암아 어쩔 수 없는 결함을 가지고 있습니다. 따라서 그가 하나님을 전심으로 의지하며 그분의 은혜의 작용을 힘입는다고 할지라도 여전히 그의 의는 결함이 있는 의일 수밖에 없습니다. 그래서 참된 신자는 아무도 자신이 행하는 의로운 행실 때문에 구원을 받았다거나 하나님께 충분히 받아들여질 만한 존재가 되었다고 믿지 않습니다. 그가 그렇게 믿는 것은 오직 그리스도의 의를 통해서입니다.

2. 창조 목적에 기여하지 못하는 의

이것은 하나님의 창조의 목적에 기여하지 못하는 의입니다. 이 의는 본질적으로 자기 사랑이 깨어져 하나님의 창조의 목적인 선에 자신의 선행의 목표를 합치시킨 가운데 이루어진 의가 아닙니다. 따라서 자신이 아무리 성심으로 그 의를 행했다고 하더라도 그 의로운 행실은 하나님의 창조의 목적에 기여할 수 없습니다. 왜냐하면 그것이 아무리 하나님을 생각하며 성취된 의라 할지라도 하나님을 향한 지순의 사랑에 종속되지 않은 의이기 때문입니다. 더욱이 이러한 종류의 의로 그가 하나님 앞에 구원받거나 받아들여질 만한 존재가 될 수 없는 것은 분명합니다.

3. 인격적 사랑이 아님

이것은 하나님과의 인격적인 사랑을 토대로 하고 있지 않은 의입니다. 하나님은 당신과 우리와의 인격적 관계없이 이룩되는 의에는 관심을 갖지 않으십니다. 하나님이 처음 조상들을 이 세상에 창조하신 것도 단지 그들로 하여금 하나님이 좋아하시는 일을 하게 하시기 위해서뿐만 아니라 그들과 관계를 가지고 살아가기를 원하셨기 때문입니다. 이러한 사랑은 창조적 부성(父性)의 사랑이라고 말할 수 있습니다. 하나님께서 신자에게 원하시는 것은 사랑으로 교통하는 인격적인 관계입니다. 이 사랑은 하나님이 인간을 창조하심으로 비로소 생겨난 하나님의 속성이 아니라 영원 전부터 가지고 계시던 속성이었습니다. 이 세상에 관계를 가지고 사랑하실 인간을 창조하시기 전에도, 그리고 천사를 창조하시기 전에도 하나님은 영원 전부터 계신 성자를 향해 이런 인격적인 사랑을 가지셨습니다. 이것을 저는 '위(位)들 안에서의 사랑'(intertrinitarian love)이라고 부릅니다. 하나님은 당신께 대한 인격적인 사랑이 없이 성취된 자기의를 토대로 인간을 당신께 받아들여질 만한 존재라고 여기지 않으실 것이 분명합니다.

C. 하나님께 대한 순종이 결핍된 의

세 번째, 하나님께 대한 순종이 결핍된 의이기 때문입니다. 하나님께 대한 지순의 사랑만이 하나님께 대한 온전한 순종을 가져옵니다. 이것은 단지 노예적인 복종을 의미하는 것이 아니라, 하나님을 소중하게 여기고 기뻐하는 신자의 자원적(spontaneous) 사랑에서 비롯되는 순종입니다. 그러므로 이 순종은 단지 육체의 기능에 속한 작용이 아니라 영혼과 관련된 전 인격적인 작용입니다.

영혼이 죄의 경향성을 버리고 마음속 깊이 하나님을 사랑함으로써 의지가 동의하여 이룩된 순종은 영적이고 정신적인 독특한 작용들을 영혼과 관련된 온 기관 안에서 수행합니다. 영혼은 하나님을 거역하는 모든 경향성을 버리고 그분의 모든 성품을 기뻐하는, 거룩한 취향을 함유하며, 또한 마음은 말할 수 없는 기쁨과 소망 가운데서 그분의 지성과 의지를 통해 계시된 바 창조의 목적을 따라 행하기를 기뻐합니다.

이 때, 온몸의 기관은 자신에게 적용된 지식을 따라 그것들을 사용하고자 하는 마음에 온전히 복종합니다. 온몸의 지체들이 연합하여 하나님이 명하시는 바를 행하고 그렇게 외출적(外出的)으로 흘러나온 순종의 실행은 마음과 영혼에 더 큰 기쁨을 줍니다. 그리고 영혼 안에 깃들었던 바람직한 취향과 하나님의 뜻을 따라 살기를 행복해 하는 그 마음의 틀을 강화합니다. 이렇게 함으로써 신자의 삶은 하나님의 창조 계획에 기여하게 되고 그러한 자원하는 순종 가운데서 누구의 속박이나 억압 없이 완전한 자유를 누리게 됩니다. 그는 진실(verum)을 찾아가는 마음을 매일 매일의 삶 속에서 진리(veritas)를 따라 생활함으로써 성취해 갑니다. 그러나 자기의에는 이러한 아름다운 순종이 결핍되어 있으므로, 그것은 진정한 의미에서 의일 수 없으며 더욱이 그것을 토대로 그 사람이 하나님께 받아들여질 수 없습니다.

D. 하나님의 생명으로부터 떠난 의

네 번째, 하나님의 생명으로부터 떠난 의이기 때문입니다. 구원받은 신자의 의로운 삶은 하나님께서 신자 안에 주신 은혜의 열매입니다. 신자는 하나님의 명령을 따라 의로운 삶을 살아가는 것을 자신의 본분으로 생각합니다. 그러나 그것이 진정으로 하나님께 받아들여질 수 있는 의가 되기 위해서는 그 사람의 영혼 안에, 그리고 마음 안에 은혜의 작용이 그러한 삶을 실천하는 원천이 되어야 합니다.

하나님께 대한 신령한 체험은 항상 은혜로운 정서를 불러일으키며 그 경험 안에서 신자는 보다 더 충만한 하나님의 생명을 누리게 됩니다. 그 충만한 생명은 신자 안에 있는 하나님의 생명입니다. 그 생명은 하나님의 생명이기 때문에 그 생명을 가진 사람은 인간이지만, 그 생명을 통해서 하나님은 당신이 사시고 싶은 삶을 사십니다. 그리고 이러한 하나님의 생명은 그리스도를 통해 우리에게 주어진 생명이기 때문에 사실상 그리스도의 생명이라고 부를 수 있습니다. 이 생명은 그리스도와 신자의 생명적 연결인 신비한 연합을 통해 공급됩니다. 원천적으로는 중생을 통해 이 생명을 분여받지만 실제적으로는 하나님께 순종하며 사랑으로 그분의 모든 은혜의 방편에 참여하며, 또 섬기는 가운데 공급받습니다.

신자는 이러한 영적 생명을 힘입어 주님의 거룩한 성품을 따라 살아가고 싶은 소원을 갖게 되고, 그 거룩한 삶의 실천을 통해 하나님이 기뻐하시는 의로운 삶을 살게 됩니다. 그러나 그렇게 산 성도들은 그 의로운 삶을 살 수 있었던 원천을 자신에게서 찾지 아니하고, 생명의 주인이신 하나님과 분여의 공로가 되셨던 예수 그리스도와 그것을 누리게 한 유효한 원인이었던 성령님 안에서 발견하기 때문에 삼위일체 하나님을 찬양하게 됩니다. 자신이 받아들인 모든 것을 하나님의 은총이라고 여기는 것입니다. 그러나 자기의에는 이러한 하나님의 생명의 작용이 없거나 현저히 결핍되어 있습니다. 이것은 하나님께 받아들여질 수 없는 의인 동시에 신자가 신뢰해서는 안 되는 의입니다. 왜냐하면 이 의로운 삶의 실천이 하나님의 생명인 은혜의 작용으로 말미암아 이루어진 것이 아니기 때문에 하나님의 모든 뜻에 복종되지 않았기 때문입니다.

IV. 자기의와 거룩한 삶에 대한 지성적 혼란

사람들은 소제로 바쳐진 고운 가루[44])처럼 깨어져야 할 대상으로

---

44) 상번제에 바쳐지는 소제는 아주 미세한 분말, 곧 고운 가루로 드리는 제사였다(레 2:1-7). 이는 헌제자의 자기 깨어짐을 가리키는 것으로, 하나님께만 헌신하며 살아야 할 언약백성의 내면세계가 어떠해야 하는지를 보여준다. 굵은 낱알의 상태가 아니라 아주 미세한 분말이어야 한다는 것은 헌제자의 내면세계가 하나님의 말씀에 충격을 받아 대충 부서진 상태가 아니라 자기가 소멸되기까지 철저히 깨어진 상태이기를 바라시는 하나님의 마음을 보여준다. 이와 같이 고운 가루는 신자의 철저한 자기

서의 자기의와 구원받은 하나님의 백성으로서의 의로운 삶의 실천에 관해 혼란을 느끼곤 합니다. 그래서 어떤 이들은 그리스도의 중보를 온전히 의지하지 않는 불신앙에 떨어지기도 하고, 또 어떤 이들은 한 쪽으로 치우쳐 의로운 삶에 대한 무용론에 빠지기도 합니다. 그러나 조금만 주의를 기울이면 우리는 이러한 교리적 혼란에서 벗어날 수 있습니다.

A. 그리스도와 거룩한 생활의 관계에 대한 무지

먼저 지적할 것은 그리스도와 거룩한 생활의 관계에 대한 무지입니다. 자기의를 신뢰하는 마음에는 하나님 앞에 나아감에 있어 중보자이신 그리스도를 어린 아이처럼 의지하는 순전한 자기 비하와 하나님께 대한 절대 의존의 감정이 없습니다. 따라서 이러한 종류의 자기의에 대한 확신은 그리스도의 고귀한 성품과 아름다운 중보 사역에 대해 눈먼 자가 되게 합니다. 신앙에 관한 모든 비밀은 그리스도 예수 안에 있습니다. 그분께 대하여 눈먼 자가 어찌 신령한 은혜의 세계에 대해 알 수 있겠으며, 그 세계를 알지 못하는 자가 어찌 하나님을 알 수 있겠습니까? 그러므로 이런 자기의에 빠진 사람들은 불신자만큼이나

깨어짐을 의미한다. 헌제자에게는 죄에 대한 사랑과 자기의에 대해 철저하게 깨뜨려진 내면의 세계가 요구되며, 그런 상한 마음으로 드리는 제사만이 제사의 본래 목적에 기여할 수 있음을 보여주는 것이다. 또한 이것은 이러한 깨어짐의 작용이 일회적이거나 단속적이어서는 안 되고 하나님 앞에 헌신하는 일생 동안 반복적으로 지속되어야 할 경험임을 보여준다. 이러한 마음으로 제사를 드릴 때 헌제자는 제사를 통해 죄를 용서받고 성결을 회복할 수 있었으며 하나님과의 생명의 교통을 누리고 하나님의 백성들 안에서 언약적 연대를 누릴 수 있었다.

불쌍한 사람들입니다.[45]

구원받은 하나님의 자녀를 향한 그분의 최고의 명령은 거룩한 삶입니다. 거룩한 삶은 반드시 의로운 삶이며, 의로운 삶의 열매를 거룩함의 뿌리에서 봅니다. 그리고 모든 거룩함은 복음의 효과입니다. 그래서 분투하며 의롭게 산 사람들은 신자들이지만 그들이 의로운 삶을 살아서 드러낸 거룩함의 효과는 분투한 신자들을 보여주는 것이 아니라, 그들에게 그렇게 살도록 은혜로써 함께 역사하신 예수 그리스도를 드러내 보입니다. 따라서 내적인 은혜에 사로잡혀 그 거룩함의 효과로 흘러나온 의로운 삶만이 그 은혜의 원 저자이신 그리스도를 보여줄 수 있습니다.

바리새인과 서기관들이 그토록 도덕적인 삶을 살았음에도 불구하고, 오히려 그리스도를 보여준 것은 천한 세리와 창기들의 믿음 생활이었습니다. 이러한 예는 앞서 언급한 사실을 뒷받침하고도 남습니다. 거룩한 생활의 특성으로서의 의로운 삶의 실천은 삶의 모든 방면에서 자기를 구원해 주신 하나님의 요구에 부합하고자 하는 생활의 열매입니다. 그러나 참된 신자는 그렇게 살고자 애쓰지만 그것 때문에 자신을 하나님 앞에 세울 수 있다고 믿어서는 안 됩니다. 왜냐하면

---

45) 자기의에 대한 깨어짐은 그리스도 없이 살아가는 모든 삶의 방식에 대해서 깨어지는 것이다. 그것이 무가치하고 더러운 것이며 자신의 삶을 불행하게 하는 근원이라고 생각하고, 그것을 의지하고 사랑하던 마음이 파괴되는 것이다. 그래서 그러한 생각과 사상이 홀로 설 수 없게 되고 그것에 의존하여 살던 모든 삶의 방식을 버리게 되는 것이다. 그리스도를 진심으로 사랑하는 사람들의 모습을 생각해 보라. 그들이 자기의를 의지한 적이 있었는가? 그들이 그리스도 말고 자기 자신을 자랑한 적이 있었는가? 그들의 소망은 자신의 죄를 위해 대신 고난을 당하시고 하나님 앞에 자신을 받아들여지게 하는 의의 근원이신 그리스도이며, 그들이 사랑한 것은 자기 자신이 아니라 죄를 향해 치닫는 자신을 구원하기 위해 생명을 버리신 예수 그리스도이다.

우리를 하나님 앞에 받아들여지게 하신 분은 오직 우리의 의가 되시는 예수 그리스도뿐이시기 때문입니다.

어디 그뿐이겠습니까? 우리의 모든 기도와 섬김을 포함한 모든 아름다운 신앙의 행실도 그리스도의 중보를 통해서만 하나님께 받아들여질 수 있습니다. 왜냐하면 우리의 모든 선행과 심지어는 하나님을 향한 사랑조차도 온전하지 못하고 죄와 불결이 섞여 있으며 하나님 앞에 자기를 다 불태워 드리는 헌신도 거룩하신 하나님 앞에 받아들여질 만한 완전한 섬김은 되지 못하기 때문입니다.

이 모든 것들이 하나님을 기쁘시게 할 수 있는 것은 예수 그리스도의 중보에 의해 정결케 되어 하나님께 받아들여지기 때문입니다. 나아가서 하나님께로부터 내려오는 모든 좋은 영혼의 은혜와 각양 축복들도 아직 죄와 불결이 남아 있는 우리에게 직접 부어질 수 없습니다. 이 모든 것이 그리스도의 중보를 통해 우리에게 내려옵니다. 그러므로 우리는 그리스도 예수를 의지하지 않을 수 없으며 그분 이외에 누구도 우리를 하나님 앞에 세울 자가 없음을 인정하지 않을 수가 없습니다.

B. 의로운 삶의 무용론－율법폐기론적 태도

또한 지적할 것은 의로운 삶의 무용론을 말하는 위험입니다. 신학적으로 부주의한 어떤 사람들은 인간의 타락과 부패성을 강조한 나머지 신자로서 의로운 삶을 살 수 있는 가능성을 부인하고, 그렇게 믿는 것이 하나님의 은총을 많이 의지하는 믿음인 것처럼 주장합니다. 그러나 이러한 생각은 성경의 진리에 대한 오해에서 비롯됩니다. 성경적으로 매우 잘못된 생각인 것입니다.

성경은 여러 곳에서 인간의 의로운 행실을 아무것도 아닌 듯이 부정하거나, 인간은 그렇게 살 가능성이 없는 존재인 것처럼 언명합니다. 한 예로 그들은 "의인은 없나니 하나도 없으며"라고 한 성경 구절에 자주 호소합니다.46) 이러한 성경 구절을 기초로, 많은 사람들이 인간은 모두 마찬가지이기 때문에 의롭게 살고자 하는 인간의 도덕적 노력도 쓸모없는 것이라고 생각하는 극단에 빠집니다(사 64:6).47) 그러나 그러한 생각은 모두 잘못된 생각입니다.

그렇게 생각하는 사람들은 의로운 삶을 살려고 애쓰는 대신, 인간에게 필요한 것은 전적인 하나님의 은혜를 전심으로 구하는 것이라고 생각합니다. 그러나 사실은 그렇지 않습니다. 하나님 앞에서 구원받은 은혜에 감사하며 하나님의 뜻대로 살려는 분투하는 의지가 없는 신자들이 얼마나 오랫동안 하나님의 은혜를 전심으로 바라는 목마른

---

46) "기록한 바 의인은 없나니 하나도 없으며 깨닫는 자도 없고 하나님을 찾는 자도 없고 다 치우쳐 한 가지로 무익하게 되고 선을 행하는 자는 없나니 하나도 없도다 저희 목구멍은 열린 무덤이요 그 혀로는 속임을 베풀며 그 입술에는 독사의 독이 있고 그 입에는 저주와 악독이 가득하고 그 발은 피 흘리는 데 빠른지라"(롬 3:10-15).

47) 이러한 주장이 즐겨 호소하는 성경 구절 중 하나가 이것이다. "대저 우리는 다 부정한 자 같아서 우리의 의는 다 더러운 옷 같으며 우리는 다 쇠패함이 잎사귀 같으므로 우리의 죄악이 바람같이 우리를 몰아가나이다"(사 64:6). 그러나 이것은 청교도 루이스 베일리의 지적과 같이 본문의 문맥을 전혀 고려하지 않는 그릇된 해석이다. 선지자는 우상숭배에 빠진 이스라엘 백성이 행하는 의로운 행동이 하나님 앞에 받아들여질 수 없는 '더러운 옷'과 같다고 말하는 것이지, 경건한 백성들의 분투하는 의로운 삶 전체에 대한 무용론을 말하는 것이 아니다. 성경적으로 균형을 잃은 이런 주장은 다음 성경 구절에 의하여 쉽게 반박된다. "우리가 그 명하신 대로 이 모든 명령을 우리 하나님 여호와 앞에서 삼가 지키면 그것이 곧 우리의 의로움이니라 할지니라"(신 6:25). Lewis Bayly, *The Practice of Piety; a Puritan devotional manual*, (Morgan; Soli Deo Gloria, 1997 reprinting), p.77.

자로 남을 수 있겠습니까?

우리의 성화의 경험은 이러한 상황이 실제로 존재할 수 없다는 것을 가르쳐 줍니다. 부어주시는 은혜에 대한 목마름은 하나님을 전심으로 갈망하고 그 뜻대로 살고자 하는 의로운 삶의 추구를 통해 유지될 수 있는 것입니다. 의롭게 살고자 하는 삶의 목표가 실종되었는데 어떻게 그런 삶을 살아가게 하는 원동력인 은혜를 처절하게 갈망할 수 있단 말입니까? 그것은 불가능한 것입니다. 하나님의 은혜에 대한 갈망은 의로운 삶을 살아가기 위해 애쓰는 사람들의 몫입니다.

성경을 살펴보십시오. 하나님께서 이 땅의 의인을 얼마나 주목하셨는지 생각해 보십시오. 하나님께서는 그들과 만나기를 기뻐하셨으며 그들에게 당신이 이루고자 하시는 역사의 비밀을 알려주셨습니다. 그리고 그들을 통해 당신의 뜻을 이루기를 기뻐하셨습니다. 말하자면 이러한 의로운 사람들은 하나님께서 역사를 움직이시는 일의 작용점이었습니다. 하나님은 그들을 붙드시고 그 소수로서 역사를 움직이지 않으셨습니까? 소돔과 고모라 성이 멸망할 때에도 의로운 사람이 없음을 한탄하셨으며, 유다가 멸망할 때에도 의로운 자가 없음을 탄식하셨습니다.

V. 구원의 열매인 의로운 생활

구원받은 신자의 삶은 그 구원의 열매입니다. 그리고 그 열매는 의의 열매입니다. 성경은 여러 곳에서 하나님의 구원받은 백성들의 삶이 이 땅에서 하나님께 영광 돌리는 비결이 의의 열매가 풍성한 것임을 반복해서 지적하고 있습니다. 이러한 사상은 이미 예수님의 가르침 속에도 잘 나타나 있습니다. 예수님께서는 "너희가 과실을 많이 맺으면 내 아버지께서 영광을 받으실 것이요 너희가 내 제자가 되리라"고 말씀하셨습니다(요 15:8).

사도 바울은 자기의 사랑하는 교인들을 향하여 이렇게 말했습니다. "너희로 지극히 선한 것을 분별하며 또 진실하여 허물없이 그리스도의 날까지 이르고 예수 그리스도로 말미암아 의에 열매가 가득하여 하나님의 영광과 찬송이 되게 하시기를 구하노라"(빌 1:10-11). 따라서 신자의 의로운 삶은 거룩한 내적 은혜의 외출적(外出的) 열매이며, 이것을 통하여 하나님은 신자의 내면에 있는 하나님의 사랑이 드러나는 것을 보시고 그것을 통해 영광을 받으시는데, 이는 곧 그 열매를 통해 하나님이 드러나시기 때문입니다.[48]

---

[48] 조나단 에드워즈는 하나님께 대한 진정한 사랑과 공경이 없는 의무의 이행을 악이라고 규정하면서 다음과 같이 말한다. "그대가 행할 수 있는 어떤 것을 통해 하나님으로 하여금 강제적으로 당신을 존중하도록 만들 수 있다고 생각하는 것은 너무나 터무니없는 것이다. 만일 당신이 하나님께 기도드리고 성경을 읽고 중요한 무슨 일을 했다고 해도 누가 원수의 자비로운 행동을 신경이나 쓰겠는가? 그대는 내면적으로는 그대 자신에게 대하여 철천지원수지만, 겉으로는 우정을 보이는 사람에게 어떤 판단을 내리겠는가? 그대는 당신 자신이 의무적으로 그러한 존중과 자비를 보여야 한다고 생각하는가? 그대는 오히려 그것을 몹시 거부하지 않는가? 요압이 수염을 잡고 입을 맞추며 내 형제여 안녕하신가 하고 문안하며 동시에 그의 다섯 번째 갈비뼈 밑에 칼을 찔러 죽게 한 아마샤에게 보인 그러한 존중을 그대는 타당하다고 여기는가? 하나님께 무어라고 기도하겠는가? 원수의 기도를 들으셔야 할 의무가 하나님께 있는가? 만일 그대가 하나님께 커다란 고통을 드리고 있다면, 그러한 적대자의 기도를 들어 주셔서 천국을 주어야 할 의무가 하나님께 있는가? 하나님께서 그대의 기도를 혐오하시는 것은 정당하며, 그대가 종교적으로 행하는 모든 행위는 용서받지 못할 원수의 아첨일 뿐이다." Jonathan Edwards, "Men Naturally are God's Enemies," *Miscellaneous Discourse*, in *The Works of Jonathan Edwards*, vol. 2, revised and corrected by Edward Hickman, (Edinburgh; The Banner of Truth Trust, 1995 reprinting), p.140.

이것이 바로 하나님의 사랑을 이 세상에 흘려 보내는 통로가 되고 모든 구원받은 백성으로부터 영광을 받으시는 방식입니다.

신자의 삶은 이러한 의에 주리고 목마른 삶이어야 합니다. 이 땅에 살아 있는 동안 하나님 앞에 다다를 수 있는 가장 수준 높은 성화의 상태는 바로 이 하나님의 영광을 향한 견딜 수 없는 목마름입니다. 이는 망가진 세상에 대한 거룩한 회복의 욕구를 보여주는 것인데, 이는 신자의 내면의 세계가 이미 거룩해져 있지 아니하고는 존재할 수 없는 욕구이기 때문입니다.

하나님의 영광을 향한 갈망 속에서 사는 신자의 삶은 하나님께서 이 땅에 있는 신자들에게 기대하시는 최고의 삶입니다. 그의 삶은 이 간절한 갈망을 따라 실제적으로 재편될 것이며, 그가 가지고 있는 소유와 모든 은혜의 자원들은 이러한 갈망을 자신의 삶의 영역 안에서 성취하는 일에 집중해서 투자될 것입니다. 이러한 갈망은 이미 예수 그리스도의 지상 생애 속에서 보여주신 바 되었습니다. 이것은 그분의 매일 드리는 간절한 기도였습니다. "그러므로 너희는 이렇게 기도하라 하늘에 계신 우리 아버지여 이름이 거룩히 여김을 받으시오며 나라이 임하옵시며 뜻이 하늘에서 이룬 것같이 땅에서도 이루어지이다"(마 6:9-10).

이러한 신자의 삶은 곧 망가진 세상을 고치기 위해 흐르는 강물과 같은 삶이며, 하나님의 영광을 드러내는 삶입니다. 이것은 삶의 양태에 관한 문제가 아니라 질에 관한 문제입니다. 그가 어떠한 지위에 있든지 그것과는 상관없이 그런 경향을 가진 사람들은 그런 삶의 열매를 산출합니다. 거기가 어디든지 하나님은 그 사람이 있는 곳에서 영광을 받으실 것이며, 세상은 그를 인하여 복을 받게 될 것입니다. 이런 신자들은 고난을 받으면서도 의로운 삶을 추구하지만 그 의로운 삶의 열매로서 자신을 하나님 앞에 세울 수 있다고 믿지 않습니다. 오히려 그렇게 의로운 삶의 열매를 맺게 하신 분은 하나님 자신이시며, 이러한 의로운 삶의 외출적 열매는 내재하는 은혜로부터 비롯되었고 그 은혜를 소유하게 된 것은 그야말로 하나님의 전적인 은혜였다고 믿기 때문입니다. 그래서 그 많은 삶의 열매에도 불구하고 그들은 모든 공로를 하나님께 돌리며, 은혜를 주신 하나님을 찬양합니다. 그리스도께서 영광을 받으시고, 하나님께서 찬송받으시는 것을 통해 자신들이 만족을 누리게 되는 것입니다.

중생과 함께 신자 안에 심겨진 은혜는 이러한 삶의 원인론적인 동기가 되고 동시에 목적론적인 동기가 됩니다. 다시 말하면 중생과 함께 심겨진 은혜의 경향성이 이러한 은혜의 열매를 맺는 삶을 살도록 이끌고 그렇게 주어진 은혜를 따라 산, 거룩한 삶의 실천의 경험은 신자 안에 내재하는 은혜를 강화합니다. 신자 안에 있는 은혜는 내재적으로는 죄 죽임의 실천과 그 빈번한 성공을 통해 힘을 얻게 되며, 외출적으로는 그 은혜에 부합하는 삶을 살아감으로써 은혜가 거하기 좋은 마음의 틀이 유지되기 때문입니다. 그래서 은혜는 거룩한 삶의 원인이고, 거룩한 삶은 그 은혜를 유지하는 요인이 됩니다.

신자는 반드시 매일의 삶 가운데 자기의에 대해 깨어져야 합니다. 상번제에 바쳐진 고운 가루는 바로 이러한 복음적인 교리를 보여주는 것입니다. 하나님께서 받으시는 아름다운 헌신은 자신을 불태워 드리는 번제만이 아닙니다. 하나님께서는 이런 희생의 제사가 신자 안에서 먼저 이루어지기를 원하십니다.

다윗이 참회의 고백 속에서 하나님께서 진정으로 받으시는 제물은 상한 심령이라고 고백했던 것도 이러한 복음적인 이치를 깨달았기 때문입니다(시 51:17). 그러므로 지푸라기와 같은 자기의를 신뢰하며 그것을 자랑하기 위해 그리스도를 덜 의지하고 그분이 이루신 의를 받아들이지 못하는 사람들은 얼마나 불쌍한 사람들입니까? 그들에게는 하나님의 불붙는 사랑을 아는 마음이 없습니다. 따라서 자신을 다 태워 드리는 헌신도 불가능합니다. 혹시 그러한 일이 있다 해도 그것은 그리스도를 향한 사랑이 동기가 된 것이 아니기 때문에 하나님께서 받으실 만한 제사가 될 수 없습니다.

신자가 확신해야 할 것은 자기의가 아니라 자신의 죄이며, 의의 기원으로서 자신이 아니라 하나님을 대적하는 당사자로서 자신의 죄와 그 죄의 비참함입니다. 그것을 인식함으로써 신자는 자기의 죄인 됨과 하나님의 은총에 대한 소망 사이에서 그리스도의 중보를 절대적으로 의존하게 됩니다. 자기 깨어짐에 있어서 죄에 대한 사랑과 자기의에 대한 신뢰가 나누어질 수 없는 것도 바로 이 때문입니다.

자기의

한·눈·에·보·는·3장

I. 자기 깨어짐에서 말하는 자기의
A. 자기를 의롭다고 믿는 정신 : 마땅히 생각해야 할 그 이상으로 자신을 높게 생각하는 경향성
1. 죄를 가볍게 여김
   _ 죄를 가볍게 여기는 만큼 그리스도를 필요로 하지 않기에 그리스도의 구속의 공로를 일상적인 것으로 여기게 됨
2. 자신을 정당화함
   _ 하나님의 말씀이 아닌 자신과 세상의 판단에 따라 자기를 정당화하는 것으로, 자신의 부족과 악함을 제대로 인식하지 못하게 하여 그리스도를 의지하지 않게 됨

B. 소극적 의미와 적극적 의미
1. 소극적 자기의
   _ 스스로 하나님의 요구에 부합하도록 충분히 순종하였다고 생각하고 스스로를 신뢰하는 것
2. 적극적 자기의
   _ 자신이 하나님을 충분히 헌신적으로 섬기고 있다고 믿는 것

II. 율법적 의와 복음적 의
A. 율법적 의
_ 의로워지는 자원을 자신 안에 둔 것으로, 율법을 준수함으로 말미암아 얻게 되는 의
B. 복음적 의
_ 의로워지는 자원을 예수 그리스도께 둔 것으로, 그리스도를 믿는 믿음으로 얻게 되는 의

III. 자기의의 악덕스러움 : 자기의는 다음과 같은 4가지 이유로 창조의 목적인 선을 이룰 수 없다
A. 하나님께 대한 절대 의존을 떠난 의
B. 하나님 사랑에 종속되지 않은 의
C. 하나님께 대한 순종이 결핍된 의
D. 하나님의 생명으로부터 떠난 의

IV. 자기의와 거룩한 삶에 대한 지성적 혼란

A. 그리스도와 거룩한 생활의 관계에 대한 무지
_ 우리가 하나님 앞에 받아들여지고 또한 거룩한 삶을 살 수 있게 된 것은 예수 그리스도의 구속의 공로 때문임

B. 의로운 삶의 무용론-율법폐기론적 태도
_ 은혜에 대한 목마름은 하나님을 전심으로 갈망하고 그 뜻대로 살고자 하는 의로운 삶의 추구를 통해 유지됨

V. 구원의 열매인 의로운 생활
_ 신자의 의로운 삶은 거룩한 내적 은혜의 외출적 열매이며, 하나님은 이 열매를 통해 영광을 받으심

제2부

자기 깨어짐의 과정 ■ ■ ■

자기 깨어짐
DE PAENITENTIA

자기 깨어짐이란 죄에 대한 사랑과 거기에 기반을 둔 자기의에 대한 신뢰가 파괴되는 것으로,
곧 하나님의 뜻을 거스르는 본성의 파괴를 의미합니다.

제 4 장

성령의 조명

"우리가 낮인 동안에 즉 우리가 이성을 사용할 수 있는 동안에 하나님께로 돌아가서 참빛이신 그의 말씀으로 깊이 알아 우리가 조명되도록, 또 어둠이 우리를 붙잡지 못하도록 그렇게 행하자."

_어거스틴 Augustine of Hippo

제 4 장

성령의 조명

신자 안에서 일어나는 죄와 은혜의 작용은 초자연적이며 영적인 지식을 갖게 하는 통로가 됩니다. 신자의 자기 깨어짐의 경험 역시 그런 중요한 통로 중 하나입니다.[49]

신자의 자기 깨어짐은 회개의 경험 안에 있지만, 성경의 진술을 기초로 좀 더 구체적으로 사유해 보면 다음과 같은 과정을 거쳐 이루어지는 것을 알게 됩니다. 성령의 조명, 죄에 대한 확신과 자기 부인, 자기 심판과 처벌, 그리스도와 함께 죽고 다시 삶, 그리스도를 따름이라는 과정들을 따라 자기 깨어짐이 이루어지는 것입니다. 그리고 신자는 이러한 자기 깨어짐의 과정을 통해 자기 사랑을 버리고 하나님을 사랑하게 되며, 창조의 목적에 부합하는 존재가 되어 갑니다.

---

[49] 우리가 자기 깨어짐의 경험에서 보다 많은 지식의 빛을 얻기 위해서는 자기 깨어짐을 경험하는 것으로 만족하지 말고, 그 경험을 세밀하게 분석하고 이성의 추론을 통해 그것이 진행되는 방식을 구체적으로 관찰해야 한다. 따라서 우리는 이번 장에서 자기 깨어짐이 진행되는 방식과 깨어짐의 과정에서 발생하는 고통을 감당하게 하는 것들이 무엇인지 하나씩 살펴보고자 한다.

I. 성령의 조명

성령의 조명(照明, illumination)이란 성령의 도움으로 이성적 기능에 의하여 하나님의 계시를 알고, 이해하고, 깨닫는 것입니다. 조명을 통해서 얻어지는 지식의 빛(light)은 인간의 개념과 이해력에 무엇인가 더해지는 것입니다. 거듭나지 못한 자연인의 경우에는 하나님의 계시를 미리 알지 못하는 상태에서 인간의 개념과 이해력에 무엇인가 더해지는 것이고, 신자의 경우에는 하나님의 계시를 알고 있는 상태에서 이런 것들이 더해지게 됩니다.[50]

따라서 신자에게 있어서도 조명은 진실한 자기 깨어짐으로 나아가는 첫걸음입니다. 이러한 교리적 사실들을 이해하기 위해서는 다음 사항들을 숙고하여야 합니다.

A. 본성의 빛으로 파악할 수 없는 죄

죄는 인간 본성의 빛만으로는 파악할 수 없습니다. 죄는 신자 안에 들어오자마자 신자의 본성과 매우 잘 어울리며 찾아낼 수 없으리 만치 신자의 성향에 친숙하게 동화되기 때문에 본성의 빛만으로는 파악

---

[50] 본래 타락하여 중생하지 못한 인간은 영적인 것을 이해할 수 없다. 그러나 중생 이전에도 이러한 조명, 곧 인간의 마음에 임하시는 성령의 특별한 영향으로 말미암아 그의 이성에 영향을 주신다. 비록 중생하지 못했어도 조명을 받아 이성이 밝아진 사람들은 말씀에 대한 깨달음과 함께 다양한 결과를 얻는다. 따라서 중생 이전에라도 성령의 조명은 있으며, 조명이 있는 곳에는 계시를 아는 지식의 향상이 있고, 이것은 더욱 활용되어 마음에 놀라운 영향력과 결과를 얻게 함으로 중생에 이르게 한다. 김남준, 「구원과 하나님의 계획」, (서울: 부흥과개혁사, 2004), p.179-180.

하기 어렵습니다. 인간 안에 드리워진 '영혼의 어두움'(spiritual darkness)과 '지성의 눈멂'(intellectual blindness)은 이러한 어려움을 더욱 가중시킵니다.51)

---

51) 김남준, 「죄와 은혜의 지배」, (서울; 생명의말씀사, 2005), pp.269-270; 중생하지 못한 죄인들의 영혼의 상태를 가리키는 말로서의 어두움과 그 효과에 대하여는 김남준, 「구원과 하나님의 계획」, (서울; 부흥과개혁사, 2004), pp.172-173을 참고하라; 지적인 눈멂은 영적인 어두움의 결과로서 사물이나 사물의 이치를 올바로 보지 못하는 인간의 생각(mind)에 적용된 용어이다. 영혼의 어두움은 특히 하나님과 신령한 것들에 대한 전적인 무지와 반감, 무반응을 가져왔다. 청교도 조셉 벨라미가 영적 눈멂을 육체적인 눈멂과 달리, 그 자체를 '악덕한 것이며 그 자체가 범죄이다.' 라고 말한 것도 이 때문이다. 영적인 소경의 상태에서는 신령한 것들과 영원에 대한 가치와 풍미를 지각할 수 없으며, 결과적으로 부패한 정욕과 타락에 빠지게 되기 때문이다. 그리고 이러한 눈멂과 어두움의 상태는 죄의 속임(deceit)에 빠지기 쉬운 상태이다. Joseph Bellamy, *Sin, the Law, and the Glory of the Gospel*, (Ames; International Outreach, Inc., 1998), pp.135-136; John Owen, *Pneumatologia, or, A Discourse Concerning the Holy Spirit; wherein an account is given of his name, nature, personality, dispensation, operations, and effects; his whole work in the old and new creation is explained; the doctrine concerning it vindicated from oppositions and reproaches. The nature also and necessity of gospel holiness; the difference between grace and morality, or a spiritual life unto God in evangelical obedience and a course of moral virtues, are stated and declared*, in *The Works of John Owen*, vol. 3, edited by William H. Goold, (Edinburgh; The Banner of Truth Trust, 1994 reprinting), pp.247-249; 조나단 에드워즈는 인간의 이러한 눈멂을 죄로 말미암은 타락의 결과라고 규정하였다. 그는 인간의 눈멂과 비이성적 성향은 절망적으로 심하다는 사실을 지적하면서, 이는 경건에 속한 것들에 대해서만 그러한 것이 아니라 인간이 본성적으로 잘 이해할 수 있을 만한 것에 대해서도 그러하다고 말한다. 다시 말해서 인간은 이미 자신에게 주어진 본성의 빛조차도 따르지 못하는 눈멂과 완고함을 지니고 있어서 외부로부터의 도움이 아니면 구원이 불가능한 존재라는 것이다. "The extreme blindness and sottishness in things of religion, which is naturally in the hearts of man, appears not only embracing and professing those errors that are very great, but also those that are so unnatural. They have not only embraced errors which are very contrary to truth, but very contrary to humanity; not only against the light of the nature, but against the more innocent inclinations of nature. Such has been, and still is, the blindness of many nations in the world, that they embrace those errors which do not only exclude all true virtue, all holy dispositions; but those that have swallowed up the more harmless inclination of human nature." Jonathan Edwards, "Man's Natural Blindness in the Things of Religion," *Miscellaneous Discourse*, in *The Works of Jonathan Edwards*, vol. 2, revised and corrected by Edward Hickman, (Edinburgh; The Banner of Truth Trust, 1995 reprinting), p.248.

이러한 상태에서 인간이 스스로 자신의 영혼의 상태를 파악하고 대처한다는 것은 불가능합니다. 따라서 성령의 조명이 없이는 누구도 자신이 죄를 사랑하고 있다는 사실도, 그리스도보다 자기를 더 의지하고 있다는 사실도 제대로 인식할 수 없습니다. 성령께서 영혼을 밝게 하시고, 지성에 빛을 비추어 주시지 않는다면 그가 누구든지 자신의 죄를 깨닫고 자기 깨어짐에 이를 수 없습니다.

이처럼 신자가 죄에 대한 사랑과 자기의에 대해서 깨어지기 위해서는 반드시 성령의 조명이 필요합니다. 성령은 하나님의 말씀으로, 어두워진 신자의 지성을 조명하여 죄를 파악하게 하십니다.[52]

---

[52] 아리스토텔레스는 지성을 사변적 지성(思辨的 知性, *intellectus supeculativus*)과 실천적 지성(實踐的 知性, *intellectus practicus*)으로 나눈다. 즉 사변적 지성은 단지 사물을 파악하는 지적 능력인데 반하여 실천적 지성은 행동으로 움직이게 하는 능력이라는 것이다. 또한 사변적 지성의 대상은 진(眞, *verum*)인데 반하여 실천적 지성의 대상은 선(善, *bonum*)이다. 또한 작용하는 기능에 있어서도 실천적 지성과 사변적 지성이 서로 다른 것은 마치 감각적 부분에 있어서 평가 능력(*aestimativa*)과 감각 능력(*imaginativa*)이 다른 것과 같다. 그러나 토마스 아퀴나스(Thomas Aquinas)는 이 두 가지가 서로 다른 것이 아니라고 주장한다. 사물의 크기와 색깔이 어떠하든지 시력이라는 동일한 능력에 의하여 파악되듯이 지성에 의하여 파악된다는 것이다. 어떤 것은 지성에 의하여 파악된 후 실천으로 옮겨지고, 어떤 것은 그렇게 되지 않는데 그것은 둘이 서로 근원적으로 다른 능력이기 때문이 아니라 둘이 서로 근원적으로 우유적(偶有的, *per accidens*)인 것일 뿐이라는 것이다. 그럼에도 불구하고 이들 사이에 차이가 있음은 인정한다. "그러나 이 점을 기준으로 사변적 지성과 실천적 지성에 차이가 발생한다. 왜냐하면 사변적 지성은 파악하는 것을 행동하도록 질서지어 주지는 않고 단지 진리에 대한 고찰을 향하여 질서 지어 주지만, 참으로 실천적 지성은 이 파악하는 것을 행동하도록 질서지어 주는 것이라고 일컬어지기 때문이다."(*Secundum hoc autem differunt intellectus speculativus et practicus. Nam intellectus speculativus est, qui quod apprehendit, non ordinat ad opus, sed ad solam veritatis considerationem : practicus vero intellectus dicitur, qui hoc quod apprehendit, ordinat ad opus*). 라틴어 본문은 다음 책의 본문을 사용하였으나, 라틴어 본문의 번역은 필자의 번역임을 밝힌다. 토마스 아퀴나스, 「신학대전」, 정의채 역, (사울; 바오로딸, 2005), pp.140-143. 아퀴나스가 지적하는 실천적 지성과 사변적 지성을 구원받는 믿음과 관련시켜 연구함으로써, 존 오웬의 신학적 입장을 정리한 것으로는 다음 박사학위 논문이 유용하니 참고하라. Richard M. Hawks, *The Logic of Grace in John Owen, D. D.; an Analysis, Exposition, and Defense of John Owen's Puritan Theology of Grace*, (Philadelphia; Westminster Theological Seminary; Ph. D. Dissertation, 1987), pp.301-306.

그리고 신자의 순종을 사용하여 지성으로 파악된 죄에 대하여 올바른 태도를 취하게 하십니다. 그래서 어거스틴(Augustine of Hippo)은 그의 책 『참된 철학에 관하여』(De Vera Religione)에서 다음과 같이 말합니다. "우리가 낮인 동안에, 즉 우리가 이성을 사용할 수 있는 동안에 하나님께로 돌아가서 참빛이신 그의 말씀으로 말미암아 우리가 조명되도록, 또 어둠이 우리를 붙잡지 못하도록 그렇게 행하자. 왜냐하면 낮이라고 하는 것은 이 세상 속으로 오는 모든 사람들을 비추는 그 빛의 나타남이기 때문이다. 우리를 사람이라 하셨으니 이는 우리가 이성을 사용할 줄 아는 자요, 또한 넘어진 곳 거기서 일어서기 위해 그 자리에 의지하여야 하기 때문이다."[53]

B. 영혼의 이중적 어두움

인간 영혼에는 이중적인 어두움이 있습니다. 인간의 영혼에 드리워진 어두움은 두 가지로 나누어지는데, '객관적 어두움'(objective darkness)과 '주관적 어두움'(subjective darkness)이 그것입니다.[54]

---

[53] "Ambulemus, ergo dum diem habemus, id est dum ratione uti possumus, ut ad deum conuersi uerbo eius, quod uerum lumen est, illustrari mereamur, ne nos tenebrae comprehendant. Dies est enim praesentia illius luminis, quod illuminat omnem hominem uenientem in hunc mundum. Hominem dixit, quia ratione uti potest et, ubi cecidit, ibi incumbere ut surgat." Avrelivs Avgvstinvs, De Vera Religione, in Corpvs Christianorvm Series Latina; Avrelii Avgvstini Opera, (Tvrnholti; Typographi Brepols Editores Pontificii, 1992), p.239.

[54] "눈이 나쁘면 온몸이 어두울 것이니 그러므로 네게 있는 빛이 어두우면 그 어두움이 얼마나 하겠느뇨 한 사람이 두 주인을 섬기지 못할 것이니 혹 이를 미워하며 저를 사랑하거나 혹 이를 중히 여기며 저를 경히 여김이라 너희가 하나님과 재물을 겸하여 섬기지 못하느니라"(마 6:23-24). 인간을 이처

1. 객관적 어두움

객관적 어두움은 하나님의 말씀에 대한 무지에서 비롯된 것으로, 하나님의 말씀을 지성적으로 깨닫지 못하는 데서 옵니다. 하나님의 말씀에 대한 지성적 깨달음이 모두 영혼의 어두움을 물러가게 하는 빛을 가져오는 것은 아닙니다. 그러나 그가 하나님을 순전하게 사랑한다 할지라도 하나님의 말씀에 대한 지성적인 깨달음이 없이는 영혼의 어두움을 물리칠 수 없습니다. 사실 인간의 지성도 한낱 도구일 뿐

럼 눈먼 상태로 만드는 영적인 어두움은 주관적인 어두움과 객관적인 어두움으로 나뉘는데, 주관적인 어두움(subjective darkness)은 인간 안에 있는 어두움으로서 본성의 타락으로 인해 이성의 기능이 약해지고 영혼은 무기력해져서 그의 마음은 복음의 신비나 교리를 깨닫지도 못하고 받아들이지 못하는, 인간 안에 있는(in man) 어두움을 가리키고(엡 4:17), 객관적인 어두움(objective darkness)은 하나님을 알고 말씀을 깨달음으로써 밝아질 수 있는 인간 위에 있는(on man) 어두움을 가리킨다(시 19:8, 벧후 1:19). John Owen, *Pneumatologia, or, A Discourse Concerning the Holy Spirit; wherein an account is given of his name, nature, personality, dispensation, operations, and effects; his whole work in the old and new creation is explained; the doctrine concerning it vindicated from oppositions and reproaches. The nature also and necessity of gospel holiness; the difference between grace and morality, or a spiritual life unto God in evangelical obedience and a course of moral virtues, are stated and declared*, in *The Works of John Owen*, vol. 3, edited by William H. Goold, (Edinburgh; The Banner of Truth Trust, 1994 reprinting), pp.247-249; Paul Althaus, The *Theology of Martin Luther*, translated by Robert Schultz, (Philadelphia; Fortress Press, 1966), pp.141-143; 이러한 인간의 소경됨은 타락으로 말미암은 파괴적 결과이다. 조나단 에드워즈가 지적한 인간 본성의 절망적인 눈멂(blindness)은 크게 네 가지로 나타난다. 첫째로, 명백하고 당연한 사실에 대한 눈멂. 이로써 인간은 어리석은 판단과 이해에 복종된다. 둘째로, 아주 작은 것에 의해서도 쉽게 속임을 당하면서도 그것을 알지 못하는 눈멂. 셋째로, 하나님의 형상으로서의 인간 자신의 뛰어남과 영광에 대해 알지 못하는 눈멂. 넷째로, 세상에 있는 것에 대하여 뛰어난 지각을 가지고 있으나, 신앙 면에 있어서는 그러한 지각을 발휘하지 못하는 신령한 것들에 대한 눈멂이 그것들이다. Jonathan Edwards, "Man's Natural Blindness in the Things of Religion," *Miscellaneous Discourse*, in *The Works of Jonathan Edwards*, vol. 2, revised and corrected by Edward Hickman, (Edinburgh; The Banner of Truth Trust, 1995 reprinting), pp.252-253; 김남준, 「죄와 은혜의 지배」, (서울; 생명의말씀사, 2005), pp.269-270.

입니다. 성령께서 지성을 사용하여 역사하실 때에만 영혼의 어두움은 물러가기 때문입니다.55)

그래서 시인은 이렇게 기도하였습니다. "내 눈을 열어서 주의 법의 기이한 것을 보게 하소서 나는 땅에서 객이 되었사오니 주의 계명을 내게 숨기지 마소서 주의 규례를 항상 사모함으로 내 마음이 상하나이다"(시 119:18-20).56)

---

55) 성경은 인간 밖으로부터 오는 신적 조명의 유일하고 영원한 방편이다. 성경이야말로 신적이고 초자연적인 계시를 담을 수 있는 유일한 그릇이기 때문이다(시 19:7-8, 사 8:20, 딤후 3:15-17). 하나님께서는 얼핏 보아 이러한 신적 계시와 어떤 연관을 가지고 있는 것처럼 보이는 오류와 허위에 가득 찬 전통을 교회에서 제거해 오셨다. 그러나 성경이 신적 계시의 유일한 수단임을 주장함에 있어서, 하나님께서 우리 영혼의 유익을 위하여 성경에 종속되는 부수적인 수단을 주신 것을 부인하지는 않는다. 이러한 부수적인 수단으로는 다음의 세 가지를 들 수 있다. (1)성경을 이해하고자 하는 개인적인 노력이다. 성경을 읽고 연구하고 묵상함에 있어서 바른 이해에 도달하기 위해서는 우리 자신의 개인적인 노력이 필요하다. 성경은 이 의무를 매우 자주 강조하고 있고 또한 이를 행하는 자에 대한 약속의 말씀도 함께 기록하고 있다(신 6:6-7, 신 11:18-19, 수 1:8, 시 1:2, 골 3:16, 딤후 3:15). 성경을 이해하기 위한 개인적인 노력이 없이는 말씀에 의한 조명을 기대하는 것은 아무런 소용이 없다. 하나님의 속성(屬性)과 우리 자신의 속성을 고찰해 볼 때, 우리 영혼의 이성적 능력 안에서 그것을 통하여 (in and by the rational faculties of our soul), 하나님께서 우리에게 당신 자신과 당신의 뜻을 가르치신다는 것이 확실하다. (2)성도 상호간의 가르침이다. 성도 상호간에 가족으로서, 부모로서, 자녀로서, 이웃으로서 서로를 가르치는 것은 성경에 기록된 의무이다(신 6:7). 예수 그리스도께서도 엠마오로 가는 길에 개인의 자격으로 당신의 제자들을 가르치셨다(눅 24:26). 이 세상에 사는 동안 이 중대한 의무를 경홀히 여기는 자는 이웃을 무지와 어두움 가운데 내버려 둔 자로 책망과 꾸지람을 받을 것이다. (3)교회에서의 말씀 사역이다. 교회에서의 말씀 사역은 하나님의 계시에 대한 조명을 받음에 있어서 성경의 보조 수단 중 가장 중요한 내용이다. 성경이 이러한 신적 조명의 유일한 수단이기는 하지만, 대개 성경이 말씀 사역을 통해 사람의 마음속에 적용될 때 성경이 유효한 조명이 된다(마 5:14-15, 고후 5:18-20, 엡 4:11-15, 딤전 3:15). 교회와 목회자직은 바로 이 목적을 위하여 제정된 신적 제도이며, 하나님께서는 교회의 말씀사역을 통하여 성도가 빛을 받아 하나님의 말씀 가운데 담긴 그분의 마음과 뜻을 알아가게 하셨다. 이것 외에 다른 것을 앞세우는 교회나 사역자는 하나님으로부터 인정을 받지 못한다. John Owen, *The Nature, Power, Deceit, and Prevalency of the Remainder of Indwelling Sin in Believers; together with the ways of its working and means of prevention, opened, evinced, and applied; with a resolution of sundry cases of conscience thereunto appertaining*, in *The Works of John Owen*, vol. 6, edited by William H. Goold, (Edinburgh: The Banner of Truth Trust, 1991 reprinting), pp.12-13.

2. 주관적 어두움

주관적 어두움은 죄인의 마음 안에 있는 죄된 경향성으로 말미암아 생겨난 것으로 하나님의 말씀의 빛이 지성을 비추어도 쉽게 물러가지

---

56) 우리말 개역 성경에서 "주의 규례를 항상 사모함으로 내 마음이 상하나이다"(시 119:20)의 히브리어 본문은 다음과 같다. "가레사 나프쉬 레타아바 엘-미쉬파테이카 베콜-엩" בְּכָל־עֵת׃ גָּרְסָה נַפְשִׁי לְתַאֲבָה אֶל־מִשְׁפָּטֶיךָ). 이것을 직역하면 다음과 같다. "모든 시간 안에 당신의 판단들에 대한 사모함으로 나의 영혼이 분쇄되었습니다." 우리말 개역 성경의 "상하나이다"는 원어적으로 "가레사"(גָּרְסָה)인데, 이는 단순히 마음이 괴롭거나 외로움을 느끼는 상태가 아니라 내면의 세계가 하나님의 뜻을 알기에 목마름으로 무엇인가에 눌려 부서지고 있는 상태를 나타낸다. 시인은 전심으로 하나님을 사랑하고 있으며 모든 계명을 지키고자 한다. 그러나 그는 하나님의 말씀이 마치 자신에게 숨겨진 것 같은 고통을 느낀다. 시인이 주 율례를 항상 사모하기 때문에 마음이 상하게 되었다는 의미는 두 가지이다. (1)깨달은 바 하나님의 계명을 모두 준수하지 못하는 연약함으로 인한 마음의 상함이다. (2)주의 율례를 잘 지키고 순종하기 원하지만, 그 말씀을 모두 깨닫지 못하는 데서 오는 마음의 상함이다. 이러한 경우 시인이 직면하고 있는 어두움은 객관적인 어두움을 가리키는 것이다. 이러한 영혼의 어두움에서 벗어나기 위해서는 지성적으로 하나님의 말씀의 새로운 세계를 깨닫는 것이 필수적이다. 하나님의 계시에 대한 인간의 지성의 탐구에 역사하시는 성령의 조명을 통하여 객관적인 어두움은 물러간다. 시인이 간구하고 있는 바가 바로 그것이다. 이러한 성령의 작용은 인간의 영혼에 변화를 주기 위해 지성을 밝히시는 성령의 역사이다. 인간의 지성은 본성의 빛으로도 밝혀져 인식이 확장되나 그것이 신령한 것을 이해하게 하지는 못한다. 이것들은 모두 본성의 법칙들을 알게 할 뿐이다. "우리가 이것을 말하거니와 사람의 지혜의 가르친 말로 아니하고 오직 성령의 가르치신 것으로 하니 신령한 일은 신령한 것으로 분별하느니라"(고전 2:13). 신령한 것은 신령한 것으로서 분별할 수 있는 것이니 신령한 것을 깨닫는 지성의 작용도 그러하다. 본성의 빛(light of nature)에 의한 지성의 인식은 이성적 추론이 가능한 것만을 받아들이지만, 성령의 조명에 의한 지성의 인식은 이성의 추론이 불가능한 것까지도 받아들이게 해준다. 인간의 이성(理性)을 초월하는 것들에 대한 지성의 이러한 수납은 자신의 이성보다 계시를 믿는 신앙으로 이루어진다. 그 신앙은 곧 계시를 주신 하나님의 신실하심에 대한 믿음이다. 그리고 이 신앙은 이성과 함께 하나님께서 이 땅에 있는 인간들에게 주셔서 사물과 사실들을 인식하게 하신 두 원리 중 하나이다. 여기에 성령의 역사가 있음은 두말 할 나위가 없다. 철학적 사유를 통하여 이성을 통해 하나님의 뜻을 알지 못하는 바를 하나님의 선하심을 근거로 믿는 것이 신앙이다. 따라서 신앙이 이성의 사유를 초월하는 지식에 대한 믿음일 수 있으나, 비이성적이거나 반이성적일 수는 없는 것이다. 성경이 믿음을 한시적이라고 보는 것도 바로 이 때문이다. "우리가 이제는 거울로 보는 것같이 희미하나 그때에는 얼굴과 얼굴을 대하여 볼 것이요 이제는 내가 부분적으로 아나 그때에는 주께서 나를 아신 것같이 내가 온전히 알리라 그런즉 믿음, 소망, 사랑, 이 세 가지는 항상 있을 것인데 그 중에 제일은 사랑이라"(고전 13:12-13). 여기서 "온전히 알리라"는 온전히 밝아진 이성의 인식을 통해 이 땅에서 필요했던 신앙의 도움 없이도 알게 된다는 뜻이다.

않습니다. 이 어두움에 대해서 하나님께서는 다음과 같이 탄식하셨습니다. "소는 그 임자를 알고 나귀는 주인의 구유를 알건마는 이스라엘은 알지 못하고 나의 백성은 깨닫지 못하는도다"(사 1:3). 이것은 이스라엘 백성들이 자기의 주인이 하나님이라는 사실을 지성적으로 몰랐다는 의미가 아닙니다. 그 사실을 너무나 명백하게 알고 있었는데도 그들이 우상을 섬기고 율법을 버린 부패한 삶에 떨어졌던 것은 바로 주관적인 어두움 때문이었습니다. 그들은 하나님의 명령을 거슬러 자기 뜻대로 살고자 하였고, 하나님의 영광보다는 자기의 번영을 위해 살고자 하였습니다. 그것은 그들 마음에 있는 악한 성향에서 나온 것이었고, 그것의 뿌리는 그들 안에 있는 죄에 대한 사랑이었습니다. 이러한 악한 경향성은 그들의 마음을 어둡게 하였고, 그래서 지성적으로는 하나님이 자기의 주인이라는 사실을 알고 있었으나 그것을 실제 삶에 적용하며 살 줄 몰랐습니다. 신자가 이러한 주관적인 어두움으로부터 벗어나기 위해서는 성령의 역사로 말미암는 내적인 쇄신이 필요합니다. 악한 경향성을 버리고 회개하고 하나님께로 돌아옴으로써 그들은 지성적으로 알고 있는 것의 참된 의미를 온 영혼으로 알게 됩니다. 그래서 선지자는 이렇게 외칩니다. "야곱 족속아 오라 우리가 여호와의 빛에 행하자"(사 2:5).

II. 조명과 영광의 빛

성령의 조명은 복음의 영광과 관련이 있습니다. 성령께서는 불신자의 마음을 조명하셔서 죄를 깨닫고 그 죄에 대한 하나님의 진노를 인식하게 하심으로 구원에 이를 준비를 갖추게 하십니다. 자연인의 눈으로는 도저히 볼 수 없는 복음의 영광을 보게 해주시는 것입니다.57) 이러한 교리적 사실들을 이해하기 위해서는 다음 사항을 숙고하여야 합니다.

A. 중생 후에도 계속되는 조명의 작용

성령의 조명은 중생 이후에도 계속됩니다. 성령의 조명은 원초적으로는 중생과 함께 회심의 때에 경험하게 되지만, 신자가 된 후에도 계속됩니다.

신자 안에 계신 성령은 그의 마음을 늘 조명하시며, 특별한 때에는 더욱 특별하게 하나님의 말씀으로 조명하여 신자 안에 있는 죄에 대한 사랑과 자기의를 신뢰하는 마음을 보게 하십니다. 그리고 그러한 조명은 영적인 체험을 동반하여 하나님을 아는 지식에 커다란 영향을 미치기도 합니다.58)

성령께서 신자의 지성을 조명하실 때 신자는 자기 밖에 있는 초자

---

57) 이러한 조명은 영적인 탁월함과 신적인 아름다움에 대한 감각을 갖도록 만들어 주고 복음 안에서 선포되고 있는 많은 중요한 신적 진리들을 확신시켜 준다. 그런데 이러한 복음 진리에 대한 확신은 그 빛 아래에서 자신의 모습을 정직하게 인식하도록 만들어 준다. 즉 성령의 조명은 인식론적으로 복음과 복음 교리의 영광을 보고 그 의미를 깨닫게 해줄 뿐 아니라, 그러한 깨달음을 통해 자신의 영혼의 상태를 보게 한다. 그리고 이러한 자기 인식은 중요한 복음 교리를 사랑스럽고 감미로운 것으로 받아들이게 만들어 준다. 그리고 자신의 영혼과 삶이 그것들에 부합하고자 하는 갈망을 갖게 만들어 주는데, 이것이 바로 복음으로 말미암아 신자들을 거룩하게 하시는 성령의 역사이다. 이러한 방식으로 복음은 신자의 거룩함의 유일한 뿌리가 되는 것이다. 성령의 조명과 영광, 그것이 인간의 마음에 미치는 영향에 대하여는 다음 책을 참고하라. Joseph Bellamy, *Sin, the Law, and the Glory of the Gospel*, (Ames; International Outreach, Inc., 1998), pp.153-173.

연적인 진리들뿐 아니라 예전에 파악할 수 없던 자신의 영혼의 상태를 보게 됩니다.59)

---

58) 한 사람이 어떤 신학 지식을 갖게 되었는가 하는 문제는 그 사람이 어떤 영적 체험을 하였는가 하는 문제와 관련이 있다. 마르틴 루터가 "한 사람이 신학자가 되는 것은 단지 독서와 명상을 통해서가 아니라 진리에 대하여 죽고 다시 사는 체험을 통해서이다."라고 말한 것도 이러한 맥락에서 이해할 수 있다. 최근에 발표된 캐린 스태티나(Karen S. Stetina)의 박사학위 논문은 조나단 에드워즈의 영적 체험이 그의 신학에 미친 영향에 대한 포괄적인 연구를 다루고 있다. 그는 이 논문에서 성령의 은혜를 깊이 경험하기 이전보다 그 이후에 성령의 조명에 대한 에드워즈의 이해가 많이 발전하게 되었다고 말한다. 성령의 은혜를 깊이 경험하기 이전에도 성령께서 그에게 자기 죄의 가득함과 하나님의 진노에 대한 사변적인 이해(speculative apprehension)를 주셔서 구원을 준비시키셨지만, 이러한 지식은 본성적인 지식(natural knowledge)이었으며 이것으로는 구원에 이르기 충분하지 않았고 무엇보다도 하나님의 영광과 자비에 대한 올바른 이해와 인식을 결핍하고 있었다는 것이다. 조나단 에드워즈는 1723년 1월 8일 화요일 일기 속에서 성령의 조명에 대한 경험을 고백하였다. 그는 여기서 성령의 부으심(infusion of the Spirit)을 언급하는데, 이것으로 그의 마음이 감동되고 마음에 빛이 들어오게 되었다고 말한다. 이를 통하여 성경을 읽을 때 그리스도의 탁월하심에 대해 이전과는 다른 고귀한 생각들을 갖게 되었으며 그로 인하여 특별히 회개하게 되었다는 것이다. 그리고 이로 인하여 복음의 진리들의 신적인 아름다움을 인식할 수 있게 되었다고 한다. 캐린 스태티나는 하나님의 영광에 대한 에드워즈의 탁월한 인식은 바로 이러한 신학적 체험의 결과라고 주장한다. "The Holy Spirit moved his heart and enlightened his mind, making him sensible of the glory of Christ and the magnitude of his sin. Following the infusion of the Spirit he had 'higher thoughts than usual of the excellency of Christ, and felt an unusual repentance of sin therefrom' when reading Scripture. He believed that the instantaneous, internal work of the Holy Spirit enabled him to perceive the beauty of the divine truths of the gospel." Karen S. Stetina, *The Biblical-Experimental Foundations of Jonathan Edwards' Theology of Religious Experience 1720-1723*, (Milwaukee; Maquette University; Ph. D. Dissertation, 2003), pp.130-131.

59) 인간의 마음의 부패와 악함의 끝없음은 성경이 강조하고 있는 바이다. 성경은 그럴싸한 껍질에 둘러싸인 인간의 마음을 있는 그대로 보여준다. 만물보다 심히 부패한 것이 인간의 마음이며 그로써 인간은 하나님을 거스르는 삶을 살아간다. 더욱이 그의 마음이 자신을 비추는 하나님의 말씀과 성령의 빛으로부터 멀어져 있다면 부패한 상태에 이를 수밖에 없다. "만물보다 거짓되고 심히 부패한 것은 마음이라 누가 능히 이를 알리요마는"(렘 17:9). "No doubt it does contain all this, but it contains something more too: it contains the true description of man's heart, it strips off the flimsy coverings which pride and self-conceit throw over our natural dispositions, and it shows us man as he really is; it furnishes continual proof from first to last of the inbred wickedness of our hearts, it supplies us with countless examples of our inclination toward sin, unless we are restrained and bent back by the grace of God." John C. Ryle, *The Christian Race and Other Sermons*, (Moscow; Charles Nolan

이 때 영혼과 관련된 모든 기관이 이러한 성령의 역사로 말미암아 깨어나게 되고, 이 영향 아래서 신자는 하나님의 시각으로 자신의 죄와 죄의 비참함을 인식하게 되며, 마음으로 그 파국의 고통을 미리 맛보며 의지적으로 자신을 신뢰하던 모든 교만으로부터 벗어나게 됩니다. 이 때 신자는 이제까지 붙들고 있던 죄에 대한 사랑을 버리고 죄를 혐오하게 됩니다.[60]

또한, 성령의 조명은 지성을 통한 믿음을 가져다줍니다. 성령께서는 이성의 추론으로 믿을 수 없는 것을 조명을 통하여 지성으로 파악하게 하셔서 믿게 하십니다.[61]

Publishers, 2002), pp.3-4.

[60] 비록 신자라고 할지라도 영혼이 죄와 무지로 인하여 어두움 가운데 있으며, 생각이 눈멀어 허탄한 것을 좇고, 마음이 굳어질 수 있다. 그러나 어떠한 경우라도 신자는 중생하지 못한 사람들처럼 절대적인 의미에서 어둠과 눈멂, 굳어짐 가운데 있지는 않다. 신자 안에 성령께서 내주하고 계시기 때문이다.

[61] 어거스틴은 인간의 구원에 있어서 계시와 이성을 구원에 이르는 두 길, 곧 권위(*auctoritas*)와 이성(*ratio*)이라는 논리로 설명한다. 그는 자신의 책 「참된 철학에 관하여」(*De Vera Religione*) 제4부에서 이 문제를 상세히 논한다. 선(善) 자체이신 하나님은 타락한 인간의 존재의 전일성(全一性, *integritas*)의 회복과 지성의 조명(照明, *illuminatio*)을 제시하는데, 이는 권위(權威, *auctoritas*)와 이성(理性, *ratio*)이라는 개념으로 요약된다. 여기서 '권위' 라는 것은 철학적 사색을 통하여 하나님의 뜻을 파악할 수 없게 된 이 세상의 인간을 향하여 인생의 절대적인 진리를 제시하고 그들이 비록 모두 이해하지는 못한다고 할지라도, 당신의 선하심과 신실하심을 고려하며 믿도록 요청하는 토대이다. 이것은 '계시'(啓示, *revelatio*)로 나타나며, 이 계시는 신앙(信仰, *fides*)을 요구한다. 어거스틴은 신적 권위에 근거한 이러한 신앙의 요청이 인간을 구원에 이르게 하는 길이라고 말하지만, 이 신앙의 요청은 '일시적인 처방' 으로써 인간의 이성의 활용을 준비시키고 훈련시키는 도구일 뿐이다. 그래서 어거스틴은 계시에 대한 신앙을 구원받기 위해 필요한 이성의 활용을 위한 '하나님의 교수법'(教授法, *paedagogia divina*)이라고 보았다. 이러한 신앙은 이성을 배제하는 것이 아니라 이성의 활동을 도와서 영원한 진리로 하여금 오성(悟性, *intellegentia*)을 비추어 직관을 갖게 함으로써 하나님께 나아가게 하는 것이다. 이것이 신앙과 이성에 대한 성경적인 견해이기도 하다. 그러므로 우리가 계시를 믿기 위하여 타락한 이성을 굴복시키고, 사물을 그릇 판단하는 경향이 있는 지성의 잘못된 작용들을 신뢰하지 않는 것이 필요하지만, 무조건 지성과 이성을 믿음의 방해물인 것처럼 생각하는 '믿음주의'(believism)는 성경적인 신앙관이 아니다. Avrelivs Avgvstinvs, *De Vera Religione*, in *Corpus Christianorvm Series Latina; Avrelii Avgvstini Opera*, (Tvrnholti; Typographi Brepols Editores Pontificii, 1992), pp.215-218; "왜냐하면 (영혼에 대한 치료는) 권위와 이성으로 나뉘기

B. 조명과 영광의 빛

성령의 조명은 복음의 영광에 대한 경험과 밀접한 관계가 있습니

때문이다. 권위는 신앙을 요구하고 인간으로 하여금 이성에게로 준비시킨다. 이성은 인간을 이해와 인식으로 이끈다. 비록 이성이 권위를 전적으로 배제하지 않으며, 특히 믿어져야 할 대상이 고려될 때에는 더욱 권위를 배제하지 않는다. 그리고 이해와 자명한 진리의 권위 그 자체가 최고의 권위가 되는 것이 분명하다."(*Tribuitur enim in auctoritatem atque rationem. Auctoritas fidem flagitat et rationi praeparat hominem. Ratio ad intellectum cognitionemque perducit, quamquam neque auctoritatem ratio penitus deserit, cum consideratur cui credendum sit, et certe summa est ipsius iam cognitae atque perspicuae ueritatis auctoritas.*) Avrelivs Avgvstinvs, *De Vera Religione*, in *Corpvs Christianorvm Series Latina; Avrelii Avgvstini Opera*, (Tvrnholti; Typographi Brepols Editores Pontificii, 1992), p.215. 여기서 '이해와 자명한 진리의 권위'(*cognitae atque perspicuae uertatis auctoritas*)라고 표현한 바가 의미하는 것은 '이성을 통해서 하나님의 성품이나 뜻을 이해하지 못하는 인간들을 위해 그의 선하심에 대한 신뢰를 바탕으로 알 수 있도록 권위적으로 주어진 바 계시를 깨닫고 이로써 조명된 이성이 믿음의 대상을 파악하게 된 진리의 권위'를 가리킨다. 이로써 우리는 이에 대한 어거스틴의 평가를 다음과 같이 요약할 수 있다. 가장 열등한 것은 이성으로 믿음의 대상을 깨닫지도 못하고 믿음으로 받아들이지도 않는 것이고, 좀 더 나은 것은 이성으로 깨닫지는 못해도 믿음으로 받아들이는 것이며, 가장 좋은 것은 잠시 믿음으로 받아들인 것을 이성으로 모두 이해하게 되어 받아들이게 되는 것이다. 믿음을 요구하는 하나님의 권위는 성경으로 나타난다. "그러므로 정경(正經)이라고 불리는, 하나님이 지으신 성경은 실로 아주 뛰어난 권위를 가진 책이다. 우리는 우리가 몰라서는 안될 일들이지만 우리 자신의 힘으로는 알 수 없는 사물들에 대하여는 그것을 믿는 믿음을 성경에 둔다. 만약 그런 사물들이 우리가 증인으로 나서서 발언함으로 알 수 있는 것들이라면, 우리 감관에서 멀리 떨어져 있지 않을 것이다. 내적 감관이든 외적 감관이든, 우리의 감관 앞에 놓여 있기에 우리는 이것들을 현전(現前)한다고 한다. 현존(現存)하는 것을 눈앞에 있다고 부르는 것처럼 우리가 그것들에 대해 직접 증인으로 나서서 단언할 수 있는 것이 아니라면 우리로부터 멀리 떨어져 있거나 믿을 수 없을 것이 분명하므로 그런 사물들에 대해서는 다른 증인을 필요로 하며 그들의 말을 믿게 된다."(…*locutus etiam scripturam condidit, quae canonica nominatur, eminentissimae auctoritatis, cui fidem habemus de his rebus, quas ignorare non expedit nec per nos ipsos nosse idonei sumus. Nam si ea sciri possunt testibus nobis, quae remota non sunt a sensibus nostris siue interioribus siue etiam exterioribus (unde et praesentia nuncupantur, quod ita ea dicimus esse prae sensibus, sicut prae oculis quae praesto sunt oculis): profecto ea, quae remota sunt a sensibus nostris, quoniam nostro testimonio scire non possumus, de his alios testes requirimus eisque credimus, a quorum sensibus remota esse uel fuisse non credimus*). Avrelivs Avgvstinvs, *De Civitate Dei*, in *Corpvs Christianorvm Series Latina; Avrelii Avgvstini Opera*, (Tvrnholti; Typographi Brepols Editores Pontificii, 1955), p.323.

다. 하나님께서는 신자의 마음을 조명하심으로써 진리의 말씀을 통하여 예전에 그가 보지 못했던 것들을 인식하게 하십니다. 그리고 하나님은 그러한 인식들을 통하여 신자로 하여금 당신 자신의 성품을 깨닫게 하시고, 그것을 신자 자신에게 적용하게 하십니다. 조명을 통해 하나님의 성품이 드러나시는 곳에는 언제나 하나님의 영광이 있습니다.

1. 영광의 빛과 복음

첫째로는, 성령의 조명의 경험은 곧 지식의 경험입니다. 그리고 그 지식의 경험은 곧 하나님을 알고 인정하게 하는 영광의 빛에 대한 경험입니다. 이러한 교리적 사실을 이해하기 위해서는 다음 사항들을 숙고하여야 합니다.

a. 영광의 의미

첫째로, 영광(榮光)의 의미입니다. 성경에서 '영광'은 크게 두 가지 의미를 갖습니다. 먼저 어떤 물질적 소유나 신분, 혹은 기타 무형의 장점 자체를 가리킵니다(삼상 4:21, 왕상 3:13, 대하 18:1, 32:27, 시 49:16).[62)]

다음으로 그것들로 인하여 그것을 가진 인간이나 사물이 중요한 존

---

62) "이르기를 영광이 이스라엘에서 떠났다 하고 아이 이름을 이가봇이라 하였으니 하나님의 궤가 빼앗겼고 그 시부와 남편이 죽었음을 인함이며"(삼상 4:21). "내가 또 너의 구하지 아니한 부와 영광도 네게 주노니 네 평생에 열왕 중에 너와 같은 자가 없을 것이라"(왕상 3:13). "여호사밧이 부귀와 영광이 극하였고 아합으로 더불어 연혼하였더라"(대하 18:1). "히스기야가 부와 영광이 극한지라 이에 은 금과 보석과 향품과 방패와 온갖 보배로운 그릇들을 위하여 국고를 세우며"(대하 32:27). "사람이 치부하여 그 집 영광이 더할 때에 너는 두려워 말지어다"(시 49:16).

재로 대우받는 효과를 가리킵니다(출 33:18, 대상 16:29, 에 8:16, 욥 19:9, 시 108:5, 계 21:23).63)

제가 조명 교리를 설명하면서 언급하는 '복음의 영광'은 '복음이 지닌 어떤 장점들 때문에 복음 자체는 물론, 복음의 근거이신 예수 그리스도와 하나님을 인정하지 않을 수 없게 하는 힘 있는 효과'입니다. 이것을 성경은 "영광의 복음의 광채"라고도 표현하는데(고후 4:4), 이는 복음이 가지고 있는 효과로서, 인간으로 하여금 자신들의 구원을 위하여 역사하시는 하나님과 그리스도를 인정하지 않을 수 없게 하는 효과가 인간의 지성을 압도하는 것임을 가리킵니다.

b. 복음의 영광

둘째로, 복음에 영광이 있다는 것입니다. 하나님의 말씀은 율법과

---

63) "모세가 가로되 원컨대 주의 영광을 내게 보이소서"(출 33:18). "여호와의 이름에 합당한 영광을 그에게 돌릴지어다 예물을 가지고 그 앞에 들어갈지어다 아름답고 거룩한 것으로 여호와께 경배할지어다"(대상 16:29). "유다인에게는 영광과 즐거움과 기쁨과 존귀함이 있는지라"(에 8:16). "나의 영광을 벗기시며 나의 면류관을 머리에서 취하시고"(욥 19:9). "하나님이여 주는 하늘 위에 높이 들리시며 주의 영광이 온 세계 위에 높으시기를 원하나이다"(시 108:5). "그 성은 해나 달의 비췸이 쓸데없으니 이는 하나님의 영광이 비취고 어린 양이 그 등이 되심이라"(계 21:23). 우리말 개역 성경에서 "영광"으로 번역된 대부분의 단어는 히브리어 '카보드'(כָּבוֹד)의 번역이다. 이 단어는 물리적인 의미에서는 '무거움'(heaviness), 그리고 정신적이고 영적인 의미에서는 '중요함'(importance)를 의미하였는데, 이는 '영예'(honor), '존영'(respect)을 가리키는 말이었다. 이 말의 반대말은 구약 여러 책에서 대조적으로 자주 쓰이는 '칼론'(קָלוֹן)인데, 이는 '가벼움'(slightness), '하찮음'(insignificance) 등의 의미이다(삼상 2:30, 삼하 6:22, 사 22:18, 23:9). '카보드'(כָּבוֹד)는 '물체,' '양'(substance), '다수'(multitude), '힘'(power), '부'(富, wealth) 등을 의미하기도 하였고(사 5:13, 16:14, 10:16, 17:4, 잠 23:5, 시 145:11, 창 31:1), '영예'(honor)와 '위엄'(dignity)을 의미하기도 하였다(시 29:3, 사 42:8, 48:11, 시 106:20) 또한 '영광'(glory), '광휘'(splendor) 등의 의미로도 사용되었다. (출 29:43, 40:34, 레 9:6, 민 14:10). G. Johannes, Botterweck, Ringgren, Helmer, Fabry, and Heinz-Josef eds., *Theological Dictionary of the Old Testament*, vol. 7, (Grand Rapids; William B. Eerdmans Publishing Company, 1995), pp.22-37.

복음으로 이루어집니다. 하나님은 율법을 통해서 당신의 성품을 드러내십니다. 그러나 그것을 통해 나타나는 영광은 복음을 통하여 드러나는 그것과 비교가 되지 않습니다.64)

사도 바울은 자신의 가르침의 토대가 "영광의 복음"이라고 말합니다. "이 교훈은 내게 맡기신 바 복 되신 하나님의 영광의 복음을 좇음이니라"(딤전1:11). 율법 없이는 복음의 영광이 드러나지 않지만, 거룩한 영광의 빛은 복음 안에서 비칩니다. 하나님께서는 죄인들로 하여금 자신의 영혼이 죄로 가득한 상태를 인식하게 하실 때, 우선 양심과 율법을 사용하셔서 각성시키시지만, 복음을 통하여 하나님과 그리스도를 인정하지 않을 수 없게 하십니다. 그리고 자신의 죄인 됨을 인정하지 않을 수 없게 하십니다. 그 복음의 영광을 통하여 하나님의 거룩하심을 알게 됩니다. 그리고 그로 말미암아 그 거룩하심 앞에서 자신의 존재의 하찮음과 도덕적인 비참함을 보게 하십니다. 이 영광이 곧 복음의 영광입니다. 왜냐하면 하나님은 당신 자신을 복음 안에서 가장 풍부하게 드러내셨기 때문입니다. 그리고 이 복음 계시는 예수 그리스도 안에서 은혜와 진리로 가장 찬란하게 드러났습니다(요 1:14).65)

---

64) 신학적으로 율법에는 좁은 의미의 율법과 넓은 의미의 율법이 있다. '율법' 이라는 말이 넓은 의미로 사용되면 그것은 '인간과 세상에 대한 하나님의 생각과 의지를 흠 없이 계시해 주신 총체' 를 가리킨다. 그리고 좁은 의미로 사용되면 그것은 '구약에서 완전한 복종을 위해 인간들에게 주어진 하나님의 규칙' 을 뜻한다. John Owen, *A Treatise of the Dominion of Sin and Grace; wherein sin's reign is discovered, in whom it is, and in whom it is not; how the law supports it; how grace delivers from it, by setting up its dominion in the heart*, in *The Works of John Owen*, vol. 7, edited by William H. Goold, (Edinburgh; The Banner of Truth Trust, 1988, reprinting), pp.541-542; 이에 대한 신학적인 상세한 의미에 대해서는 다음 책을 참고하라. 김남준, 「죄와 은혜의 지배」, (서울; 생명의말씀사, 2005), pp.247-257.

65) "말씀이 육신이 되어 우리 가운데 거하시매 우리가 그 영광을 보니 아버지의 독생자의 영광이요 은혜와 진리가 충만하더라"(요 1:14).

c. 지성을 압도하는 빛

셋째로, 복음의 영광은 지성을 압도한다는 것입니다. 이 복음의 영광이 종종 빛으로 묘사되는 것은 그 영광을 인식하는 기능이 인간의 지성이라는 사실을 암시합니다. 사도 바울은 복음은 '영광의 광채'를 가지고 죄인들의 '마음을 비추는 빛'이라고 말합니다. "그 중에 이 세상 신이 믿지 아니하는 자들의 마음을 혼미케 하여 그리스도의 영광의 복음의 광채가 비춰지 못하게 함이니 그리스도는 하나님의 형상이니라"(고후 4:4). 또 다른 곳에서 이 복음의 영광은 곧 그리스도의 영광으로 묘사됩니다(고후 4:6). [66]

사도 바울이 고백한 바와 같이 복음의 영광은 이렇게 인간의 어두운 영혼을 밝히고 지성을 비춥니다. 그리고 지성을 압도하는 초월적인 효과로 하나님과 그리스도를 인정하게 합니다. 박식하고 경건한 청교도 신학자 존 오웬이 그리스도인의 모든 거룩함은 바로 이러한 복음의 영광으로부터 말미암는다고 즐겨 지적한 것도 바로 이러한 이치 때문입니다. 복음이 은혜로 역사하는 곳에는 항상 인간의 지적 교만을 꺾고 참회하는 사람들이 있습니다. 성령의 조명을 통하여 비치는 영광의 빛은 바로 이러한 복음의 영광의 광채입니다.

2. 영광의 빛, 신적 지식

이런 영광의 빛은 신적 지식을 줍니다. 복음을 통해 경험하는 영광

---

[66] "어두운 데서 빛이 비춰리라 하시던 그 하나님께서 예수 그리스도의 얼굴에 있는 하나님의 영광을 아는 빛을 우리 마음에 비취셨느니라"(고후 4:6).

의 빛은 하나님 자신의 존재와 성품에 관한 초자연적이고 신적인 지식을 가리킵니다. 이처럼 성령의 조명은 단지 죄를 깨닫게 하지만, 영광의 빛은 하나님 자신에 관한 신령한 지식을 영광 가운데 알게 함으로써 신자의 지성뿐 아니라 정서와 의지를 비롯한 영혼의 전 기관을 깨어나게 합니다.67) 이러한 사실들은 다음과 같이 설명될 수 있습니다.

a. 신적 임재의 효과

첫째로, 이 영광의 빛은 하나님 자신이 거기 계신 효과입니다. 그리고 그 영광은 복음을 통하여 가장 밝히 드러납니다. 따라서 복음을 통한 영광의 빛을 경험하게 되면 하나님과 죄에 대한 정당한 인식과 성향을 갖게 됩니다.68) 이 영광의 빛은 초자연적이고 신령한 빛으로서 만물을 비추어 하나님과 그분으로 말미암아 창조된 만물의 존재론적

---

67) 신자 안에 내주하시는 성령은 하나님과 하나님께 속한 신령한 것들에 대한 새로운 감각(new sense)을 가져다 준다. 그리고 인식에 있어서 그러한 변화는 단지 그의 지성에만 영향을 끼치는 것이 아니라, 정서와 의지에도 깊은 영향을 준다. 그래서 신자들로 하여금 하나님의 성품을 경험할 때 '달콤함' (sweetness), '내밀한 기쁨' (inward delight), '불붙는 사랑' (burning affection) 같은 것들을 느끼게 하는 것이다. 그리고 이러한 경험은 모두 하나님의 영광을 아는 경험에서 비롯된다. "In the Personal Narrative Edwards used the descriptions 'inward, sweet delight' and 'new sense' to express his spiritual experience of God's Glory. Miller and other scholars who attribute Edwards', 'new sense' or 'sense of the heart' to Locke or another philosophical system fail to recognize the connection between this concept and his personal experience. The new sense is not, for Edwards, merely Locke's notion of natural sensory experience. Rather Edwards is describing a supernatural knowledge of the divine that includes the whole self." Karen S. Stetina, *The Biblical-Experimental Foundations of Jonathan Edwards' Theology of Religious Experience 1720-1723*, (Milwaukee; Maquette University; Ph. D. Dissertation, 2003), p.144.

68) 조나단 에드워즈는 하나님 자신이 거룩하시다는 사실은 필연적으로 인간의 선과 악에 대해 하나님께서 호(好), 불호(不好)의 감정 표현을 통해 당신의 의지를 보이신다는 사실을 의미한다고 보았다. "If God be so holy a being, it will necessarily follow that he must be displeased with

인 위계 질서를 바로 알게 해주고, 그 가치론적인 질서를 따라 인간 본연의 자리에서 하나님을 경외하며 살게 해줍니다.

b. 참회하게 함

둘째로, 이 영광의 빛은 참회하게 합니다. 신자의 참회의 깊이는 하나님의 임재의 영광을 경험한 깊이와 비례합니다. 신자가 자신의 죄인 됨에 대하여 참회하는 깊이는 곧 그가 이러한 하나님의 영광을 경험한 깊이에 비례합니다. 그래서 하나님의 영광을 경험하게 될 때 신자는 죄에 대하여 올바르게 반응합니다. 그 영광의 빛 아래서 자신의 죄인 됨과 비참함을 깨닫는 것입니다. 따라서 한 신자의 영적인 깊이는 하나님의 영광을 경험한 지식의 깊이라고 할 수 있습니다.

c. 성장하게 함

셋째로, 이 영광의 빛은 영적으로 성장하게 합니다. 신자는 이러한 영광의 경험으로 그리스도를 아는 지식에서 자라갑니다. 한 사람의 하나님을 아는 지식의 깊이는 곧 그리스도를 아는 지식의 깊이입니다. 왜냐하면 하나님은 그리스도 안에서 가장 잘 계시되셨기 때문입니다. 또한 그리스도를 아는 지식의 깊이는 곧 복음을 경험하고 아는

---

sin, and if it be his glory to be displeased with sin, it must be to his glory to manifest that displeasure and to act according to it. If God were not offended with sin, it would argue that his own nature was impure and that there was an agreement between him and sin. And if it be to God's honor to be offended with sin, it is also to act as an offended God would act toward sin." Jonathan Edwards, *The Glory and Honor of God, in Previously Unpublished Sermons of Jonathan Edwards*, vol. 2, edited by Michael D. McMullen, (Nashville; Broadman and Holman Publishers, 2004), p.37.

깊이와 같습니다. 왜냐하면 그리스도는 복음을 통하여 가장 잘 계시되었기 때문입니다. 따라서 복음의 내용은 거룩함을 추구하는 신자의 지성이 가장 좋아하는 풍미를 담고 있습니다. 따라서 복음을 끊임없이 경험하는 것과 그것을 삶 속에 적용하는 것은 그리스도와의 실제적인 연합을 위하여 거룩함을 좇는 영혼이 가장 좋아하는 두 축입니다.69)

III. 하나님 앞에서의 삶을 위한 지식

하나님의 영광의 경험을 통해 얻는 지식을 신학지식(knowledge of divinity)이라고 부를 수 있다면, 그 지식은 하나님께 대한 우리의 의무와 그분 안에서 우리가 누리게 되는 행복을 포함합니다. 이것은 '하나님을 향한 삶의 교리', 더 정확히 말하자면 '그리스도로 말미암아 하나님을 바라보고 살아가는 삶의 교리'라고 할 수 있습니다.70)

---

69) 그리스도와의 실제적인 연합 속에서 살아가는 것은 신자의 가장 큰 행복이며, 이것은 지순의 사랑으로써 그리스도를 사랑함으로써 가능하다. 신자와 그리스도와의 원리적인 연합과 실제적인 연합의 교리에 대해서는 다음 책을 참고하라. 김남준, 「구원과 하나님의 계획」, (서울; 부흥과개혁사, 2004), pp.309-322.

70) 이에 관한 좀 더 상세한 설명은 다음을 참고하라. "Divinity is commonly defined, the doctrine of living to God; and by some who seem to be more accurate, the doctrine of living to God by Christ. It comprehends all christian doctrines as they are in Jesus, and all christian rules directing us in living to God by Christ." Jonathan Edwards, "Christian Knowledge or the Importance and Advantage of a Thorough Knowledge of Divine," *Miscellaneous Discourse*, in *The Works of Jonathan Edwards*, vol. 2, revised and corrected by Edward Hickman, (Edinburgh; The Banner of Truth Trust, 1995 reprinting), p.158.

기독교의 모든 지식 가운데 삶과 관계없는 지식은 없습니다. 하나님에 관한 모든 지식은 하나님 앞에서의 삶과 직결됩니다. 그래서 교리의 진정한 의미는 그리스도로 말미암아 성령 안에서 하나님을 향하여 사는 삶에 대한 성경적 논리입니다. 우리가 하나님을 아는 것도, 심지어 하나님께서 우리에게 영광의 빛을 비춰주시는 것도 모두 하나님 앞에서 그분을 경배하고 높이며, 그 안에서 기쁨으로 살게 하시기 위함입니다. 그러므로 신자의 영적 성장은 바로 이러한 체험적 지식의 성장이라고 말할 수 있습니다.

신자에게 있어서 이러한 영광의 빛에 대한 경험은 사물에 대한 그의 인식의 지평과도 깊은 관계가 있습니다. 영광의 빛에 대한 경험이 갖는 지성적인 통전성(通典性)이 바로 그것입니다. 성경의 진리는 단지 우주의 존재론적인 의미와 분리된 인간의 생활만을 위한 것이 아닙니다. 기독교의 진리는 모든 진리를 찾아 방황하던 이교철학의 완성입니다. 그 이유는 다음과 같습니다. 인간의 이성을 사용하여 발견한 모든 진리들, 학문이나 예술을 통하여 발견한 진리나 아름다움, 그리고 그 모든 학예(學藝)들을 통하여 깨닫게 된 만물의 법칙들, 심지어는 이교도들의 철학적 탐구를 통하여 획득한 지식들 중에 참된 것은 모두 원래 하나님께 속한 것입니다. 그런데 기독교 교리는 인간이 깨달은 성경의 진리를 이성적인 논리로 체계화한 것입니다. 따라서 기독교 교리는 모든 진리의 집대성이며, 이교철학의 완성이라고 할 수 있습니다. 위대한 교부 어거스틴이 "모든 진리는 하나님의 진리이다."라고 말한 것도 바로 이 때문입니다. 영광의 빛에 대한 경험은 신자로 하여금 성경진리에 대한 인식의 지평을 우주적으로 확장하여 주기도 합니다. 왜냐하면 하나님을 성전에서 만난다 할지라도 그분의 영광의 빛은 온 우주를 지으신 위대한 창조주로서의 영광의 빛이기 때문입니다(시 113:3-4, 19:1-2).71)

IV. 조명과 인간의 책임

신자의 마음을 조명하시는 것은 성령의 역사이지만, 이러한 조명의 작용을 통하여 신자가 참다운 자기 깨어짐에 이르기 위해서는 조명의 효과들을 회개를 위하여 사용하는 것이 요구됩니다. 최초의 조명을 통하여 자기 깨어짐에 이르기 위해서는 조명과 이성, 그리고 그것이 속한 영혼의 기능과 관련하여 다음 몇 가지 점이 숙고되어야 합니다.

A. 지성과 영혼의 관계

먼저 숙고할 것은 지성과 영혼의 관계입니다. 인간의 지성(*mens*)은 이성(*ratio*)과 총명(*intellegentia*)으로 이루어져 있습니다. 후자를 철학에

---

71) "터가 무너지면 의인이 무엇을 할꼬 여호와께서 그 성전에 계시니 여호와의 보좌는 하늘에 있음이여 그 눈이 인생을 통촉하시고 그 안목이 저희를 감찰하시도다"(시 113:3-4). "하늘이 하나님의 영광을 선포하고 궁창이 그 손으로 하신 일을 나타내는도다 날은 날에게 말하고 밤은 밤에게 지식을 전하니"(시 19:1-2).

72) 고대와 중세 철학에서는 이 '오성 (悟性, *intellegentia*)이 대체로 성경에서 말하는 '총명 (聰明)과 같은 뜻으로 사용되었으나, 근세에 들어오면서 이 오성은 단순히 사물의 크기, 길이, 좋고 나쁨을 판단하는 정신 작용으로 이해되었다.

서는 오성(悟性)이라고도 부릅니다.[72]

이성(理性)은 사물들을 인식하고 거기서 획득된 개별적인 지식들을 연결하고 추론하는 지적인 기능입니다. 그리고 총명(聰明)은 변천하고 있는 사물과 일에 대하여 실재를 직관하는 능력입니다. 특히 이 총명은 영혼의 중요한 기능으로서 그것이 속한 영혼의 밝고 어두운 상태에 의하여 그 기능이 잘 발휘되기도 하고 그렇지 못하기도 합니다. 잠세적(潛世的)인 사물들을 인식함에 있어서 인간의 영혼과 마음의 상태는 매우 결정적인 역할을 합니다. 사람이 욕망, 미움, 헛된 기쁨, 두려움, 슬픔 등에 사로잡히게 되면 사물들을 인식함에 있어서 부패하여 오염된 영혼의 상태로 인하여 동요된 감정의 영향을 받음으로 그것들이 전달하는 표상(表象)에 매여서 사물의 참된 본질인 실재(實在)를 파악하지 못하게 됩니다. 그래서 잠세적인 것들을 영원한 것처럼 생각하고, 영원한 것을 잠세적인 것으로 인식하며, 가치 있는 것들을 사소하게 생각하고, 사소한 것들을 가치 있게 생각하게 됩니다. 더욱이 인간 안에 있는 죄는 그의 영혼의 총명을 약화시키는 결정적인 역할을 합니다. 죄는 이러한 타락한 정염(情炎, pathos)의 분출의 궁극적인 원인이기 때문입니다.

B. 조명과 인간의 책임

이어서 고려할 것은 조명과 인간의 책임입니다. 죄인의 마음을 비추는 분은 성령이시지만, 그것을 통하여 참된 자기 깨어짐에 이르기 위해서는 인간의 의지적인 협력이 필요합니다. 그것은 다음의 두 가지로 집약될 수 있습니다.

1. 조명된 지식의 파지

조명에 있어서 인간의 책임은 성령의 조명을 통해서 주어진 지식을 굳게 파지(把持)하는 것입니다. 성령의 조명을 통하여 이해에 더해진 빛이 아무리 작은 것이라고 할지라도 인식한 어떤 사실들을 지성으로 놓치지 않으려는 의지의 행사가 필요합니다. 이렇게 함으로써 신자는 성령의 조명으로 주어진 지식의 빛이 죄인의 마음에서 희미한 인상만 남기다가 곧 사라져버리는 것을 막을 수 있습니다.[73]

2. 조명된 이성의 추론

또한 성령의 조명을 통해서 주어진 지식을 토대로 이성적으로 더 많이 추론(推論)하는 것입니다. 자기 깨어짐을 경험하는 모든 신자는 성령의 조명을 받은 사람이지만, 성령의 조명을 받은 모든 사람이 자기 깨어짐에 이르는 것은 아닙니다. 중생자이든 비중생자이든 조명을 통해 터득하게 된 지식이 반드시 그에게 지속적으로 영향을 미쳐서

---

[73] "누구든지 도를 듣고 행하지 아니하면 그는 거울로 자기의 생긴 얼굴을 보는 사람과 같으니 제 자신을 보고 가서 그 모양이 어떠한 것을 곧 잊어버리거니와"(약 1:23-24). 따라서 신자는 이 지점에서 최초의 조명을 통하여 얻게 된 지식을 굳게 또 오래도록 파지(把持)하여야 한다. 조명을 통해 최초로 획득한 지식도 성령의 비추심에 인간의 이성적 추론이 보태어진 것이기는 하지만, 그것은 아직 치밀한 추론으로 얻어진 지식이 아니다. 그것은 이어지는 이성의 추론을 통하여, 점차 회복되는 총명의 도움으로써 발전하여야 할 '자기 깨어짐을 위한 씨앗'과 같다. 따라서 인간은 그런 조명을 통해 주어진 지식을 파지하여야 한다.

정서를 움직이고 의지를 결단하게 하는 것은 아니기 때문입니다. 그러나 이성적 기능에 의하여 하나님의 계시를 알고, 이해하고, 깨닫게 되는 조명은, 직관과 같이 획득되어 섬광처럼 비친 지식들의 무질서한 집합이 아니라 이성의 추론으로 도달한 지식을 가져다줍니다.

최초의 조명의 빛이 아무리 크더라도 그것이 죄인으로 하여금 하나님께로 나아가게 하기에 충분할 정도로, 항상 더 이상 이성적인 추론을 필요로 하지 않을 정도로 충분한 지식을 주는 것은 아닙니다. 오히려 대부분의 경우 조명은 인간으로 하여금 자신의 죄와 하나님의 거룩하신 성품들에 관한 인상 깊은 지식들을 가져다줍니다. 그것은 죄인으로 하여금 하나님께로 돌아가야 할 필요성과 그 길을 알려주기에는 충분하지 않습니다. 이는 조명을 받은 죄인의 이성의 연약함에 기인하기도 하고, 또한 아직 그 안에 잔존하고 있는 죄에 대한 사랑이나 죄의 속이는 영향력 때문에 그렇습니다. 이 때 조명을 통하여 주어진 지식을 사용해서 진리를 부지런하고 정당하게 이성적으로 추론해 갈 때 성령으로 말미암는 영적인 지식의 빛은 증대됩니다. 그렇게 될 때 더욱 진실한 자기 깨어짐에 이르게 됩니다. 조명을 통해 파악된 지식을 놓지 않고 파지하여 그것이 가르쳐주는 다른 영적인 사실들에 대하여 추론하는 일을 끈기 있게 계속할 때 신자는 자신의 영혼의 상태를 분명히 알게 됩니다. 그렇게 함으로써 신자는 자신의 삶에 대한 하나님의 판단과 마음을 받아들일 수 있게 됩니다. "내 말하는 것을 생각하라 주께서 범사에 네게 총명을 주시리라"(딤후 2:7).**74)**

---

74) "자유하게 하는 온전한 율법을 들여다보고 있는 자는 듣고 잊어버리는 자가 아니요 실행하는 자니 이 사람이 그 행하는 일에 복을 받으리라"(약 1:25).

성령의 조명

한 · 눈 · 에 · 보 · 는 · 4장

I. 성령의 조명
   A. 본성의 빛으로 파악할 수 없는 죄
      _ 죄는 인간에게 영혼의 어두움과 지성의 눈멂을 가져왔다. 그래서 성령의 조명이 없이는 누구도 자신이 죄를 사랑하고 있다는 사실과 그리스도보다 자기를 더 의지하고 있다는 사실을 인식할 수 없음
   B. 영혼의 이중적 어두움
      1. 객관적 어두움 : 하나님의 말씀에 대한 무지에서 비롯된 것으로, 말씀을 깨달음으로써 밝아질 수 있는 어두움임
      2. 주관적 어두움 : 마음 안의 죄악된 경향성에서 말미암은 것으로, 말씀의 빛이 지성을 비추어도 쉽게 물러가지 않는, 인간 안에 있는 어두움임. 주관적 어두움에서 벗어나기 위해서는 성령의 역사로 말미암는 내적인 쇄신과 회개가 필요함

II. 조명과 영광의 빛
   A. 중생 후에도 계속되는 조명의 작용
      _ 성령의 조명은 중생과 함께 회심의 때에 경험되기 시작하여 중생 후에도 계속됨
      _ 신자는 성령의 조명을 통해 하나님의 시각으로 자신의 죄와 그 죄의 비참함을 보게 되며 또한 지성을 통해 믿음을 갖게 됨
   B. 조명과 영광의 빛
      1. 영광의 빛과 복음 : 성령의 조명의 경험은 지식의 경험이며, 지식의 경험은 하나님의 영광의 빛에 대한 경험임
      _ 영광의 의미 : 성경에서 영광은 첫째로 어떤 물질적 소유나 신분, 혹은 무형의 장점 자체를 가리키고, 둘째로 그것을 가진 존재가 중요한 존재로 대우받는 효과를 가리킴
      _ 복음의 영광이란 복음이 지닌 어떤 장점들 때문에 복음 자체는 물론, 복음의 근거이신 예수 그리스도와 하나님을 인정하지 않을 수 없게 하는 힘 있는 효과
      _ 하나님은 당신 자신을 복음 안에서 가장 풍부하게 드러내심
      _ 성령의 조명을 통하여 비취는 영광의 빛은 복음의 영광의 광채임. 복음은 지성을 압도하는 초월적인 효과로 하나님과 그리스도를 인정하게 함
      2. 영광의 빛, 신적 지식 : 영광의 빛은 하나님의 존재와 성품에 관한 초자연적이고 신적인 지식을 가져다 줌
      _ 신적 임재의 효과 : 영광의 빛은 하나님 자신이 거기 계신 효과로 하나님과 죄에 대한 정당한 인식을 갖게 함

- 참회하게 함 : 영광의 빛은 참회하게 함. 따라서 영광에 대한 경험의 깊이와 참회의 깊이는 비례함
- 성장하게 함 : 영광의 빛은 그리스도를 아는 지식에서 자라가게 함

III. 하나님 앞에서의 삶을 위한 지식

- 신학 지식은 그리스도로 말미암아 하나님을 바라보고 살아가는 삶에 관한 지식을 말함
- 영광의 빛에 대한 경험은 신자로 하여금 성경 진리에 대한 인식의 지평을 우주적으로 확장하게 함

IV. 조명과 인간의 책임

- 조명의 작용을 통해 신자가 참다운 자기 깨어짐에 이르기 위해서는 조명의 효과들을 회개를 위하여 사용하여야 함

A. 지성과 영혼의 관계

- 지성은 이성과 총명(오성)으로 이루어지는데, 전자는 인식과 추론 능력이며 후자는 실재를 직관하는 능력임
- 죄는 영혼의 총명을 약화시키는데 결정적이 역할을 함

B. 조명과 인간의 책임

- 조명된 지식의 파지와 조명된 이성의 추론

자기 깨어짐
DE PAENITENTIA

자기 깨어짐이란 죄에 대한 사랑과 거기에 기반을 둔 자기의에 대한 신뢰가 파괴되는 것으로, 곧 하나님의 뜻을 거스르는 본성의 파괴를 의미합니다.

제 5 장

죄의 확신

"인간으로 하여금 자기의 죄를 확신하게 하시는 분은 성령이십니다. 그러나 조명을 통하여 죄의 확신에 이르기 위해서는 인간의 책임이 뒤따릅니다. 성령께서는 인간에게 죄를 확신시키심에 있어서 인간의 본성과 의지 안에서, 그것들을 통해, 그것들과 함께 역사하시기 때문입니다."

_ 김남준

제 5 장

죄의 확신

이처럼 성령의 조명을 통하여 얻은 지식이 자기 깨어짐에 이르도록 적용되기 위해서는 죄에 대한 확신(conviction)이 반드시 필요합니다. 죄의 확신은 바로 '성령의 조명으로 인식하게 된 죄에 대한 자신의 도덕적 책임을 확신하게 되는 것'입니다. 그 죄 가운데 지속적으로 머물 때 도래하게 될 죄의 비참한 결과에 대하여 인식함으로써 현재 자신의 영혼의 상태와 삶의 태도를 부인하게 됩니다.

I. 조명과 확신

성령의 조명에 이어서, 진정한 참회의 자기 깨어짐에 이르기 위해서는 자신의 죄를 확신하는 일이 필요합니다. 누군가의 강요나 일체의 억압이 없이 솔직한 마음으로 자신이 깨뜨려져서 스스로 죄인이라는 사실을 확신하는 일이 필요합니다.

A. 조명과 관련하여 고려할 점

조명과 관련하여 몇 가지 고려할 점들이 있습니다. 자기 깨어짐에 이르게 하시는 성령의 조명하시는 역사는 죄로 인하여 찾아온 영혼의 어두움을 물러가게 하고 지성의 작용을 일깨워 자기 안에 있는 죄와 죄의 비참한 결과를 보게 합니다. 이것은 잠시 동안 일어날 수도 있고, 오래도록 지속될 수도 있습니다. 이 문제와 관련하여 다음 몇 가지 사실이 고려되어야 합니다.

1. 조명을 통한 인식과 확신

인간은 최초의 조명을 통하여 죄를 인식합니다. 성령께서 인간의 마음을 조명하심으로 생각은 죄를 인식합니다. 최초의 조명을 통해 죄를 인식한 사람은 인식된 죄와 자신과의 관계를 추론하게 되고 그에 대한 도덕적 책임을 확신하게 됩니다. 그러나 이것은 논리적인 순서일 뿐이고 최초의 조명에서 깨닫는 인식에는 이미 이러한 이성의 추론이 포함되어 있습니다.[75]

왜냐하면 조명이라는 말 자체가 이미 성령의 비추심에 대한 이성의 추론을 포함하는 것이기 때문입니다. 신자가 조명을 통하여 갖게 되는 죄의 확신은 도덕적 설득의 방법을 가지고 이루어집니다. 따라서 우리는 신자가 죄에 대하여 아무리 진지하고 분명한 견해를 가지

---

[75] 이 두 가지는 논리적인 구별일 뿐 실제로는 나누어지지 않는다. 인식하지 못하는 성령의 비추심이 조명일 수 없고, 조명하지 않은 신령한 사실을 파악하는 능력이 인간의 지성 안에 없기 때문이다 (고전 2:13).

고 있다고 할지라도 그것이 단지 객관적인 것이라면 그것을 죄의 확신이라고 부르지 않습니다. 자기 깨어짐에 이르게 하는 '죄의 확신'(conviction of sin)은 자신 안에 있는 죄에 대한 도덕적 확신이기 때문입니다.

2. 이성의 추론과 확신

그러나 이어지는 이성의 추론은 죄의 확신을 강화합니다. 성령의 조명을 통한 죄의 인식은 이미 순수하게 객관적일 수 없습니다. 다시 말해서 인간이 성령의 조명으로 죄를 인식함에 있어서 죄와 자신과의 관계를 숙고하는 일 없이, 관계없는 사물을 보듯 객관적으로만 자기의 죄를 인식하는 것은 불가능합니다. 왜냐하면 죄라는 것을 인식하는 것 자체가 도덕적 판단을 포함한 인식이기 때문입니다. 그러나 최초의 조명에 이어지는 더욱 성실한 이성의 추론을 통해서 성령의 조명이 계속되거나, 효과가 유지됩니다.

한 순간에 비취는 성령의 조명을 통하여 충분히 자기의 죄를 인식하고 자기 깨어짐에 이르는 경우도 있지만, 때로는 더 많은 이성의 추론과 성령의 조명하시는 역사가 필요하기도 합니다. 신자가 양심을 거스르는, 뚜렷하고 개별적인 범죄에 대한 죄책감 아래 있을 때에는 단 한 번의 비췸으로도 자기 깨어짐이 가능할 수 있지만, 그렇지 않은 경우거나 자신의 죄를 합리화할 논리를 가진 신자들의 경우에는 보다 치밀한 이성적인 추론과 이를 사용하시는 성령의 조명이 지속적으로 필요합니다. 예수 그리스도의 시대에 많은 세리와 창기들이 회개하고

그분을 믿었지만, 바리새인을 비롯한 종교인들의 회심을 보기 어려웠던 이유도 바로 이 때문입니다.[76]

3. 확신케 하시는 성령

죄를 인식하는 것은 인간이지만 죄를 확신하게 하시는 주체는 성령입니다. 아리스토텔레스(Aristotle) 같은 철학자들은 악에 대한 이성적 추론 자체가 그 악을 멀리하게 한다고 생각하였습니다. 이것은 인간에게 악이 무엇인지를 올바르게 가르쳐주기만 하면 그 악을 행하는 자신의 행동이 옳지 않음에 대하여 스스로 확신할 수 있다고 본 것입니다. 그러나 성경적으로 보면, 인간에게 죄를 확신하게 하시는 분은 오직 성령이십니다. 이성에 의한 인식 없이는 죄를 확신할 수 없고, 자신의 죄를 확신하지 않는 사람은 그 죄에 대한 도덕적 책임도 확신할 수 없지만, 죄 자체를 확신하게 하시는 분도 성령이십니다.

예수 그리스도께서 말씀하셨습니다. "그러하나 내가 너희에게 실상을 말하노니 내가 떠나가는 것이 너희에게 유익이라 내가 떠나가지 아니하면 보혜사가 너희에게로 오시지 아니할 것이요 가면 내가 그를 너희에게로 보내리니 그가 와서 죄에 대하여, 의에 대하여, 심판에 대하여 세상을 책망하시리라"(요 16:7-8).

성령께서는 이처럼 죄를 깨닫게 하시고 자신의 도덕적 책임을 확신

---

[76] "그 둘 중에 누가 아비의 뜻대로 하였느뇨 가로되 둘째 아들이니이다 예수께서 저희에게 이르시되 내가 진실로 너희에게 이르노니 세리들과 창기들이 너희보다 먼저 하나님의 나라에 들어가리라 요한이 의의 도로 너희에게 왔거늘 너희는 저를 믿지 아니하였으되 세리와 창기는 믿었으며 너희는 이것을 보고도 종시 뉘우쳐 믿지 아니하였도다"(마 21:31-32).

하게 하여 하나님 앞에 용서를 빌게 하십니다. 그러나 성령께서는 또한 자신이 죄인임을 인정하고자 하는 자에게 죄의 확신을 갖게 하시며, 회개하고자 하는 자를 회개하도록 도우십니다. 그러므로 자신의 죄에 대한 도덕적 책임을 확신함에 있어서도 인간은 여전히 책임을 지고 있습니다.

B. 도덕적 책임의 인식

죄의 확신은 반드시 자신의 죄의 도덕적 책임에 대한 인식입니다. 죄에 대한 인식이 이러한 도덕적 책임을 자각하게 하는 방식으로 이루어지지 않는다면 결코 참된 자기 깨어짐에 이를 수 없을 것입니다. 비중생자나 중생한 신자를 막론하고 자신의 죄를 깨달은 사람이 도덕적 책임을 느낀다면, 도대체 그것은 누구에 대하여 책임을 느끼는 것입니까?

성령의 조명을 통해서 갖게 되는 죄의 확신은, 그것이 개별적인 범죄를 통하여 손해를 입힌 특정인이 있다고 할지라도 그 사람에 대하여 느끼는 도덕적 책임에 대한 확신이 아닙니다. 그것을 포함할 수는 있지만 그것 이상의 도덕적 책임에 대한 확신입니다. 따라서 죄의 확신에 있어서 핵심을 이루는 도덕적 책임에 대한 확신을 말할 때는 다음과 같은 사실들이 고려되어야 합니다.

1. 하나님 앞에서의 확신

죄의 확신은 하나님 앞에서 자신의 도덕적 책임을 확신하는 것입니다. 이것은 비중생자에게도 마찬가지입니다. 이는 인간의 모든 죄가 하나님 앞에 지은 죄라는 사실을 보여줍니다. 자신이 지은 죄에 대한 책임이 전적으로 자신에게 있다는 확신입니다. 인간은 자신이 지은 죄에 대하여 어떠한 식으로든지 죄를 해결하기 전까지는 평안을 얻을 수 없습니다. 신자는 자신이 지은 죄가 하나님께 손해를 입힌 것이었다는 사실을 깨닫고, 그에 대한 도덕적인 책임을 통렬히 확신함으로써 자기 깨어짐에 이르게 됩니다.

이처럼 죄의 확신은 단순히 죄가 자신 안에 있다는 사실에 대한 존재론적인 확신이 아니라, 그에 대한 도덕적 책임에 대한 확신입니다. 그러므로 이러한 확신은 언제나 자신의 죄에 대해서 책임져야 하는 대상에 대한 인식을 동반합니다. 비중생자조차도 중생하기 이전에 이러한 죄의 확신을 가질 수 있습니다. 이것을 청교도들은 '중생 이전의 성령의 역사'로 분류해 중생 자체와는 구별되는 또 다른 성령의 역사로 보았습니다.[77]

---

[77] 청교도들은 대체로 중생 이전의 이러한 성령의 역사를 믿었다. 이것을 '중생이전준비설'(preparationism)이라고 한다. 이것을 청교도 신학에서는 '구원을 위한 준비'라는 말로 본성과 은혜, 믿음을 위한 인간편의 노력과 성령의 조명에 의한 각성, 믿음을 통한 수납(受納) 사이의 관계들을 설명해 나간다. 그러한 중생이전의 준비 단계의 내용은 신학자마다 조금씩 다르지만 큰 틀에 있어서는 대동소이하다. (1)리차드 십스(Richard Sibbes): 죄에 대한 깨달음, 죄를 확신함, 하나님 앞에서의 겸손 (2)윌리엄 퍼킨스(William Perkins): 은혜의 외적 수단 아래 있음, 자신의 행동거지와 관련해서 율법을 숙고함, 자신의 개별적 죄에 대한 인식과 신적 징벌을 두려워함. (3)존 오웬(John Owen) 등: 성령의 조명, 죄의 확신, 삶의 개혁. William Perkins, *The Works of that Famous and Worthy Minister of Christ in the Universities of Cambridge, Mr. William Perkins*, vol. 2, (London; Ion Legatt, 1617), pp.13-14; 김남준, 「구원과 하나님의 계획」, (서울; 부흥과개혁사,

그러한 비중생자들조차도 죄에 대한 확신을 가질 때는 하나님의 존재는 물론 인간이 자신의 죄에 대하여 도덕적 책임을 져야 하는 대상으로서의 하나님에 대한 분명한 인식을 갖습니다(욘 3:4-9).**78)**

2. 절대선의 존재 증거

죄의 확신은 창조의 목적인 '절대선'(絶對善)이 존재한다는 사실을 보여줍니다. 인간의 죄는 '절대악'(絶對惡)이니 죄의 존재를 인식할 때 죄 자체뿐 아니라 하나님 앞에서 죄에 대한 도덕적 책임을 동시에 확신하는 것입니다. 이러한 확신, 곧 하나님 앞에서의 도덕적 책임에 대한 확신이 신자뿐 아니라 비중생자에게도 있다는 것은 두 가지 사실을 증거합니다. 한편으로는 하나님이 살아 계시다는 사실을, 또 한편으로는 그 하나님께 세상과 인간을 만드신 궁극적인 목적이 있다는 사실을 증거합니다. 왜냐하면 자신이 지은 죄에 대하여 확신하는 도덕적 책임은 궁극적으로 하나님께 대하여 갖는 확신이며, 또한 그것을 '악(惡)한 것'이라고 판단하는 것은 곧 자신의 죄스러운 마음의 움

2004), pp.179-180.

78) 이러한 사실은 니느웨 백성들의 회개에서도 잘 나타난다. "요나가 그 성에 들어가며 곧 하룻길을 행하며 외쳐 가로되 사십 일이 지나면 니느웨가 무너지리라 하였더니 니느웨 백성이 하나님을 믿고 금식을 선포하고 무론 대소하고 굵은 베를 입은지라 그 소문이 니느웨 왕에게 들리매 왕이 보좌에서 일어나 조복을 벗고 굵은 베를 입고 재에 앉으니라 왕이 그 대신으로 더불어 조서를 내려 니느웨에 선포하여 가로되 사람이나 짐승이나 소떼나 양떼나 아무것도 입에 대지 말지니 곧 먹지도 말 것이요 물도 마시지 말 것이며 사람이든지 짐승이든지 다 굵은 베를 입을 것이요 힘써 여호와께 부르짖을 것이며 각기 악한 길과 손으로 행한 강포에서 떠날 것이라 하나님이 혹시 뜻을 돌이키시고 그 진노를 그치사 우리로 멸망치 않게 하시리라 그렇지 않을 줄을 누가 알겠느냐 한지라 하나님이 그들의 행한 것 곧 그 악한 길에서 돌이켜 떠난 것을 감찰하시고 뜻을 돌이키사 그들에게 내리리라 말씀하신 재앙을 내리지 아니하시니라"(욘 3:4-9).

직임이나 행위가 세상과 자기를 창조하신 하나님의 궁극적인 목적인 선(善)에 거스른다고 판단하는 것이기 때문입니다.

하나님의 존재를 인정하지 않는 비중생자에게서도 발견되는 이러한 죄책감은 '최고 이성'(最高 理性, summa ratio)인 하나님의 법이 존재한다는 것을 입증하는 것이며, 이 하나님의 법은 천지를 창조하신 하나님의 목적을 향하는 법입니다.

3. 악덕스러움의 확신

죄의 확신은 곧 죄의 '악덕스러움'(viciousness)에 대한 확신입니다. 이것은 죄에 대하여 확신하는 도덕적 책임이 인간의 윤리 차원을 넘어선 우주적인 것임을 보여줍니다. 자기 깨어짐으로 나아가는 신자의 죄에 대한 확신은 공의로우신 하나님의 성품과 그분의 창조 목적인 선(善)을 기준으로 한 도덕적 평가의 결과를 확신하는 것입니다. 이것은 곧 죄를 판단함에 있어서 자기 중심적인 견해를 버리고 하나님의 판단을 받아들이는 것입니다(시 51:4).[79]

자신이 악덕스러운 죄를 지었다는 사실을 확신하게 될 때, 신자는 자신의 존재 자체가 하나님 앞에 '악덕스럽다'는 사실을 확신하는 것입니다. 그리고 자신이 그렇게 악덕스러운 존재라는 사실을 깨닫는 그 지점에서 자신의 존재가 '추루'(醜陋, pravis)하다'라는 사실을 확신하게 됩니다. 그리고 자신의 힘으로는 그러한 악덕스럽고 추루한 상태

---

[79] "내가 주께만 범죄하여 주의 목전에 악을 행하였사오니 주께서 말씀하실 때에 의로우시다 하고 판단하실 때에 순전하시다 하리이다"(시 51:4).

에서 벗어날 수 없다는 것을 아울러 확신하게 됩니다. 여기에서 하나님의 용서의 은총을 갈망하게 됨으로써 자기 깨어짐으로 나아가게 되는 것입니다.

II. 확신하는 내용들

죄의 확신이 조명을 통해 인식된 죄에 대해 절대선(*summum bonum*) 앞에서 그것이 악덕스러움을 알고 도덕적 책임을 확신하게 되는 것이라면, 그 확신의 대상이 되는 내용들은 다음과 같습니다. 그것들은 다음 네 가지로 요약됩니다.

A. 죄의 존재

첫 번째, 죄의 존재입니다. 신자는 소명을 통해서 자기 안에 있는 죄의 존재를 확신하게 됩니다. 이것은 다음의 두 가지 사실로 나뉘어집니다. 첫째로는, 존재론적으로 자기 안에 죄가 있다는 사실을 확신하는 것입니다. 신자는 대부분 자기 안에 죄가 있다는 사실을 알고 있습니다. 성경이 여러 곳에서 그것을 증거하고 있기 때문입니다. 죄를 인식하는 데는 두 가지 방법이 있습니다. 개념적인 이해와 경험적인 이해가 그것입니다. 신자로 하여금 자기 깨어짐에 이르게 하는 죄의 확신은 개념적인 이해가 아니라 경험적인 이해입니다. 둘째로는, 그것이 자기 안에서 존재할 뿐 아니라 악한 의지를 불러일으키는 힘으로 작용하고 있

다는 사실을 확신하는 것입니다.[80]

B. 개별적인 실행죄

두 번째, 개별적인 실행죄입니다. 신자가 이 모든 죄의 존재, 작용하는 힘과 원천적인 능력을 확신하게 되는 것은 자기가 지은 개별적인 실행죄를 확신함으로 가능하게 됩니다. 실행죄는 신자가 의지를 가지고 짓는 죄를 가리키는 것으로, 자기 깨어짐으로 나아가는 과정에서 신자는 자신이 행한 개별적인 죄에 대한 도덕적 책임을 확신함으로써 죄의 원천이 자기 안에 있다는 사실과 하나님 앞에 처벌받아 마땅하다는 사실을 확신하게 됩니다.

C. 죄의 원천

세 번째, 죄의 원천입니다. 죄의 확신에서 이어지는 조명과 이성적 추론은 자기 안에 있는 죄의 존재를 인식하게 할 뿐 아니라 그러한 개별적인 죄를 양산하는 원천으로서의 강력한 죄의 경향성이 있다는 사실을 확신하게 됩니다. 그리고 분출하는 개별적인 정욕(情慾)들을 통해서 그 존재와 힘을 경험하고 확신하게 됩니다. 이 때 신자는 아무도 도울 길이 없는 상황 속에 있는 자신을 발견하게 됩니다. 죄의 존재뿐

---

[80] "그러므로 내가 한 법을 깨달았노니 곧 선을 행하기 원하는 나에게 악이 함께 있는 것이로다 내 속사람으로는 하나님의 법을 즐거워하되 내 지체 속에서 한 다른 법이 내 마음의 법과 싸워 내 지체 속에 있는 죄의 법 아래로 나를 사로잡아 오는 것을 보는도다" (롬 7:21-23).

아니라 그 뿌리가 자신 안에 있다는 사실을 확신한 경험을 시인은 이렇게 고백합니다. "내가 죄악 중에 출생하였음이여 모친이 죄 중에 나를 잉태하였나이다"(시 51:5). 특히 그것이 자기 안에 있는 선한 의지를 거스르는 강력한 힘으로 역사하고 있다는 것을 확신할 때, 신자는 선을 행함에 있어서 자신에 대한 신뢰를 버리게 됩니다.

D. 하나님의 심판

네 번째, 하나님의 심판입니다. 자기 깨어짐으로 나아가는 신자의 죄에 대한 확신은 하나님 앞에서의 도덕적 책임을 동반하는 확신이기 때문에 이것은 반드시 자기가 지은 죄에 대한 하나님의 심판에 대한 확신을 포함합니다. 신자는 율법과 양심을 통하여, 율법을 모르는 불신자들은 양심 자체가 율법이 되어 하나님의 심판을 확신합니다. 자기 깨어짐으로 나아가는 과정에서 신자는 자신이 행한 개별적인 죄에 대하여 도덕적 책임을 확신함으로써 죄의 원천이 자기 안에 있다는 사실과 하나님 앞에 처벌받아 마땅하다는 사실을 확신하게 됩니다.[81] 그리고 하나님의 엄위에 대한 특별한 인식을 갖게 됩니다(눅 5:8, 눅 18:13).[82]

---

[81] "이런 이들은 그 양심이 증거가 되어 그 생각들이 서로 혹은 송사하며 혹은 변명하여 그 마음에 새긴 율법의 행위를 나타내느니라"(롬 2:15).

[82] "시몬 베드로가 이를 보고 예수의 무릎 아래 엎드려 가로되 주여 나를 떠나소서 나는 죄인이로소이다 하니"(눅 5:8). "세리는 멀리 서서 감히 눈을 들어 하늘을 우러러보지도 못하고 다만 가슴을 치며 가로되 하나님이여 불쌍히 여기옵소서 나는 죄인이로소이다 하였느니라"(눅 18:13). "에베소에 거하는 유대인과 헬라인들이 다 이 일을 알고 두려워하며 주 예수의 이름을 높이고 믿은 사람들이 많이 와서 자복하여 행한 일을 고하며"(행 19:17-18).

III. 죄를 확신함에 있어서 인간의 책임

인간으로 하여금 자기의 죄를 확신하게 하시는 분은 성령이십니다. 그러나 조명을 통하여 죄의 확신에 이르기 위해서는 인간의 책임이 뒤따릅니다. 왜냐하면 성령께서는 인간에게 죄를 확신시키심에 있어서 인간의 본성과 의지 안에서, 그것들을 통해, 그것들과 함께 역사하시지 그러한 본성과 의지 없이, 그것들을 거슬러서 역사하지 않으시기 때문입니다. 이러한 교리적 사실을 이해하기 위해서는 다음 사항들을 숙고하여야 합니다.

A. 성령-인간의 협력 사역

먼저 숙고할 것은 성령과 인간 사이의 협력적 사역입니다. 이것은 곧 자기 깨어짐에 있어서 인간의 책임에 대해 생각하게 합니다. 자기 깨어짐은 회개 안에 있는 작용이고, 신자의 회개는 성화의 작용 안에 있습니다. 그리고 회심은 죄에 대한 회개와 그리스도께 대한 믿음을 가리킵니다. 인간을 구원에 이르게 하는 좁은 의미의 회심이든지, 혹은 넓은 의미의 회심, 곧 성화 과정에서 신자가 경험하는 회심 경험의 반복을 가리키는 것이든지 간에 모두 성령께서 주도적으로 역사하시는 사역이지만 인간의 협력을 사용하여 이루어집니다.

그러므로 회개하고자 하지 않는 죄인이 회개하고, 그리스도를 믿지 않으려는 죄인이 믿음을 갖게 되는 것은 매우 가능성이 적은 추측입니다. 자기 깨어짐에서도 이와 같은 원리가 적용됩니다. 신자는 스스로의 결단을 통하여 죄에 대한 사랑을 버릴 수 없고, 자기의에 대한 신뢰를 포기할 수 없습니다. 오직 성령만이 그 일을 하실 수 있습니다. 그러나 그렇게 되기를 사모하지 않는 신자에게는 그런 복스러운 자기 깨어짐이 일어나지 않습니다. 자기 깨어짐에 이르게 하는 죄의 확신은 바로 이러한 성령-인간 협력 사역으로 규정되는 성화 과정에 있습니다. 따라서 신자가 자기의 죄를 확신함에도 책임이 따르게 됩니다.

B. 인간의 책임

또한 죄의 확신에 있어서 인간의 책임입니다. 성령께서 신자로 하여금 자기 깨어짐에 이르도록, 죄를 확신하게 하심에 있어서 인간 편에서는 다음과 같은 책임이 강조되어야 합니다. 왜냐하면 죄를 확신하는 일은 성령께서 하시는 일이지만 신자 안에서 신자와 함께 그 일을 하시기 때문입니다.

1. 정직할 것

먼저 정직해야 할 것이 요구됩니다. 여기서 정직은 조명을 통해 인식하고 확신하게 된 바를 객관적인 사실로 받아들이는 것입니다. 드러난 사실을 자기에게 유리하게끔 왜곡시키지 않는 것입니다.[83]

---

[83] 그러나 이것은 매우 어려운 것이다. 왜냐하면 정직(honesty)이라는 덕목은 주관적인 유익보다 더 나은 객관적인 가치를 사랑하지 않으면 실천하기 힘들기 때문이다. 형이상학적으로 정직(正直)은 인간 존재의 전일성(*integritas*)의 반영이다. 따라서 이 용어는 단지 사실을 사실대로 말하는 정직

참회에 이르러야 할 죄인의 마음은 부패하고 거짓되기 때문에, 할 수 있으면 조명을 통해 얻은 죄에 관한 사실들을 진실로 받아들이지 않으려고 합니다. 이러한 이끌림에는 언제나 부패하고 완고한 의지의 작용이 있습니다. 이것이 최초의 생각은 물론, 이후에 이어지는 이성의 추론에도 깊이 개입합니다. 따라서 이와 관련하여 신자의 의무는 다음과 같이 지적될 수 있습니다.

a. 최초의 빛에 대하여

첫째로, 소극적 의미에서 최초의 조명의 빛을 받아들여야 합니다. 성령께서 신자로 하여금 자신이 지은 죄를 볼 수 있도록 비춰주시고, 그것을 감지한 이성이 그것을 받아들여 죄와 자신과의 관계를 생각나게 해주었다고 할지라도, 대부분의 경우, 최초의 조명을 통해 얻은 지식은 아직 치밀한 논리를 갖지 않은 생각일 뿐입니다. 이어지는 이성적인 추론의 도움 없이는 죄에 대한 어느 정도의 명료화된 생각일 뿐입니다. 그러나 조명을 통해 비춰주신 그 작은 지식의 빛은 회피하는 이성의 치밀한 추론보다 더 진실합니다. 이 때 신자는 성령께서 조명하실 때 자신의 마음 안에 있는 이러한 부패한 본성의 부정직해지려는 성향이 내재함을 미리 알고 성령께서 비춰주신 사실을 회피하려는 우세한 본성보다는 자신 밖에서 주어진 조명의 지식을 진실로 받

만을 가리키지 않는다. 넓은 의미로는, 자신 밖에 있는 모든 존재와 사실들과 그것들을 그것들로서 인식하는 자신을 그렇게 하도록 허락하는 것을 포함한다. 좁은 의미로는 자신이 인식한 바를 말하거나 그것을 기초로 행동함에 있어서, 자신이나 일부 타인의 유익을 위하여 은폐하거나 왜곡하지 않는 것을 의미한다.

아들이려는 정직함을 가져야 합니다. 이러한 정직함 없이는 누구도 죄를 확신함으로 참된 자기 깨어짐에 이를 수 없습니다.

b. 이성적 추론에 대하여

둘째로, 적극적 의미에서 이어지는 이성의 추론의 결과에 대하여 정직해야 합니다. 이성적 추론은 부패한 본성의 지배를 받으면 신뢰할 수 없지만, 그러한 부당한 지배로부터 벗어날수록 이성의 추론과 양심의 기능은 신뢰할 만합니다. 그것을 완전히 신뢰할 수는 없지만 하나님께서는 그것들을 사용하시는 성령의 역사로 말미암아 죄인들을 돌이키시기 때문에, 일단은 이 사실을 받아들여야 합니다.

신자의 마음을 조명하시는 성령의 역사로 말미암아 죄와 자신에 대한 지식을 얻게 되었을 때 신자가 부정직함으로 그러한 조명의 지식을 의지를 가지고 떨쳐버리지 않는다면, 인식된 사실을 배종(胚種)으로 삼아 이성적인 추론이 이어지게 됩니다. 그리고 이것은 죄를 자각한 신자가 참회로 나아가기 위해서 죄를 확신하게 되는 가장 중요한 요소입니다. 이 때 신자에게는 죄와 자신의 영혼의 상태에 대하여 추론하는 이성의 작용을 신뢰하고 그 추론의 작용을 통하여 산출되는 논리적 귀결을 받아들이려는 정직함이 필요합니다.

비록 신자의 이성이 부패한 본성의 방해하는 작용으로 말미암아 정당한 추론에 지장을 받는다고 할지라도 조명을 통해 비춰진 죄에 대한 인식에서 출발하여 죄 없음을 확신하게 해주는 완전한 추론에 이르는 것은 거의 불가능합니다. 따라서 신자에게는 조명된 죄에 대하여 이성이 추론하는 바를 반박할 수 없는 한에서는 사실로 받아들이려는 정직함이 필요하고, 이렇게 한다면 성령의 도움으로 말미암아 신자의 이성의 추론 작용에 개입하여 방해하는 부패성의 작용에도 불구하고 참된 죄의 확신에 이를 수 있을 것입니다.

2. 관심을 회피하지 말 것

또한 깨닫게 된 죄에 대한 인식으로부터 관심을 회피하지 말 것이 요구됩니다. 최초의 조명을 통해 주어진 죄에 대한 생각을 어느 정도 지니고 있다 할지라도, 그 지식을 토대로 이루어지는 이성의 추론을 받아들이지 않으려 하는 죄인의 마음은 관심을 회피하려고 합니다. 이러한 사실은 다음 성경의 보도에도 나타납니다. "수일 후에 벨릭스가 그 아내 유대 여자 드루실라와 함께 와서 바울을 불러 그리스도 예수 믿는 도를 듣거늘 바울이 의와 절제와 장차 오는 심판을 강론하니 벨릭스가 두려워하여 대답하되 시방은 가라 내가 틈이 있으면 너를 부르리라 하고"(행 24:24-25). 그는 사도 바울이 전하는 복음을 들었고, 그것은 분명히 그에게 어떤 조명을 가져다 주었을 것입니다. 그러나 그는 두려움으로 말미암아 그것을 회피하였습니다. 단순히 그 생각을 또 다른 생각으로 떨쳐버린 것이 아니라, 더 이상 그 문제에 관하여 이성으로써 추론하지 않고자 회피하였습니다.

벨릭스는 두려움으로 인하여 죄의 확신을 회피하였으나, 실제로 자신의 죄에 관하여 조명의 빛을 얻게 된 신자들이 이성의 정당한 추론을 통하여 죄의 확신에 이르지 않기 위하여 회피하게 하는 요인은 그들 안에 있는 죄된 욕망만큼이나 다양합니다. 때로는 즐거움에 대한 기대 때문에, 특별한 애정이 없어도 일상적인 일들에 대한 습관 때문에 조명된 지식을 회피하여 죄의 확신에 이르지 못합니다. 죄인의 이러한 회피는 결국 자신을 죄에서 건질 하나님 대면하기를 회피하는 것입니다. 그런 사람은 결코 자기 깨어짐에 이를 수 없습니다.

3. 믿음을 가질 것

마지막으로 적합한 믿음을 가질 것이 요구됩니다. 이것은 자기 안에 죄에 관하여 자신의 느낌보다는 하나님의 말씀을 믿는 것입니다. 특별한 경우가 아닌 한, 자기 깨어짐이 필요한 상태 아래 있는 신자는 평소에 자기 안에 있는 죄를 느끼며 살지 못합니다. 왜냐하면 죄를 사랑하고 죄의 경향성을 따라 사는 동안에는 죄의 존재와 힘을 느낄 수 없기 때문입니다.

죄의 존재는 죄를 미워할 때 잘 느껴지고, 죄의 힘은 은혜를 따라 살고자 할 때에 그 힘이 느껴지기 때문이니, 이는 마치 강물을 거슬러 헤엄치는 자가 천천히 흐르는 강물의 힘을 느낄 수 있는 것과 같은 이치입니다. 따라서 자신이 죄의 존재와 그 힘을 느끼지 못한다고 할지라도 신자 안에 내재하는 죄가 있다는 성경의 진리를 자신의 느낌보다 더욱 신뢰하는 믿음을 가지고 자신 안에 있는 죄의 존재를 발견하고 그 힘을 정확하게 인지하기를 힘써야 합니다.

죄의 확신

한·눈·에·보·는·5장

I. 조명과 확신
A. 조명과 관련하여 고려할 점
1. 조명을 통한 인식과 확신
  _ 성령께서 인간의 마음을 조명하심으로 인간은 죄를 인식하고, 인식된 죄와 자신과의 관계를 추론하여 그에 대한 도덕적인 책임을 확신함
2. 이성의 추론과 확신
  _ 영적 상태에 따라 이성적 추론의 정도는 차이가 있으며, 이성의 추론은 죄의 확신을 강화함
3. 확신케 하시는 성령
  _ 성령은 스스로 죄인임을 인정하고자 하는 자에게 죄를 확신케 함

B. 도덕적 책임의 인식
_ 죄의 확신이 자기 깨어짐으로 이어지기 위해서는 반드시 자신의 죄에 대한 도덕적 책임이 필요함
_ 여기서 도덕적 책임이란 피해를 입은 당사자에 대한 책임 이상의 것으로서, 하나님 앞에서의 도덕적 책임을 확신하는 것이며, 창조의 목적인 절대선을 보여주는 것이며, 죄의 악덕스러움을 확신하는 것임

II. 확신하는 내용들
A. 죄의 존재
_ 조명을 통해 신자는 죄의 존재를 확신하고, 죄가 우리의 내면에서 악한 의지를 불러일으키는 힘으로 작용하고 있음을 확신함
_ 죄에 대한 신자의 인식은 개념적 인식과 경험적 인식으로 나뉘는데, 자기 깨어짐에 이르게 하는 것은 경험적 인식임

B. 개별적인 실행죄
_ 조명을 통해 신자는 개별적인 실행죄를 확신함
_ 개별적인 실행죄에 대한 확신은 신자로 하여금 스스로를 하나님께 처벌받아 마땅한 존재로 인식하게 함

C. 죄의 원천
_ 개별적인 죄를 양산하는 원천이 죄의 강력한 경향성임을 확신함

D. 하나님의 심판
_ 신자의 죄에 대한 확신은 하나님의 심판에 대한 확신을 불러옴

Ⅲ. 죄를 확신함에 있어서 인간의 책임
   A. 성령-인간의 협력 사역
   _ 인간에게 죄를 확신하게 하는 것은 성령의 주도적인 사역이지만 여기에는 인간의 협력이 필요함. 성령은 인간의 죄를 확신시킴에 있어서 인간의 본성과 의지 안에서, 그것과 함께 역사하시기 때문임
   B. 인간의 책임
      1. 정직할 것
      _ 죄의 확신을 위한 인간의 책임은 조명을 통해 드러난 사실을 은폐하거나 왜곡하지 않고 객관적 사실로 받아들이는 정직함임
      _ 이것은 소극적으로는 성령께서 보여주신 자신에 죄에 대한 최초의 조명을 받아들이는 것이며, 적극적으로는 부패한 본성으로부터 벗어난 이성적 추론에 대해서 정직한 것임
      2. 관심을 회피하지 말 것
      _ 최초의 조명을 통해 인식한 죄와 심판에 대한 이성적 추론을 받아들이려 하지 않는 관심의 회피는 자신을 하나님 앞에 세우려 하지 않는 것으로, 이러한 사람은 자기 깨어짐에 이를 수 없음
      3. 믿음을 가질 것
      _ 자신 안에 있는 죄의 존재와 그 힘에 대해 자신의 느낌이나 판단을 신뢰하기보다는 하나님의 말씀에 대한 믿음을 가져야 함

자기 깨어짐
DE PAENITENTIA

자기 깨어짐이란 죄에 대한 사랑과 거기에 기반을 둔 자기의에 대한 신뢰가 파괴되는 것으로,
곧 하나님의 뜻을 거스르는 본성의 파괴를 의미합니다.

제 6 장

자기 부인

"자기 부인은 자아에 대한 비판과 의지적 거부입니다." _ 김남준

제 6 장

자기 부인

신자가 자신의 죄를 확신하게 될 때, 죄를 사랑하던 옛 본성은 새 본성의 탄핵을 받습니다. 왜냐하면 신자가 자신의 죄의 불순종에 대하여 깨달은 것은 개별적인 죄를 통해서이지만, 그것들의 뿌리를 옛 본성, 혹은 묵은 자아 안에서 발견하기 때문입니다. 따라서 자기 부인은 자아에 대한 비판과 의지적 거부로 이루어집니다. 이러한 교리적 사실을 이해하기 위해서는 다음 사항을 숙고하여야 합니다.

I. 죄의 확신과 자기 비판

신자가 자신의 죄를 확신하게 되면, 죄를 사랑할 뿐 아니라 자기의를 신뢰하던 묵은 자아를 비판하고 의지적으로 그 영향을 거부하게 됩니다.

여기서 우리가 숙고해야 할 교리적 사실은 자기 부인 안에 있는 전인격적 자기 비판입니다. 신자의 옛 본성이 죄의 확신으로 깨어난 새 본성의 탄핵을 받는 것은, 새 본성 자체가 거룩함을 좇는, 중생한 신자 안에 있는 '신의 성품'이기 때문입니다(벧후 1:4).**84)**

신자는 그러한 탄핵에 인격적으로 동참하게 됩니다. 그리고 이것은 그리스도와 함께 이미 죽은, 지금도 죽어가야 할 자기에 대한 비판입니다. 이 비판은 단지 사변적(思辨的)인 지성이 아니라 실천적인 지성에 기초하고 있습니다. 다시 말해서 이러한 자기 비판 안에는 이미 자신 안에 있는 죄로 말미암아 자신이 '악함'을 갖게 되었다는 사실에 대한 인식뿐 아니라 그에 대한 깊은 슬픔을 넘어서서, 그것으로부터 벗어나려는 실천적인 의지의 주도하는 힘이 있다는 것입니다. 이것이 바로 자기 부인의 시작입니다.**85)**

이 때 신자는 두 자아 사이에서 비판적 대화를 경험합니다(시 42:5, 잠 5:12-13).**86)** 그리고 신자는 단지 죄를 인식할 뿐 아니라, 그것의 악함

---

84) "이로써 그 보배롭고 지극히 큰 약속을 우리에게 주사 이 약속으로 말미암아 너희로 정욕을 인하여 세상에서 썩어질 것을 피하여 신의 성품에 참예하는 자가 되게 하려 하셨으니"(벧후 1:4).

85) 자기 부인(self-denial)은 소극적인 측면과 적극적인 측면으로 나누어 생각할 수 있다. (1)소극적 측면 : 자기 안에 내재하는 악한 경향을 부인하는 것을 의미하며, 이는 타락한 이성의 추론을 절대시 하려는 경향성을 부인하는 것과 자기 안에서 솟아나는 육체의 부패한 욕망을 부인하는 것으로 나타난다. (2)적극적 측면 : 자기 사랑을 비움으로써 하나님과 이웃을 사랑하는 것이다. 자기 부인에 대한 상세한 논의는 다음 책을 참고하라. 김남준, 「죄와 은혜의 지배」, (서울; 생명의말씀사, 2005), pp.199-210; Peter J. Leithart, "Stoic Elements in Calvin's Doctrine of the Christian Life; part II. Mortification," in *The Westminster Theological Journal*, vol. 55, no. 2, (Philadelphia; Westminster Theological Seminary, 1993 fall), p.195.

86) "내 영혼아 네가 어찌하여 낙망하며 어찌하여 내 속에서 불안하여 하는고 너는 하나님을 바라라 그 얼굴의 도우심을 인하여 내가 오히려 찬송하리로다"(시 42:5). "말하기를 내가 어찌하여 훈계를 싫어하며 내 마음이 꾸지람을 가벼이 여기고 내 선생의 목소리를 청종치 아니하며 나를 가르치는 이에게 귀를 기울이지 아니하였던고"(잠 5:12-13).

과 그것을 선택한 자기 자신의 도덕적 책임을 확신합니다. 자기 깨어짐에 이르게 되는 신자는 이러한 죄의 확신을 토대로 구체적으로 그 죄를 확신하고 탄핵할 뿐 아니라 의지적으로 거부하게 됩니다. 그리하여 급기야 자기에 대한 신뢰를 버리게 됩니다. 이것이 바로 우리가 '자기 부인'(self-denial)이라고 부르는 경험의 정체입니다.

II. 자기 부인의 성격

자기 부인은 신자의 의지적인 작용입니다. 앞에서 살펴본 성령의 조명과 죄의 확신이 외부로부터 주어지는 사실들을 인식하고, 인식한 사실들을 받아들이는 소극적인 성격을 많이 갖고 있다면, 본장에서 살펴볼 자기 부인은 적극적인 의지의 실천적 성격을 많이 갖고 있습니다. 자기 부인에 관한 보다 심도 있는 교리적 이해를 위해서 다음 사항들이 숙고되어야 합니다.

A. 전망적 사실의 현재화

먼저, 자기 부인은 전망적 사실을 현재화하는 경험이라는 사실입니다. '죄의 확신'이 회고적 사실을 현재화하는 것이라면, '자기 부인'(自己否認)은 전망적 사실을 현재화합니다. 다시 말해서, 죄의 확신은 과거에 일어난 죄책을 현재적으로 확신하는 것이고, 자기 부인은 그러한 죄책에 대한 반성으로 미래에 지향할 가치를 현재적으로 실천하는 것입니다. 따라서 자기 부인은 단순히 과거에 자신이 지은 죄에 대한 슬픔을 넘어선 의지의 작용입니다. 자신이 지은 죄에 대해 변명하기를 의지적으로 거부할 뿐 아니라, 그 결과에 매여 현재의 비참한 상태가 미래의 삶에까지 연장되는 것을 의지적으로 거부합니다. 과거의 죄로 인한 현재의 비참함이 미래에까지 계속되기를 거부하고, 죄에 대한 사랑으로 말미암아 잠시 버렸던 가치가 미래뿐 아니라 현재에서도 실현되기를 바라는 것입니다. 그리고 그것을 누리고 그 안에서 즐거워하기를 사모하는 것입니다.

B. 거부하는 의지의 작용

또한 자기 부인은 의지의 적극적인 거부라는 사실입니다. 죄의 확신이 주로 인간의 지성과 정서 안에 영향을 미치는 것이라면, 자기 부인은 이러한 확신을 토대로 일어난 자기 비판의 의지의 작용입니다. 이 의지의 거부하는 작용은 실천적이며 적극적입니다. '자기 부인'이라는 용어는 이러한 자기 비판 안에 있는 의지의 거부하는 작용을 염두에 둔 것입니다. 그리고 이러한 의지의 거부하는 작용은 본질적으로 자유에 대한 갈망에서 온 것입니다.

1. 자기 부인의 의지적 성격

앞에서 살펴본 바와 같이 자기 깨어짐의 전 과정 중에 신자의 협력이 배제되는 부분은 없습니다. 오히려 자기 깨어짐 자체가 다른 성화 작용과 마찬가지로 성령과 신자의 협력적 작용이기 때문에 신자의 의지적 참여 없이는 자기 깨어짐에 이르지 못합니다. 왜냐하면 신자를 참된 신자로 성화되게 하심으로써 창조의 목적에 부합하는 참 사람이 되게 하시는 분은 성령이시지만, 거룩하게 하시는 성령의 작용은 인간의 의지를 초월하여 역사하지 않기 때문입니다. 여기서 인간의 의지는 자기 깨어짐으로 나아가게 하시려는 성령의 의도를 믿고 그 뜻에 순종하는 것입니다.

2. 의지가 거부하는 내용

자기 부인은 죄를 짓게 한 과거의 자아에 대한 의지적 거부뿐 아니라, 그것에서 비롯되는 모든 현재적 속박의 원인에 대한 거부를 포함합니다. 원초적으로 의지가 거부하는 바는 죄와 죄의 작용입니다. 그러나 그것은 구체적으로 세 가지에 대한 거부로 나타납니다. 환경의 거부, 속박의 거부, 독립의 거부가 그것들입니다.

a. 환경의 거부

첫째로, 환경의 거부입니다. 이것은 신자로 하여금 죄를 짓게 만들었던 환경에 대한 의지적인 거부입니다. 이러한 사실은 성경에 잘 나타나 있습니다(스 10:2-3, 예 3:40, 호 6:1, 눅 15:18).[87]

---

[87] 이러한 교리적 사실을 뒷받침하는 좋은 예가 에스라 시대에 있었던 부흥에서 잘 나타난다. 에스라의 기도를 통하여 자기들의 죄를 확신하게 된 이스라엘 백성들은 율법을 어긴 채 오래도록 지속해 온 혼인 관계를 정리하기로 결단하는데, 이는 자신들을 지속적으로 범죄 상태 아래 두었던 환경에 대한 거부이다. "엘람 자손 중 여히엘의 아들 스가냐가 에스라에게 이르되 우리가 우리 하나님께 범죄하여 이

신자의 자기 사랑은 죄에 대한 사랑으로, 죄에 대한 사랑은 곧 죄의 즐거움을 누리기에 적합한 환경에 대한 집착으로 나타납니다. 지순(至純)의 사랑을 잃어버린 신자가 그토록 세상을 사랑하는 것도 결국은 세상이 그에게 죄의 즐거움을 누리게 하는 환경이기 때문입니다. 신자가 자기 깨어짐을 통하여 지순의 사랑으로 하나님을 사랑하게 될 때 세상을 사랑하지 않게 되는 것도 이 때문입니다(롬 14:7-8).[88]

이처럼 자기 부인의 의지적 작용은 죄를 짓게 하였던, 그리고 앞으로도 그렇게 작용하기 쉬운 환경에 대한 거부로 나타납니다. 이러한 교리적 사실은 사도 바울의 고백에서도 잘 나타납니다. "그러나 내게는 우리 주 예수 그리스도의 십자가 외에 결코 자랑할 것이 없으니 그리스도로 말미암아 세상이 나를 대하여 십자가에 못박히고 내가 또한 세상을 대하여 그러하니라"(갈 6:14).

b. 속박의 거부

둘째로, 속박의 거부입니다. 이는 자신이 지은 죄로 말미암아 당하게 되는 내적인 속박에 대한 의지적인 거부입니다. 신자의 죄에 대한

땅 이방 여자를 취하여 아내를 삼았으나 이스라엘에게 오히려 소망이 있나니 곧 내 주의 교훈을 좇으며 우리 하나님의 명령을 떨며 준행하는 자의 의논을 좇아 이 모든 아내와 그 소생을 다 내어 보내기로 우리 하나님과 언약을 세우고 율법대로 행할 것이라"(스 10:2-3). 이러한 교리적 사실은 다음 성경 구절에서도 나타난다. "우리가 스스로 행위를 조사하고 여호와께로 돌아가자"(애 3:40). "오라 우리가 여호와께로 돌아가자 여호와께서 우리를 찢으셨으나 도로 낫게 하실 것이요 우리를 치셨으나 싸매어 주실 것임이라"(호 6:1). "내가 일어나 아버지께 가서 이르기를 아버지여 내가 하늘과 아버지께 죄를 얻었사오니"(눅 15:18).

88) "우리 중에 누구든지 자기를 위하여 사는 자가 없고 자기를 위하여 죽는 자도 없도다 우리가 살아도 주를 위하여 살고 죽어도 주를 위하여 죽나니 그러므로 사나 죽으나 우리가 주의 것이로라"(롬 14:7-8).

확신은 언제나 그 죄로 말미암아 속박된 상태에 있는 자신의 영혼의 상태를 확신하는 것을 동반합니다. 하나님께서는 중생을 통하여 신자에게 내적인 자유를 주셨습니다. 이것은 마음과 영혼의 자유입니다. 이는 신분과 상태의 자유와 표리(表裏)를 이루는 자유로서, 죄에 매여 있는 자의 마음과 영혼을 복음의 능력으로 자유롭게 해주신 것입니다. 이것은 곧 '내적 어두움' (inner darkness)으로부터의 자유이며, 사단의 역사로부터의 자유입니다(골 2:2, 롬 5:9, 고후 4:4).**89)**

죄는 신자에게서 이러한 자유를 빼앗아 자신에게 속박된 상태로 데려갑니다. 자기 부인은 죄와 죄로 말미암은 자기 영혼의 비참한 속박의 상태를 깨달은 신자가 의지적으로 그러한 상태에 있기를 거부하는 것입니다. 속박에 대한 현재적 거부는 미래의 속박에 대한 확신으로써 강한 힘을 갖게 되는데, 이것이 참된 회개 안에 있는 돌이킴의 중요한 요소입니다(욘 3:3, 6, 행 22:16).**90)**

---

89) 신자에게 주신 마음과 영혼의 자유는 다음과 같은 요소로 이루어진다. (1)내적 어두움으로부터의 자유 : 이는 무지, 불신앙, 편견, 악한 행실로부터의 자유이다(골 2:2, 롬 5:9, 롬 14:17). (2)사단의 역사로부터의 자유 : 사단의 지배, 사단의 행실, 사단의 유혹으로부터의 자유이다(잠 6:5, 롬 6:14, 고후 4:4). 김남준, 「죄와 은혜의 지배」, (서울; 생명의말씀사, 2005), pp.302-307를 참고하라; 신자에게 주신 내적 자유에 대한 좀 더 자세한 내용은 다음 책을 참고하라. John Owen, *A Treatise of the Dominion of Sin and Grace; wherein sin's reign is discovered, in whom it is, and in whom it is not; how the law supports it; how grace delivers from it, by setting up its dominion in the heart*, in *The Works of John Owen*, vol. 7, edited by William H. Goold, (Edinburgh; The Banner of Truth Trust, 1988 reprinting), pp.553-555; Nathaniel Vincent, "The Conversion of Sinners", in The Puritans on Conversion, (Morgan; Soli Deo Gloria Publications, 1990 reprinting), pp.117-129.

90) "요나가 여호와의 말씀대로 일어나서 니느웨로 가니라 니느웨는 극히 큰 성읍이므로 삼 일 길이라"(욘 3:3). "그 소문이 니느웨 왕에게 들리매 왕이 보좌에서 일어나 조복을 벗고 굵은 베를 입고 재에 앉으니라"(욘 3:6). "이제는 왜 주저하느뇨 일어나 주의 이름을 불러 세례를 받고 너의 죄를 씻으라 하더라"(행 22:16).

c. 독립의 거부

셋째로, 독립의 거부입니다. 이는 자신으로 하여금 창조 목적을 벗어나 '허무'(虛無)인 악을 좇아 '없는 것을 열애'하며 살게 하였던 궁극적 원인이 자기 자신이었다는 사실을 깨닫는 데서 오는 의지의 거부입니다. 이는 사물을 감각하고, 인식하고, 판단하고, 사랑하는 주체로서의 자기에 대한 의지적 불신입니다. 이러한 의지의 작용은 양면성을 갖습니다.

1) 소극적 측면 : 자기 불신

먼저 소극적인 측면입니다. 자기 부인의 의지는 소극적으로 자기에 대한 신뢰를 거부합니다. 그러나 자기 깨어짐으로 나아가는 이러한 의지의 작용은 단지 자신에게 자기가 신뢰하기 어려운 존재가 되어버린 것으로 만족하는 것이 아니라, 현재적으로 자신을 의지적으로 신뢰하지 않고자 하는 선량한 완고함입니다. 이것은 본질적으로 신자가 부인하고 있는 옛 본성에 대한 불신입니다. 옛 본성에 대한 불신은 옛 본성이 참여하는 마음과 영혼의 모든 작용, 곧 이성의 추론과 판단, 마음의 취향과 욕구 등에 대한 의지적 거부로 나타납니다.

2) 적극적 측면 : 하나님께 대한 의존

다음으로 적극적인 측면입니다. 죄를 확신한 신자의 자기 부인의 의지는 단지 자신을 불신하는 것으로 그치지 않고, 자기 밖에서 자신을 대신하여 절대적으로 의존할 대상으로서 하나님을 찾습니다. 이것은 동전의 양면과 같아서, 신자는 자기를 의지하는 것만큼 하나님으로부터 독립하고자 하며, 하나님을 의존하는 것만큼 자신을 불신하고자 합니다. 이것은 의존이 곧 사랑임을 말해 줍니다. 의존의 감정이 없는 사랑은 사랑이 아닙니다.[91] 그런 점에서 하나님을 향한

---

[91] 이 점에서 인간을 향한 하나님의 사랑과 하나님을 향한 인간의 사랑은 구별된다. '원애(原愛)'의 교리'로 설명하자면, 이 두 사랑은 본질적으로 같은 사랑이며, 본래적으로 성삼위(聖三位) 안에 있던 사랑, 곧 아가페의 사랑이다. 그러나 이 교리적 사실을 말함에 있어서 다음 두 가지 사실을 숙고하여야 한다. (1)하나님의 사랑(agape of God)의 독립성 : 하나님의 사랑은 자기충족적 사랑이기 때문에 의존적 성격이 없다. 이러한 교리적 사실은 다음과 같은 명제로부터 명백해진다. '하나님은 아무 존재에도 의존하지 않으신다.' 하나님의 사랑의 독립성의 교리를 세움에 있어서 중심이 되는 이 중요한 공리적(公理的) 명제는 출애굽기 3:14에 나타나는 하나님의 선언이다. "나는 스스로 있는 자니라"(אֶהְיֶה אֲשֶׁר אֶהְיֶה). 이는 문자적으로 'I am who I am.' 의 의미이다. 이는 철학적으로 하나님이 '부동(不動)의 원동자'(原動者, τὸ αὐτό κινοῦν)이심을 선언하는 것이다. 이는 '하나님은 자신을 의지하신다.' 는 의미도 아니니 이것이 바로 하나님의 속성인 독립성의 교리이다. 하나님이 '부동의 원동자', 더 정확하게 표현해서 '부동의 자기원동자'(自己原動者, Unmovable Mover)라는 사실은 사랑에 있어서도 사실이다. 하나님은 모든 피조물들 안에 있는 지순의 사랑의 원인이실 뿐, 하나님으로 하여금 사랑을 갖도록 '영향을 받지 않으시는'(ἀπαθή) 분이시다. 이것은 하나님 자신의 도덕적 완전성에서 비롯된다. 성경에서 종종 하나님은 인간에 의하여 그 사랑이 영향을 받는다는 인상을 주는 기사를 본다(창 6:6, 30:22, 민 21:3, 대하 30:20, 느 9:9 등). 그러나 이것은 하나님 자신의 속성이 다른 속성에 미치는 자기충족적 영향이다. 예를 들어 하나님의 속성으로서 '자비'(慈悲)는 다른 속성 '의'(義)로 하여금 죄인을 선대하도록 자극한다. 이것은 하나님 자신의 속성 안에서 일어나는 자기충족적 작용이지, 자기 밖에 있는 사물에게서 사랑을 갖도록 영향을 받으시는 것은 아니다. 만약 하나님께서, 인간이 자기 밖의 사물로 인하여 받는 것과 같은 방식으로 영향을 받으신다면, 그분께서 어찌 순수지성(純粹知性, νοῦς καθαρός, pura mens)을 가지셨다고 말할 수 있겠는가? 하나님의 사랑이 존재 의존적 사랑이 아니라는 이치는 다음 두 가지 경우에서 모두 사실이다. ①성삼위간의 사랑에서 : 이러한 이치는 성삼위 안에서 각 위(位)간의 사랑에서도 동일하다. 만약, 이렇게 판단하지 않는다면 성삼위간의 사랑도 존재 의존적 사랑이 되어 성삼위는 완전하시나, 각 위(位)는 독립적으로 불완전하시다는 교리적 모순에 빠지게 된다. ②인간(人間)에 대한 사랑에서 : 이러한 이치는 인간들을 향한 사랑에서도 동일하다. 만약 인간을 향한 하나님이 사랑이 의존하는 사랑이라면 하나님도 인간 없이는 스스로 충족하신 존재가 아니시라는 교리적인 모순에 빠지게 된다. (2)인간의 지순의 사랑(caritas of man)의 의존성: 같은 지순의 사랑이지만, 하나님 자신에 대한, 또 인간에 대한 하나님의 사랑과는 달리 인간이 하나님께 대해, 또 다른 사람들에 대하여 갖는 지순의 사랑은 의존적이다. 다시 말해서 인간의 사랑 안에는 항상 의존의 감정이 있다는 것이다. 이것이 바로 성삼위 안에 있는 '지순의 사랑'과 인간 안에 있는 '지순의 사랑'이 동질의 것임에도 불구하고 여전히 존재하는 중요한 차이점이다. 왜 이런 차이가 존재하는가를 사유(思惟)하는 것은 우리 영혼에 커다란 유익을 준다. 이러한 차이는 시원적(始原的)으로 인간에게 사랑의 본성을 주실 때 허락하신 인간에 대한 하나님의 배려이다. 하나님의 존재의 독립성은 그분의 완전하심에 의하여 견지된다. 그러나 인간은 다른 피조물들 위에 뛰어나기는 하지만, 완전하고 독립

인간의 사랑과 인간을 향한 하나님의 사랑은 구별됩니다. 그래서 성경 여러 곳에서, 인간이 하나님을 '의지한다' 는 것은 곧 '사랑한다' 는 말과 동의어로 사용됩니다(왕하 18:5).⁹²⁾ 왜냐하면 누구든지 하나님을 알지 아니하고는 의지할 수 없는데, 성경에서 '안다' 는 것은 곧 '사랑한다' 는 사실을 의미하기 때문입니다. 자기 부인의 의지는 자기 독립을 거부하는 의지이며, 하나님을 절대적으로 의존하려는 의지입니다.

적인 존재가 아니라, 창조세계의 보편적 질서 안에서 완전하지만 그것이 영원히 안전하지는 않은 (unsafely perfect), 의존적인 존재로 창조되었기 때문에 그에게 부여하신 '지순의 사랑' 은 의존하게 하는 사랑이어야 했다. 이러한 교리적 사실은 다음 두 경우에 각각 다르게 숙고되어야 한다. ①하나님께 대한 사랑(caritas to God) : 하나님께 대한 사랑은 의존하는 사랑이어야 하며, 하나님은 자기를 의존하는 신자의 마음 안에서 영광을 받으신다. 그러므로 지순의 사랑은 절대 의존의 사랑이다. 하나님을 열애(熱愛)하는 신자의 사랑은 자신의 존재와 가치를 잊게 하는 사랑이니, 하나님을 사랑하는 신자들의 지사(至死)의 헌신이 거기에서 나온다. ②타인을 향한 사랑(caritas to others) : 신자가 타인을 향하여 가져야 할 사랑도, 하나님을 향하여 가져야 할 사랑과 동일한 '지순의 사랑' 이다. 따라서 신자의 타인을 향한 지순의 사랑도 어느 정도 의존하는 사랑이다. 인간들 사이에 이루어지는 사랑의 관계는 그것이 '지순의 사랑' 으로써 이루어지는 사랑의 관계라고 할지라도 의존하는 사랑이다. 하나님은 본래적으로 성삼위 안에서 이루어지던 사랑의 교통의 모상(模像)이 인간들 사이에서도 이루어지기를 원하신다. 성삼위는 완전하심으로 그 사랑이 의존하는 사랑이 아니었으나, 인간은 인간으로서 완전하지만 무한히 완전하거나 안전하지 않은 존재로 창조되었기 때문에 하나님은 서로에 대한 사랑 안에서 의존을 이루게 하셨다. 이러한 사실은 여자를 지으시는 창조의 방법에서 나타났으니, 남자에게서 신체의 일부를 취하여 여자를 만드신 것이다. 또한 그렇게 창조된 하와를 향한 아담의 사랑스러운 고백과 하나님의 혼인 선언에서도 잘 나타난다. "아담이 가로되 이는 내 뼈 중의 뼈(에쳄 메아차마이, עֶצֶם מֵעֲצָמַי, 문자적으로 '나의 뼈들 중의 한 뼈')요 살 중의 살(우바샤르 밉베사리, וּבָשָׂר מִבְּשָׂרִי, 문자적으로 '그리고 나의 살 중 한 살')이라 이것을 남자에게서 취하였은즉 여자라 칭하리라 하니라 이러므로 남자가 부모를 떠나 그 아내와 연합하여 둘이 한 몸을 이룰지로다(베 다바끄 베이시토, וְדָבַק בְּאִשְׁתּוֹ, 문자적으로 '그리고 그의 아내 속으로 연합되어라')"(창 2:23-24). 이처럼 인간의 불완전함은 연합으로 채워지도록 경륜되었다. 죄가 들어오기 전에는 인간 사이의 이러한 사랑의 의존하는 연합의 감정이 하나님께 대한 사랑 안에 있는 의존의 감정을 저해하지 않았다. 그러나 타락한 후로는 인간의 사랑 안에 있는 의존하는 감정이 그들 자신들로 하여금 하나님께 대한 의존의 감정을 저해할 수 있게 되었으니, 이러한 사랑은 하나님이 기뻐하시지 않는 사적인 사랑(amor pravitus)이다. 이 교리에 대하여는 좀 더 많은 논의가 필요하지만 여기에서 줄인다.

92) "히스기야가 이스라엘 하나님 여호와를 의지하였는데 그의 전후 유다 여러 왕 중에 그러한 자가 없었으니"(왕하 18:5), '내가 나의 완전함에 행하였사오며 요동치 아니하고 여호와를 의지하였사오니 여호와여 나를 판단하소서"(시 26:1).

C. 자유에 대한 갈망

마지막으로 자기 부인의 이러한 거부하는 의지의 작용은 죄로 말미암아 도래하게 된 내적 속박에 대한 거부입니다. 이것은 결국 하나님 안에 있는 자유에 대한 갈망을 반영하는 것입니다. 따라서 자기 부인에 있어서 거부하는 의지는 곧 영혼의 자유를 갈망하는 의지라고 말할 수 있습니다. 자신의 죄를 확신함으로써, 영혼의 속박된 상태를 깨달은 신자의 자유에 대한 갈망은 항상 회고를 통하여 옵니다. 즉 회심과 영혼과 마음 안에서 누렸던 자유를 회상하면서 죄로 말미암아 속박된 자신의 상태에 대해 더욱 깊은 고통을 느끼는 것입니다. 이 때 신자는 죄의 속임으로부터 상당히 벗어나, 자기를 그 지경으로 만든 자기, 곧 옛 사람의 성품에 대하여 불신하고 미워하는 감정을 갖게 됩니다. 신자는 그 모든 부자유와 속박의 궁극적인 원인이 죄라는 사실을 깊이 인정합니다. 이 때 그는 누구의 강요나 억압 없이 스스로 자기 죄를 고백하며 하나님 앞에 진심으로 용서받기를 원하는 마음을 갖습니다. 죄의 확신에서 이미 갖게 된 이러한 감정이 의지의 동의를 동반합니다. 그리고 이것은 하나님의 용서를 가장 가치 있게 생각하고 인내심을 가지고 기다리겠다는 결단을 포함합니다.[93]

---

[93] 존 오웬에 따르면, 이 때 신자는 다음과 같은 마음이 된다는 것이다. "사람이 여호와의 구원을 바라고 잠잠히 기다림이 좋도다"(애 3:26). "'나는 나의 기대를 버리지 않을 것이며 성급하게도, 하나님을 제한하지도 않을 것이다. 그러나 나는 그의 약속된 자비의 시간이 올 때까지 그의 발 앞에 머무를 것이다.' 하나님의 약속은 그로 하여금 그분의 용서에 대한 기대와 잠잠함으로 기다리게 한다." John Owen, *A Practical Exposition upon Psalm CXXX.; Wherein the nature of the forgiveness of sin is declared; the truth and reality of it asserted; and the case of a soul distressed with the guilt of sin, and relieved by a discovery of forgiveness with*

그리하여 이렇게 고백하게 되는 것입니다. "하나님, 제가 잘못했습니다. 반드시 제 죄를 용서받고 싶습니다. 주님께 용서받을 수만 있다면 무엇이든지 기꺼이 하겠습니다. 그것이 비록 제가 지은 죄에 대하여 정당하게 처벌을 받는 것일지라도 그렇게 해서라도 용서받고 싶습니다." 자기 부인의 의지가 가진 거부의 작용은 이러한 자유에 대한 갈망의 또 다른 표현입니다. 하나님은 이러한 영혼들을 자기 깨어짐에 이르게 하셔서 죄를 용서해 주실 뿐 아니라, 참회의 과정을 통하여 영혼을 쇄신시키십니다. 죄를 용서해 주심으로 과거로부터 자유롭게 하실 뿐 아니라, 성령의 능력을 주셔서 현재에도 자유를 누리게 하시는 것입니다.

III. 자기 사랑의 허무함

하나님께서 그리스도의 희생적인 공로로 우리의 죄를 용서해 주시고 당신의 자녀로 삼아 주신 것은 지순(至純)의 사랑으로써 하나님의 선(善)인 창조 목적을 신자 자신의 존재의 목적으로 합치시키며 살게 하시기 위함이었습니다. 그러나 신자는 부당한 자기 사랑으로 말미암아 그렇게 목표를 합치시킬 수 없게 되었습니다. 목표가 합치되지 않는 것만큼, 신자는 악을 좇게 되고 하나님의 창조의 목적에 배향(背向)하는 삶을 살게 되는데, 이것은 그의 존재와 삶 속에 상당 부분 '없는

God, is at large discoursed, in *The Works of John Owen*, vol. 6, edited by William H. Goold, (Edinburgh; The Banner of Truth Trust, 1991 reprinting), p.418.

것에 대한 사랑'이 존재하고 있음을 의미합니다. 이러한 부당한 자기 사랑은 하나님과 피조 세계, 그리고 자기 자신에 대해 다음과 같은 심각한 결과를 초래하였습니다.

A. 하나님께 대하여

자기 사랑은 '하나님께 대하여' 다음과 같은 결과를 초래합니다. 자기 사랑은 자기를 위하여 아들을 주신 하나님의 구원 계획을 배향(背向)하는 것이며, 오직 하나님을 향한 지순의 사랑 속에서 살겠다던 혼인 언약을 파기하는 것입니다. 그러한 신자의 허위의 삶을 바라보시는 하나님의 심정은 어떠하시겠습니까? 그분이 무슨 잘못을 하셨기에 마음이 아프셔야 합니까? 절망에 빠진 우리를 너무나 사랑하신 것 밖에는 잘못하신 일이 없는데 말입니다.

B. 창조세계와 다른 사람들에 대하여

자기 사랑은 '창조세계와 다른 사람들에 대하여' 다음과 같은 결과를 초래합니다. 하나님께서 신자를 죄에서 구원하신 것은 다시 이 창조세계를 맡기시기 위함이었습니다. 인간의 죄로 말미암아 악하게 망가진 이 세상을 다시 고쳐서 창조의 영광을 회복하시기 위함이었습니다. 그러나 그렇게 부름 받은 신자가 '없는 것을 사랑' 하기 위하여 자신을 구원하신 하나님의 뜻인 창조의 목적을 거부하며 살아간다면 이 세상은 죄로 망가진 채로 버려질 것이고, 다른 사람들은 더욱 하나님을 모른 채 자신들의 죄로 이 세상을 망가뜨리며 살아갈 것입니다.

그러나 지순의 사랑으로써 하나님의 창조계획에 자기의 존재 목표를 합치시키고 살아가는 신자는 얼마나 복된 사람입니까? 그는 살아 있는 동안 무엇을 하든지 하나님만을 섬길 것입니다. 비록 세상은 죄로 인해 망가졌고, 인간이 많이 섬겨도 인간 자신에 의해서가 아니라 하나님 자신에 의하여 회복이 완성될 것이지만, 하나님은 신자들이 망가진 세상을 고쳐가는 동안 말할 수 없이 탁월한 지혜로써 영광을 받으십니다. 인간에게 아직 죄가 남아 있기에 은혜를 베푸심으로써 당신의 영광을 드러내십니다. 창조세계와 인간들이 아직 불완전하기 때문에 더욱 당신을 의지하게 하심으로써 죄가 이 세상에 들어오기 전보다 더 큰 영광을 받으십니다. 신자와 이 세상에 남아 있는 죄 때문에 여기저기서 그분의 이름이 모욕을 받지만, 역설적으로 자기 깨어짐을 통해 진실한 신자가 되고 싶어하는 신자들에게서는 그 죄 때문에 더욱 영광을 받으십니다.

C. 자신에 대하여

자기 사랑은 '인간 자신에 대하여' 다음과 같은 결과를 초래합니다. '없는 것'을 사랑하는 신자는 없는 '악'(惡)을 위하여 있는 '선'(善) 곧 창조의 목적을 버리는 셈인데, 이것은 신자에게 두 가지 점에서 심각한 결과를 가져다줍니다.

1. 삶의 허무

불멸하도록 창조되었으나 흙으로 돌아갈 수밖에 없게 된 인간의 운명은 삶의 허무를 말해 줍니다. 하나님처럼 되려는 존재하지 않는 목표를 사랑했던 처음 인간들이 육신의 정욕과 안목의 정욕을 따라 거기로 감으로써 무엇을 얻을 수 있었습니까? 그래서 성경은 '없는 것을 사랑' 하는 삶의 허무를 이렇게 말합니다. "이 세상도 그 정욕도 지나가되"(요일 2:17상). 정확히 그러합니다. 모두 영원한 침묵 속으로 빨려 들어가 사라집니다. 아무 흔적도 남기지 않은 채, 무(無)로 돌아갑니다.[94]

2. 영혼의 고통

하나님과 사랑으로 교통하도록 창조되었으나, 끊어진 교제 가운데 살 수밖에 없었던 인간의 형편이 영혼의 고통을 말해 줍니다. 허탄한 육신의 욕망을 따라 악을 좇으며 사는 모든 인간들, 그리고 진실한 참회가 거의 없이 그들처럼 살아가는 신자들의 영혼 안에는 극심한 고통이 있습니다. 이 세상에서도 그들은 고통을 당하지만, 그것은 미래에 당할 최후 심판의 맛보기에 불과합니다. 하나님께서는 불신앙을 고집하며 창조 목적을 거부하던 인간들과 신자라 불리지만 사실상 창

---

[94] 그러나 사도 요한은 이어서 말한다. "오직 하나님의 뜻을 행하는 이는 영원히 거하느니라"(요일 2:17하). 이것은 세상 사랑의 헛됨과 함께 정확한 지적이다. 왜냐하면 지순의 사랑으로 하나님을 사랑하는 신자는 세상을 사랑하는 사람들처럼 '없는 것을 사랑' 하는 대신 '있는 것', 곧 창조의 목적인 선(善)을 따라 살았기 때문이다. 그들도 영원하고 그들이 행한 일의 선함도 영원하다.

조 목적을 따르지 아니하는 허위의 삶을 살았던 사람들을 심판하실 것입니다.

a. 현세에서

첫째로, 현세에서의 고통입니다. 창조의 목적인 선을 버리고 실재하지 않는 악(惡)을 좇아서 사는 신자들에게는 끊임없는 영혼의 속박과 고통밖에는 누릴 것이 없습니다. 인간 존재의 탁월함은 영혼을 가진 데에 있지만, 그 영혼은 단지 영혼이라는 사실 때문에 탁월한 것이 아니라, 영혼이 진리를 따름으로써 선함과 아름다움과 탁월함을 누리는 것입니다. 육욕에 집착하는 부패한 자기를 사랑함으로 '있는 바' 선을 버리고 '없는 바' 악을 열애함으로써 인간은 만물 가운데 인간으로서의 탁월한 아름다움을 상실하고 추루(醜陋)한 존재가 되는 것입니다. 더욱이 신자가 그런 삶을 택하는 것은 미친 짓입니다. 그가 그렇게 선택하는 행복의 추구는 마치 숨쉬기를 원하나 물 속으로 들어가는 것과 같고, 허기를 면하기 위하여 모래를 퍼먹는 것과 같습니다. "네 길과 행사가 이 일들을 부르게 하였나니 이는 너의 악함이라 그 고통이 네 마음에까지 미치느니라"(렘 4:18). [95]

---

[95] 이같은 교리적 사실은 다음 성경 구절에도 잘 나타나 있다. "어찌하여 네 상처를 인하여 부르짖느뇨 네 고통이 낫지 못하리라 네 죄악의 큼과 죄의 수다함을 인하여 내가 네게 이 일을 행하였느니라"(렘 30:15). "악인의 범죄하는 것은 스스로 올무가 되게 하는 것이나 의인은 노래하고 기뻐하느니라"(잠 29:6). "모든 영혼이 다 내게 속한지라 아비의 영혼이 내게 속함같이 아들의 영혼도 내게 속하였나니 범죄하는 그 영혼이 죽으리라"(겔 18:4).

b. 내세에서

둘째로, 내세에서의 고통입니다. 하나님은 이 세상에서뿐 아니라, 오는 세상에서도 불신앙을 고집하던 사람들을 심판하실 것입니다. 그리고 이 세상에서 신자라고 불렸으나 창조의 목적을 거스르며, 육욕을 좇으며 살았던 사람들을 심판하실 것입니다. 예수 그리스도께서는 하나님의 대리자로서 당신의 탁월한 위엄과 존영(尊榮) 아래에서 일체의 공정하심으로 그들의 행위를 따라 갚을 것이니, 심판받는 당사자들뿐 아니라 천사들과 악한 영들과 사단과 천상과 지상의 모든 성도들이 함께 지켜볼 것입니다. 모든 세상의 헛된 영광은 검불처럼 타서 없어지고 오직 그리스도의 영광만이 온 땅과 하늘 위에 충만할 것이며, 그 위엄 앞에서 성도들은 즐거워할 것입니다. 하나님께서 신자를 구원하신 것은 그로 하여금 온전히 하나님의 성품을 따라 삶으로써 창조의 본래 목적을 이루게 하기 위함입니다.[96]

IV. 자기 부인의 두 측면

자기 부인은 소극적인 측면과 적극적인 측면으로 나누어지는데 소극적인 측면은 자기 깨어짐의 직접적인 원인이 되고, 적극적인 측면

---

[96] 그래서 존 칼빈은 우리가 구원받은 의미에 대해 다음과 같이 말한다. "중생의 목표는 우리가 말한 바와 같이 하나님의 의로우심과 신자들의 순종 사이에 하나님의 완벽한 조화와 일치를 성도들의 생활 속에서 입증하는 일이며, 그리하여 그들이 자녀로서 받아들여졌다는 양자됨을 확증하는 것이다." 김재성, 「성령의 신학자 존 칼빈」, (서울; 생명의말씀사, 2004). p.111.

은 자기 깨어짐의 결과로서 맺히는 삶의 열매라고 할 수 있습니다.

A. 소극적 측면 : 이성의 추론과 욕망의 거부

먼저 숙고할 것은 자기 부인의 소극적인 측면입니다. 자기 부인은 부패한 육신의 욕망과 그것의 장본인인 자기 안에 있는 옛 성품에 대한 총체적이고 의지적인 거부입니다. 자기 부인의 소극적인 측면은 두 가지로 나타납니다. 부패한 이성의 추론을 거부하는 것과 육욕적 욕망을 거부하는 것입니다.

1. 부패한 이성의 추론을 거부함

자기 부인은 부패한 이성의 추론을 부인하는 것입니다. 자기를 부인하지 않던 때에는, 권위로 주어지는 하나님의 계시를 신뢰하기보다는 부패한 욕망에 의하여 좌우되는 자신의 이성의 부패한 추론을 더 신뢰하였지만, 죄를 확신한 후에는 그러한 추론의 결과가 자기를 속여 이렇게 비참한 상태에 이르게 하였다는 것을 인정하고, 그렇게 부패한 이성의 추론보다 하나님의 권위로 주어진 계시를 더욱 신뢰하게 되는 것입니다.[97]

---

[97] 이성과의 관계를 가지고 본다면, 계시는 하나님의 이성으로 추론이 가능한 것인데, 아직 이성적으로 그것을 추론할 능력이 모자라는 인간에게 하나님의 권위로써 뒤집힐 수 없도록 주어진 '공리적 명제'(公理的 命題, axiom), 곧 진리이다. 그것을 정당한 이성의 추론으로 이해할 수 있기까지, 우선 하나님의 선하심을 믿는 믿음으로 자신의 모자라는 이성의 능력으로 추론하여 입증할 수 없는 공리적 명제를 받아들일 것이 요구된다. 그렇게 함으로써 인간은 그 공리적 명제로서의 진리를 수납하는 가운데 보다 상위에 있는 사실들을 오류없이 이성적으로 추론해 갈 수 있으니, 믿음은 반지성적이거나

이 때 신자는 이성의 추론을 기초로 태도를 바꾸는 것이 아니라, 오히려 하나님께 대한 신뢰와 사랑을 바탕으로 자기가 알지 못하는 사실을 믿음으로 받아들입니다. 다시 말해서 오류투성이인 옛 본성의 영향을 받는 불확실한 이성의 추론보다 계시라는 수단을 사용하여 권위로 주어진 '공리적 명제'(公理的 命題, axiom)인[98] 진리들을 하나님 자신의 선하심을 의지하여 받아들이는 것입니다. 이는 마치 자기가 가 보지 않은 곳에서 일어난 일에 대한 풍문에 떠도는 소식들은 별로 믿지 않았지만, 자신이 신뢰할 수 있는 사람의 목격담을 통해서는 그 소식들이 사실임을 믿고 그것을 기초로 다른 판단을 하는 것과 같은 이치입니다. 자기 부인의 의지적 작용은 이처럼 이성의 추론보다 하나님의 말씀인 진리를 더욱 신뢰하게 합니다.[99]

탈지성적인 행동이 아니라, 참으로 지성적인 행동에 속하는 것이다. 그러므로 믿음은 알지 못하는 무지한 자들의 이성적 추론의 기피가 아니라 지혜 있는 자의 이성적 추론의 한 방식이라는 역설적 결론에 도달하게 된다. 이러한 사실은 다음 성경 구절에서도 명백하다. "그때에 예수께서 대답하여 가라사대 천지의 주재이신 아버지여 이것을 지혜롭고 슬기 있는 자들에게는 숨기시고 어린 아이들에게는 나타내심을 감사하나이다"(마 11:25). "예수께서 대답하여 가라사대 바요나 시몬아 네가 복이 있도다 이를 네게 알게 한 이는 혈육이 아니요 하늘에 계신 내 아버지시니라"(마 16:17).

[98] 여기서 공리적 명제라는 것은 제한적인 현재의 이성으로는 논리적으로 추론하여 도달할 수는 없지만, 뒤집힐 수 없는 권위로 주어지는 '불변하는 진리'를 가리킨다. 원래 명제(these)는 반명제(反命題, anti-these)에 의하여 뒤집힐 수 있는 것인 반면에 공리적 명제는 뒤집힐 수 없는 명제라는 점에서 차이가 난다. 따라서 모든 진리는 공리적 명제이다.

[99] '순수지성'(純粹知性, νοῦς καθαρός, pura mens)이란 곧 '사물에 대한 참된 인식 능력'을 가리킨다. 인간의 '인식능력'(認識能力, γνωριστικόν)은 언제나 자신의 감각(感覺)과 사물(事物)의 표상으로 말미암아 인식하는 대상의 실체(οὐσία)를 바로 인식함에 방해를 받는다. 순수지성은 사물을 관상(觀想)함에 있어서 그러한 감각과 표상에 붙잡히지 않은 지성을 가리킨다. 인간은 바로 이 순수지성으로써 진리(ἀλήθεια)를 볼 수 있다. 순수지성으로써 진리를 파악하는 일에 있어 가장 큰 어려움은 욕정에 빠지는 삶과, 실재와 합치하지 않는 사물들의 표상이다. "진리를 포착함에 있어서 욕정에 굴복된 삶과 감각적 사물들에 대한 거짓된 영상(映像)들보다도 더 방해되는 것은 없는데, 그 영상들은 우리에게 이 감각적인 세상에 의해서 육체를 통해 새겨져서 다양한 억지 의견들을 만들어 내며…"(ad quam percipiendam nihil magis impedire quam uitam libidinibus deditam et falsas

따라서 올바른 이성적인 추론을 위해서는 믿음이 필요하고, 믿음을 위해서는 이성적인 추론이 필요하다는 결론에 이르게 됩니다. 그리고 성경은 그러한 믿음과 추론의 근거가 됩니다.

2. 부패한 육신의 요구를 거부함

또한 자기 부인은 부패한 육신의 요구를 부인하는 것입니다. 파괴되어야 할 자기 사랑에서 비롯되는 육적 자아의 부패한 욕구들을 부인하는 것입니다. 성령의 조명과 이어지는 죄의 확신, 그리고 이어지는 이성적 추론을 통하여 부패한 욕구가 도덕적으로 옳지 않다고 판단하고, 그것을 따라 살았을 때 자신의 영혼과 삶에 미치게 될 불행한 결과를 미리 파악하고 의지적으로 그 욕구에 순응하기를 거절하는 것입니다. 사도 바울은 이러한 자기 부인의 원리에 대하여 이렇게 말합니다. "땅에 있는 지체를 죽이라" (골 3:5 상).

a. 욕망이 죄의 실행으로 발전하는 경로

마음의 욕망이 죄의 실행으로 나타나는 경로에 대하여 성경은 다음과 같이 말합니다. "오직 각 사람이 시험을 받는 것은 자기 욕심에 끌

---

imagines rerum sensibilium, quae nobis ab hoc sensibili mundo per corpus impressae uarias opiniones erroresque generarent…). Avrelivs Avgvstinvs, *De Vera Religione*, in *Corpvs Christianorvm Series Latina; Avrelii Avgvstini Opera*, (Tvrnholti; Typographi Brepols Editores Pontificii, 1992), p.224; 이러한 이유로 어거스틴은 '이성의 추론' (*ratiocinatio*)을 통한 인식보다는 변증(辨證, 디아렉티케, διαλεκτική)에 의한 순수지성의 직관(直觀)을 훨씬 신뢰할 수 있는 것으로 보았다. 그러나 그는 이러한 순수이성의 직관을 위해서는 내적 조명이 필요하다고 보았다.

려 미혹됨이니 욕심이 잉태한즉 죄를 낳고 죄가 장성한즉 사망을 낳느니라"(약 1:14-15). 이것은 최소한 일곱 가지의 사실을 가르쳐 줍니다.

그것은 다음과 같습니다. 첫째로, 신자 안에 죄에 대한 욕망이 존재한다는 것을 보여줍니다. '자기 욕심'이라는 말이 이 사실을 입증합니다. 존 오웬이 지적하는 바와 같이 유혹은 우리 안에 이미 있는 것을 끌어낼 뿐입니다. 우리 안에 죄에 대한 욕망이 없다면 어떠한 유혹도 우리를 죄짓게 하지 못하는 것입니다. 둘째로, 환경에 의해 내재하는 욕망이 자극을 받게 된다는 사실을 보여줍니다. '끌려'라는 표현이 함의하고 있는 바가 그것입니다. 셋째로, 욕망의 자극을 통해 생각이 본연의 기능에서 이탈함을 보여줍니다. 이것은 죄의 속이는 작용이 성공한 것을 보여줍니다. 넷째로, 의지의 동의하에 욕망을 품음으로써 죄에 굴복함을 보여줍니다. '잉태한즉'이라는 표현이 가리키고 있는 바입니다. 다섯째로, 욕망이 외적인 실행으로 옮겨짐으로 죄가 산출됨을 보여줍니다. '낳고'라는 말이 그 사실을 보여줍니다. 여섯째로, 산출된 죄는 거기서 멈추지 않고 성상하여 신자를 지배하게 됨을 보여줍니다. 죄의 지배가 신자 안에 강화된 욕망의 부추김으로 성취된다는 것은 부인할 수 없는 사실입니다. 일곱째로, 그 죄는 결국 신자를 영적인 죽음으로 데려간다는 것입니다. '사망을 낳느니라'라는 표현이 지시하는 바가 그것입니다.

b. 근원인 욕망을 죽임

많은 신자들이 자신을 죄의 자리에 두고서 하나님의 도움을 구합니다. 욕망을 따라서 죄의 자리로 점점 더 이끌리면서, 시험에 넘어지지 않도록 도와 달라고 기도합니다. 그래서 많은 기도는 진실성이 없는 거짓이 되고, 그가 드리는 기도의 향불에는 하나님의 은혜에 대한 갈망과 죄에 대한 갈망이 함께 타올라 하나님이 받으실 수 없는 기도가 되고 맙니다. 혹시라도 하나님이 은혜를 주시면, 그것은 거룩한 삶을 살게 하는 데 사용되지 않고, 내면에서 구정물처럼 올라오고 있는 욕망을 힘겹게 억누르는 데에 소진됩니다. 그러나 그렇게 해서는 결코 죄를 이길 수 없습니다. 왜냐하면 그가 이미 죄와의 싸움에서 충분히 불리하도록 자신을 욕망에 내어주었기 때문입니다.

그러므로 신자가 진정으로 죄를 이기기를 원한다면 환경이 그를 유혹하기 전에, 생각이 이탈하기 전에, 의지가 동의하여 욕망을 잉태하기 전에, 자기 안에 내재하는 부패한 욕망을 발견하고 그것을 주의하여야 합니다. 그렇게 한다면, 내재하는 죄의 잔존에도 불구하고 자기를 부인하는 신자의 영혼과 삶에는 생명이 넘칠 것입니다.

B. 적극적 측면 : 자기 사랑을 비움

적극적인 측면에서 자기 부인은 자기 사랑을 비우는 것입니다. 그렇게 함으로써 이웃을 사랑하는 것입니다. 이것은 인간 사회의 도덕적인 질서를 따른 사랑이 아니라, 자기 안에 있는 욕망을 부인한 결과로 생겨나게 되는 지순(至純)의 사랑에 의한 이웃 섬김입니다. 신자가 자기 사랑을 부인하고 나면 그렇게 부인한 만큼 하나님을 사랑하게 됩니다. 왜냐하면 인간의 사랑은 그 대상이 하나님 아니면 자기 자신 뿐이기 때문입니다.[100]

자기 사랑을 비운 신자의 마음에는 언제나 하나님을 향한 지순의 사랑이 자리합니다. 그리고 그렇게 자기를 부인한 신자의 마음에 생겨나는 이웃을 향한 사랑은 하나님을 향한 사랑과 완벽하게 일치합니다. 왜냐하면 하나님 자신에 대한 신자의 사랑은 곧 이웃의 영혼 안에 있는 하나님의 형상을 향한 사랑과 하나이기 때문입니다.

그러므로 여기서 우리는 신자가 하나님을 사랑하는 것만큼만 사람을 사랑할 수 있다는 명제에 도달하게 됩니다. 신자의 이웃을 향한 사랑은 하나님 자신에 대한 사랑 안에 있고, 하나님을 향한 사랑은 이웃 사랑 안에서 입증됩니다. 이것이 바로 자기 깨어짐에 이르게 되는 신자의 자기 부인의 적극적인 측면입니다. 이러한 사랑을 통하여 온 세상의 사람들이 삼위 안에 있는 거룩한 지순의 사랑으로 교통하게 되는 것이 바로 신자의 존재 목적입니다.101)

이처럼 신자가 자기 사랑을 비우고 꾸밈 없이 하나님을 사랑함으로써 이웃을 사랑하기에 이르는 것이야말로 진정으로 신자 자신을 사랑하는 것이 됩니다. 왜냐하면 그렇게 정위(正位) 된 삶의 자리 안에서만 신자는 진정으로 행복해질 수 있기 때문입니다.

---

100) 인간의 사랑의 대상은 오직 둘뿐이다. 궁극적으로 인간은 하나님 자신을 사랑하든지 자기 자신을 사랑하든지 둘 중 하나이지 제3의 것을 사랑할 수 없다. 혹시 다른 것을 사랑한다 할지라도 그것은 하위의 사랑의 대상일 뿐 궁극적인 사랑의 대상은 오직 하나님 또는 자기 자신이다. 다른 것들에 대한 사랑은 이 두 사랑이 나타나는 모습일 뿐이다. 결국 덕(德)이라고 하는 것도 '사랑의 질서' (ordo amoris)에 불과하다. 사랑의 질서의 중심이 인간 자신이면 악덕(惡德)이 되는 것이고, 창조주 하나님이시면 미덕(美德)이 되는 것이다.

101) 존재와 거기로부터 흘러나오는 삶의 일치는 하나님께서 이 세상을 창조하신 원리이기도 하고, 중생을 통하여 인간의 영혼을 재창조하시는 행위와 유비(類比)를 이루는 것이기도 하다. "그의 열매로 그들을 알지니 가시나무에서 포도를, 또는 엉겅퀴에서 무화과를 따겠느냐"(마 7:16). "이와 같이 좋은 나무마다 아름다운 열매를 맺고 못된 나무가 나쁜 열매를 맺나니 좋은 나무가 나쁜 열매를 맺을 수 없고 못된 나무가 아름다운 열매를 맺을 수 없느니라"(마 7:17-18).

자기 부인

한·눈·에·보·는·6장

I. 죄의 확신과 자기 비판
　　_ 죄의 확신을 통해 신자는 전인격적 자기 비판에 동참하는데, 이 자기 비판은 사변적 지성이 아니라 실천적 지성에 기초함

II. 자기 부인의 성격
　A. 전망적 사실의 현재화 : 죄의 확신에 기초한 미래지향적 가치의 현재적 실천
　B. 거부하는 의지의 작용 : 자유에 대한 갈망에 기초한 실천적이며 적극적인 작용
　　1. 자기 부인의 의지적 성격
　　　_ 성령의 의도를 믿고 그 뜻에 순종하는 신자의 의지적 참여 없이는 자기 깨어짐에 이르지 못함
　　2. 의지가 거부하는 내용
　　　_ 환경의 거부 : 죄를 짓게 만들었던 환경에 대한 의지에 거부. 신자의 자기 사랑은 죄에 대한 사랑으로 나타나고 죄에 대한 사랑은 죄의 즐거움을 누리기에 적합한 환경에 대한 집착으로 나타남
　　　_ 속박의 거부 : 죄로 말미암아 당하게 되는 내적인 속박에 대한 의지적인 거부. 이것은 내적 어두움으로부터의 자유이며, 동시에 사단의 역사로부터의 자유임
　　　_ 독립의 거부 : 허무인 악을 좇아 없는 것을 열애하였던 자기에 대한 의지적 불신. 이 의지의 작용은 소극적으로는 자기 불신, 적극적으로는 하나님께 대한 의존으로 나타남
　C. 자유에 대한 갈망 : 죄로 말미암아 도래하게 된 내적 속박의 거부. 모든 부자유와 속박의 원인이 죄라는 사실을 깊이 인정하고 하나님의 용서를 갈망함

III. 자기 사랑의 허무함
　A. 하나님께 대하여 : 자기 사랑은 구원 계획의 배향이며 혼인 언약의 파기임
　B. 창조세계와 다른 사람들에 대하여 : 자기 사랑은 신자로 하여금 이 세상에서의 사명을 외면하게 함
　C. 자신에 대하여
　　　_ 삶의 허무 : 실재하지 않는 악을 위하여 창조의 목적인 선을 버리는 허무
　　　_ 영혼의 고통 : 하나님과의 교제가 끊어진 인간은 현세에서 추루한 존재로서의 고통스러운 삶을 살며, 내세에서도 최후 심판으로 인한 영원한 고통을 당함

IV. 자기 부인의 두 측면
   A. 소극적 측면 : 이성의 추론과 욕망의 거부
      1. 부패한 이성의 추론을 거부함
      2. 부패한 육신의 요구를 거부함
      _ 욕망이 죄의 실행으로 발전하는 경로 : 죄에 대한 욕망 ⇨ 환경에 의한 욕망의 자극 ⇨ 생각이 본연의 기능에서 이탈 ⇨ 죄에 대한 굴복 ⇨ 죄의 산출 ⇨ 죄의 성장으로 인한 죄의 지배 ⇨ 영적인 죽음
      _ 근원인 욕망을 죽임 : 진정으로 죄를 이기기 원한다면 환경이 유혹하기 전에 미리 자신 안에 내재하는 부패한 욕망을 발견할 수 있어야 함. 죄의 본질과 작용과 계획을 미리 알고 그 모든 움직임을 의지적으로 거부할 때, 생명력 넘치는 자기 부인의 삶을 살 수 있음
   B. 적극적 측면 : 자기 사랑을 비움

자기 깨어짐
DE PAENITENTIA

자기 깨어짐이란 죄에 대한 사랑과 거기에 기반을 둔 자기의에 대한 신뢰가 파괴되는 것으로,
곧 하나님의 뜻을 거스르는 본성의 파괴를 의미합니다.

제 7 장

자기 심판과 자기 처벌

"자기 심판과 자기 처벌은 자기 부인의 의지로써 자신의 죄를 변호하려는 부당한 자기 사랑을 누르고, 영혼의 다른 기능들의 도움을 받아 객관적으로 자기를 심판하고 처벌함으로써 죄를 향한 옛 자아를 죽이는 것이다."

_김남준

제 7 장

자기 심판과 자기 처벌

자신의 죄를 확신한 신자 안에서 일어나는 자기 심판과 처벌의 전 과정은 자기 부인과 구별되는 또 다른 과정이 아닙니다. 이것은 오히려 자기 부인의 구체적인 실천 과정입니다. 자기 부인의 의지로써 영혼의 다른 기능들의 도움을 받아 자신의 죄를 변호하려는 또 다른 부당한 자기 사랑을 누르고, 객관적으로 자기를 심판하고 처벌함으로써 죄를 보호하는 옛 자아를 죽이는 것이기 때문입니다.[102]

---

[102] 하나님께서는 인간에게 만물을 주셨지만, 그것은 궁극적으로 하나님을 즐거워함(*frui*)에 이르기 위한 도구로서 사용함(*uti*)을 위하여 주신 것이다. 인간의 비극은 이 수단과 목적을 전도(顚倒)하는 데 있다. 인간의 모든 타락이 여기서 비롯된다. 인간의 즐거움의 원천은 오직 하나님 자신이며, 다른 대상에서 그것을 찾는 것은 그 자체가 죄이며, 삶 속에서 더욱 진리를 버리지 않을 수 없게 하여 진실을 좇는 삶을 불가능하게 한다. 궁극적으로 즐거워함의 대상인 하나님을 사용하고, 단지 거기에 이르도록 사용함에 공여되어야 할 사물들을 사랑하게 될 때 인간은 필연적으로 전도(顚倒)된 사랑의 질서 안에서 살게 된다. 그러한 전도된 사랑의 질서(*ordo amoris*)를 따라 사는 것은 창조 목적인 선을 거절하고 악을 좇는 삶인데, '악'(惡)은 실재가 아니니, 좇기는 하지만 다다를 수 있는 목표가 아니다. 이런 전도된 사랑의 질서를 가지고 사는 사람의 욕망은 또 다른 사랑의 질서를 가지고 사는 다른 사람들의 욕망과의 충돌 속에서 억압과 배척을 경험한다. 따라서 사람 안에 있는 전도된 사랑의 질서는 권력을 지향한다. 이는 그것을 다른 사람에게까지 강요하여 거짓되게 구축된 자신의 사랑의 질서

자기 깨어짐을 통한 신자 안에 있는 옛 본성의 죽음은 이런 식으로 이루어지며, 그 죽음 안에서 자기 사랑도 죽게 됩니다.

I. 성령의 조명과 양심

　성령의 조명으로 말미암아 새롭게 된 생각은 죄를 올바르게 인식하게 합니다. 이러한 죄의 인식은 필연적으로 그것을 죄라고 판단하게 해주는 기준에 대한 의식을 동반합니다. 성령의 조명으로 말미암아 인간이 인식하게 되는 죄의 깊이는 하나님의 엄위하심과 엄격하심에 대하여 의식하는 깊이에 비례합니다. 그리고 하나님의 엄위와 엄격하심에 대한 인식은 자신의 영혼의 상태와 삶을 판단하는 율법에 대한 인식과 일치합니다. 양심은 이러한 율법을 사용하여 신자 자신을 하나님의 법정에 세우고 심판합니다.

　신자 안에 있는 죄의 탁월한 작용은 속임입니다. 양심의 임무는 영원무궁토록 살아있는 하나님의 말씀인 율법이 지시하는 바에 따라 자기의 마음과 행동의 시비(是非)를 판단하고 송사하는 것입니다. 그러나 신자의 영혼 안에 있는 죄는 이러한 판단을 하지 못하도록 신자의 지

를 다른 사람에게 강요할 수 있기 위해서는 힘이 필요하기 때문이다. 오늘날 악한 인간들 속에서 볼 수 있는 이 치열한 경쟁은 대부분 그 권력을 얻고자 하는 인간들의 몸부림을 반영한다. 거기서 인간은 자신을 창조하신 하나님의 목적을 떠나 아름다운 대신 추루(pravis)한 존재가 되며, 탁월한 대신 무가치한 존재가 된다. 많은 사람들은 그렇게 살면서도 자신이 행복할 수 있으리라고 믿으며, 그것을 추구한다. 복음전도는 그것이 불가능하다는 것을 알려주어 그리스도로 말미암아 창조주이신 하나님께로 돌아가는 참된 행복의 길을 보여주기 위하여 존재하는 것이다. 아아, 우리 그리스도인들은 얼마나 많이 '참된 지혜자'(verus philosophus)가 되어야 하겠는가.

성을 오염시킵니다. 그래서 율법을 인식하고 양심의 도움을 받아 죄책감을 느껴야 할 개별적인 죄에 대하여 죄책감을 느끼지 못하게 합니다. 그러나 성령의 조명은 본성적으로 내재되어 있던 양심의 기능을 일깨워 자기 심판에 이르게 합니다. 이 때 신자 자신이 자각한 죄에 대하여 판단하는 율법과 발견한 죄에 대하여 반응하는 인간의 영혼과 마음에 대하여 가르쳐 주는 복음의 교리들을 올바르게 알고 있다면 양심은 그를 자기 깨어짐에 이르도록 바르게 기여합니다. 그러나 그렇지 못할 때, 양심은 바르지 못한 죄책감으로 인하여 용서하시는 하나님 앞에 나아가지 못하도록 가로막거나(마 27:4-5),**103)** 죄책에 대한 보상으로 정당한 참회가 아닌 다른 보상적 행동을 택하기도 합니다(시 51:16).**104)**

II. 자기 심판

성령의 조명을 통해 죄를 확신한 신자는 자기를 하나님의 법정에 세우게 됩니다. 거기서 율법과 양심을 따라 자기의 죄에 합당한 처벌을 선고하게 되는데, 이는 죽음에 대한 확신으로 나타납니다. 다시 말

---

103) 이러한 교리적 사실은 가룟 유다의 후회와 죽음에서도 나타난다. 양심의 가책은 있었으나 죄에 대한 진실한 참회에 이르지 못한 것이다. "가로되 내가 무죄한 피를 팔고 죄를 범하였도다 하니 저희가 가로되 그것이 우리에게 무슨 상관이 있느냐 네가 당하라 하거늘 유다가 은을 성소에 던져 넣고 물러가서 스스로 목매어 죽은지라" (마 27:4-5).
104) 다윗이 우리야의 아내와 범죄한 후 자신의 죄를 뉘우치고, 새로운 헌신을 다짐하는 제사로써 죄의 문제를 해결해 보려고 마음 먹은 적이 있음을 암시하는 내용이 참회시에 나온다. "주는 제사를 즐겨 아니하시나니 그렇지 않으면 내가 드렸을 것이라 주는 번제를 기뻐 아니하시나이다" (시 51:16).

해서 자신의 죄에 대하여 죽음이 마땅하다는 판결을 자신에게 내리게 됩니다. 이러한 자기 심판은 신자 자신을 죄인의 유일한 희망인 그리스도의 십자가 앞으로 데려갑니다. 이러한 교리적 사실을 이해하기 위해서는 다음 사항을 숙고하여야 합니다.

A. 자기에 대한 유죄선고

자기 심판은 자기에 대한 유죄선고입니다. 여기서 '자기'란 신자의 부패한 옛 본성을 가리키는 것이며, 자기 깨어짐의 대상이 되는 '자아'를 가리킵니다. 자기 부인이, 창조 목적을 거슬러 살게 하는 자기 사랑에 대한 의지적 거부라면, 자기 부인의 과정 안에 있는 자기 심판은 구체적으로 자신을 하나님의 법정에서 유죄로 판결내리는 것입니다.

하나님이 최고의 선이신데도 불구하고, 다른 것들을 사랑하는 것은 하나님이 최고 가치이심을 부인하는 것입니다. 이것은 창조주이시며, 최고 진리이신 하나님 자신의 판단보다는 자신의 판단을 믿는 것입니다. 인간의 모든 고통은 여기서 비롯되는 것이니 이로 인하여 실제로 존재하는 질서가 아닌 자기가 원하는 질서를 따라 사랑함으로써 오는 혼란과 고통들입니다. 자기 부인의 의지 안에서 조명을 통해 드러난 죄의 확신을 통해 마치 자신을 또 하나의 다른 사람인 것처럼 심판하게 되는데, 신자는 이를 통하여 자기 깨어짐에 이르게 됩니다. 이렇게 함으로써 하나님을 배향하였던 신자는 자신의 전일성을 회복하고 거룩한 신자로 성화되어 갈 것입니다.[105)]

B. 양심과 자기 심판

자기 심판은 양심과 관계가 있습니다. 자기 깨어짐에 이르게 하는 신자의 자기 처벌이 있기 전에는 먼저 죄를 사랑한 자신에 대한 스스로의 심판이 있습니다. 그리고 이것은 죄를 인식한 데 따르는 양심의 작용입니다. 양심은 본래 죄를 판단함으로써 정죄하고 송사하는 기능을 갖습니다. 자기 심판과 관련하여 이러한 교리적 사실을 이해하기 위해서는 다음 사항들을 숙고하여야 합니다.

1. 양심의 기능

먼저 숙고할 것은 자기 심판에 작용하는 양심의 기능입니다. 양심은 하나님의 판단과 관계가 있습니다. 그래서 윤리학자들은 양심의 근원을 말할 때, 소위 '양심신성설'(良心神聖說)을 주장하기도 합니다. 양

---

105) 이에 대하여 어거스틴은 이렇게 말한다. "그러나 만일 인간들이 인생의 경주에서, 사멸할 것들을 향유함으로써 자기 자신을 해롭게 돌보던 욕망들을 극복한다면, 또한 만일 자기가 그 욕망들을 극복해 내는 때에도 자신이 힘으로 된 것이 아니라 오직 하나님의 은총을 힘입어 그렇게 된다는 것을 믿는다면, 그는 지성과 선한 의지로 하나님을 섬기는 가운데 그의 영혼은 의심 없이 다시 사는 것을 볼 것이며, 많은 가변적인 사물들로부터 불변의 일자(一者, unum incommunitabile)에게로 돌아서게 되며, 지혜를 통하여 형성되지는 않았으나, 만유가 그분을 통해 형성된 지혜를 통해 재형성됨으로써, 하나님의 선물이신 성령을 통해서 하나님을 향유하기에 이를 것이다."(*Si autem, dum in hoc stadio uitae humanae anima degit, uincat eas, quas aduersum se nutriuit, cupiditates fruendo mortalibus et ad eas uincendas gratia dei se adiuuari credat mente illi seruiens et bona uoluntate, sine dubitatione reparabitur et a multis mutabilibus ad unum incommutabile reuertetur reformata per sapientiam non formatam, sed per quam formantur uniuersa, frueturque deo per spiritum sanctum, quod est donum dei*). Avrelivs Avgvstinvs, *De Vera Religione*, in *Corpvs Christianorvm Series Latina; Avrelii Avgvstini Opera*, (Tvrnholti; Typographi Brepols Editores Pontificii, 1992), p.202.

심은 '인간 안에 있는 하나님의 목소리'라는 것입니다. 우리가 지성과 총명, 혹은 '오성'(悟性, intellegentia)을 사용하며 사물을 지각할 때 그 사물을 알게 됩니다. 마찬가지로 우리가 행한 어떤 일에 대하여 스스로 하나님의 판단을 의식할 때 이러한 판단 의식이 우리의 지각에 증인처럼 달라붙어 있어서 우리가 죄를 감추지 못하도록 하나님 앞에 우리를 고발하는데, 이 의식을 양심이라고 부릅니다.[106]

자기 죄를 회개함에 있어서 양심의 기능이 필요함은 두말할 여지가 없습니다. 사회적으로 양심은 자기를 다른 사람들의 판단에 내어 맡기는 자연적인 능력을 의미하기도 합니다. 그러나 우리를 참된 회개로 이르게 하는 양심의 기능은 그 이상입니다. 그것은 자신이 지은 죄가 하나님 앞에서 악이라는 사실을 판단하는 것이기 때문입니다.[107]

---

[106] John Calvin, *Institutes of the Christian Religion*, vol. 2, translated by Henry Beveridge, (Grand Rapids; William B. Eerdmans Publishing Company, 1981 reprinting), p.415; David Dickson, *Therapeutica Sacra, shewing briefly the method of healing the diseases of the conscience, concerning regeneration*, written first in Latine by David Dickson and thereafter translated by him, (Edinburgh; Printed by Evan Tyler, Printer to the King's most Excellent Majesty, 1664), p.2.

[107] 그렇다면 여기서 타락한 인간의 양심을 어느 정도까지 신뢰할 수 있느냐의 문제가 제기된다. 결론부터 말하자면 양심은 죄인을 하나님 앞으로 세우기에는 충분한 기능을 가지고 있다. 타락한 인간의 양심은 타락한 지성과 유사하다. 타락하였지만, 실재론적으로 지성의 기능이 상당 부분 건재하듯이 타락한 후의 양심도 그러하다. 타락한 인간의 양심은 타락하기 전에 비해 두 가지 점에서 불리한 위치에 있다. 첫째로는, 실재에 있어서 양심의 기능은 타락으로 말미암아 상당부분 손상을 입었다는 것이다. 지성의 기능이 타락으로 말미암아 상당 부분 실재적으로 손상된 것과 같다. 둘째로는, 기능에 있어서 양심의 기능은 인간의 타락으로 말미암아 생겨난 부패성의 침투로 인해 영혼 자체와 함께 전일성(全一性)을 상실하게 되었다. 예를 들어서 양심의 조절 작용이 깨어짐으로 죄의 크기에 대하여 공정하게 작용하지 않는 것이 바로 그 예이다. 즉 양심이 큰 죄에 대하여는 크게 가책을 느끼고 작은 죄에 대하여는 작게 가책을 느껴야 함에도 불구하고 그러한 조절 작용이 뒤집혀서 큰 죄를 짓고도 양심의 가책을 조금밖에 느끼지 않거나 아주 작은 죄를 짓고서도 엄청나게 큰 가책을 느껴서 절망하는 것 같은 것이 바로 그러한 경우이다. 이러한 현상은 단지 양심이라는 기능의 실재에 있어서 손상뿐만 아니라 부패성의 영향과도 관련이 있는 것이다. 특히 전일성을 상실한 양심 기능의 이상(異常)은 죄의 속임

2. 두 종류의 죄에 대한 심판

또한 자기 심판을 행하는 대상에 대하여 생각해 보아야 합니다. 성령의 조명으로 죄를 인식하고, 그것이 죄라는 사실을 확신하고, 또 그렇게 죄를 짓게 한 자기 사랑을 부인하게 되면, 자기 사랑의 주체인 자기를 심판하게 됩니다. 이것은 크게 다음과 같이 두 가지 방향으로 이루어집니다.

a. 실행된 죄에 대하여

첫째로, 이미 실행된 죄에 대한 자기 심판입니다. 조명하시는 성령의 작용을 통한 죄에 대한 확신은 항상 제일 먼저 이미 실행된 개별적인 죄에 대한 가책을 가져옵니다. 이 경우 자신의 범죄로 인하여 초래하게 된 하나님의 불명예와 범죄의 결과로써 이르게 된 자신의 비참한 처지에 대한 슬픔을 동반하게 됩니다. 이러한 슬픔을 통하여 신자는 자신의 죄에 대한 공정한 생각을 갖게 되어 하나님의 판단을 그대로 받아들이게 됩니다(시 51:4).[108] 개별적인 범죄에 대한 숙고는 그로 하여금 그러한 개별적인 범죄의 뿌리인 자신 안에 있는 경향성으로서

과 깊은 관련이 있다. 죄의 속이는 작용은 영혼 전체를 속이는 데 성공한 결과 양심의 기능에 오류가 나타나는 것이다. 특히 지성을 속이는 것과 함께 오류가 나타나는 것이다. 그럼에도 불구하고 양심은 바른 양심의 빛이 있다면 죄인으로 하여금 자기의 죄인 됨에 절망하고, 하나님의 구원을 갈망하기에는 충분하다. 그러나 성경은 '양심에 화인 맞은 사람들'에 대하여 언급하는데, 이는 하나님의 심판으로서 죄인의 마음을 굳게 하심으로써 양심의 작용이 완전히 사라지거나 거의 사라지게 하시는 경우이다. "자기 양심이 화인 맞아서 외식함으로 거짓말하는 자들이라"(딤전 4:2). 그러나 이 경우는 불신자나 배교자에게만 해당되고 신자에게는 해당되지 않는다.

[108] "내가 주께만 범죄하여 주의 목전에 악을 행하였사오니 주께서 말씀하실 때에 의로우시다 하고 판단하실 때에 순전하시다 하리이다"(시 51:4).

의 죄를 보게 합니다. 그리고 자신이 하나님 앞에서 용서가 필요한 죄인이라는 사실을 고백하여 은총을 앙망하게 합니다.

b. 마음 안에 있는 죄에 대하여

둘째로, 아직 실행되지 않은 마음 안에 있는 죄의 욕망에 대한 심판입니다. 이는 아직 실행되지 않은 죄를 향한 부패한 욕망을 가진 자신에 대한 심판입니다. 하나님을 거스르는 악한 욕망을 보존하고 있는 책임이 자신에게 있음을 확인하고, 그것이 하나님을 배향하고 대적하는 것임을 인정하여, 그러한 욕심 자체를 마치 이미 범죄가 실행된 것처럼 책망하며 자기를 정당하게 정죄하는 것입니다.

마음속에 있어 아직 실행되지 않은 죄된 욕망을 마치 이미 범죄로써 실행된 것처럼 자신을 심판하는 방식으로 자기 처벌이 진행됩니다. 아직 산출되지도 않고 자신의 마음 안에 있는 죄를 이처럼 미워하고 심판하는 것은 죄를 확신하였기 때문입니다. 죄의 확신은 그동안 신자 안에 있는 죄의 속이는 작용으로부터 신자를 벗어나게 만들어 줍니다. 죄를 확신한 신자는 죄에 대한 절대적 판단을 따르기 때문에, 산출되지 않고 마음에 머물고 있는 죄와 이미 산출된 죄가 다른 것이라고 여기지 아니합니다. 죄를 확신할 때, 신자가 자기의 마음 안에 있는 죄를 그토록 통회하는 이유가 바로 그것 때문입니다. 이것은 그가 조명과 확신을 통하여 각성한 영혼으로 하나님 앞에 서 있기 때문입니다. 이러한 경험 안에서 신자는 죄를 선택한 자신을 심판하게 됩니다. 이 둘 중 어느 경우든지 양심을 통하여 심판이 이루어지고, 이 때 양심이 사용하는 도구가 율법입니다.[109]

조명하시는 성령의 인도를 받은 신자의 양심이 율법을 사용하여 죄에 대한 책임을 신자 자신에게 물음으로써 심판을 실행하는 것입니다.[110]

109) 존 칼빈은 율법을 두 가지 의미로 사용하였다. 종말론적 의미로 사용할 때 율법은 계시의 통일성을 강조하여 '구약'과 동의어이다. 그리고 신학적인 의미로 사용할 때에는 '심판의 말씀과 약속의 말씀', 곧 모세가 가르친 모든 교리로서 교훈, 보상, 정죄를 포함한다(롬 10:5). "율법으로부터 인간이 받는 것은 아무것도 없다. 하나님께서 인간에게 요구하시는 것은 정죄뿐이며, 율법은 그것을 수행할 아무런 힘도 주지 않는다. 그러나 복음으로 인하여 사람들은 중생하고 자신들의 죄 사함을 받고 하나님과 화해하며, 이로 인하여 의로움을 시행하고 생명을 얻는다." 김재성. 「성령의 신학자 존 칼빈」, (서울; 생명의말씀사, 2004), p.221; 존 오웬도 율법을 두 가지로 나누어서 생각하였다. (1)넓은 의미의 율법 : 이것은 '인간과 세상에 대한 하나님의 생각과 의지를 흠 없이 계시해 주신 총체'를 가리키는 것이다. 이것은 신약이 부정적으로 그리고 있는 율법이 아니다. (2)좁은 의미의 율법 : 그것은 '구약에서 완전한 복종을 위해 인간들에게 주어진 하나님의 규칙'을 뜻한다. 이것은 두 가지로 구성된다. ①에덴동산에서의 율법 : 하나님께서 동산 중앙에 두신 선악을 알게 하는 나무의 실과를 먹지 말도록 금지하신 율법이다. "선악을 알게 하는 나무의 실과는 먹지 말라 네가 먹는 날에는 정녕 죽으리라"(창 2:17). ②시내산에서 주어진 율법 : 여기에는 에덴동산의 율법에는 없었던 새로운 목적이 추가되었는데, 그것은 인간으로 하여금 스스로 율법을 지키기에 무능함을 깨닫게 하여 하나님의 구원 방법이신 그리스도께로 인도하고자 하신 것이다. 그래서 신약성경은 율법을 몽학선생으로 비유하였다. 이에 대한 상세한 논의는 다음 책들을 참고하라. 김남준. 「죄와 은혜의 지배」, (서울; 생명의말씀사, 2005), pp.247-258; John Owen, *A Treatise of the Dominion of Sin and Grace; wherein sin's reign is discovered, in whom it is, and in whom it is not; how the law supports it; how grace delivers from it, by setting up its dominion in the heart*, in *The Works of John Owen*, vol. 7, edited by William H. Goold, (Edinburgh; The Banner of Truth Trust, 1988 reprinting), pp.541-542; David Wai-Sing Wong, *The Covenant Theology of John Owen*, (Philadelphia; Westminster Theological Seminary; Ph. D. Dissertation, 1998), pp.214-215, 222-223; John Calvin, *Institutes of the Christian Religion*, vol. 2, translated by Henry Beveridge, (Grand Rapids; William B. Eerdmans Publishing Company, 1981 reprinting), p.366; Jonathan Edwards, "Sermon on Hosea 5:15," *Seventeen Occasional Sermons*, in *The Works of Jonathan Edwards*, vol. 2, revised and corrected by Edward Hickman, (Edinburgh; The Banner of Truth Trust, 1995 reprinting), pp.833-834; Ernest F. Kevan, *The Grace of Law; a study in Puritan theology*, (Morgan; Soli Deo Gloria Publications, 1997 reprinting), pp.119-130.

110) 존 오웬은 이것을 하나님의 의(義)에 의한 자기 정죄(self-condemnation)라고 부른다. 오웬의 성화론에 있어서 자기 정죄는 두 가지 요소로 구성된다. (1)자신을 미워함(self-abhorrency, or dislike) : 성령의 조명으로 자기의 죄를 깨닫게 되었을 때 범죄한 신자는 그러한 상태에 있는 자신을 기뻐하지 않고, 죄 가운데 있는 자신의 곤경과 그러한 상태에 대한 후회로 자신을 미워하게 된다. 여기에서 그는 죄를 사랑하고 죄와 하나 되었던 옛 자아와의 분리를 경험한다. 사도 바울이 고린도교회 교인들에게 있었다고 말한 경건한 슬픔이 바로 그러한 상태에서의 경험이다(고후 7:11). 고난 받던 욥이

III. 자기 처벌

회개는 참회라는 경험을 통하여 죄에 대한 심판을 자기 심판으로 받아들인 것입니다. 이러한 자기 심판을 통하여 신자는 자신이 지은 죄에 대해 하나님 앞에서 후회하는 고통을 겪게 되는데, 죄로 말미암아 이러한 내적인 고통을 겪게 되는 것을 자기 처벌이라고 합니다. 이때 신자의 내면에 말할 수 없는 고통이 수반됩니다. 이러한 교리적 사실을 이해하기 위해서는 다음 사항을 숙고하여야 합니다.

A. 고통의 선취적 경험

신자는 자기 처벌을 통하여 자기 처벌에 따르는 고통을 선취적(先取

하나님과의 논쟁을 접고 스스로 안식을 찾게 되는 지점도 바로 여기이다. 욥은 죄에 대해 자유롭고 총체적이며 솔직한 인정에 도달함에 따라(욥 20:4-5), 특별히 그렇게 죄 가운데 있는 자신에 대한 증오로 하나님을 향한 모든 저항을 포기한다. "그러므로 내가 스스로 한하고 티끌과 재 가운데서 회개하나이다"(욥 42:6). (2) 자기 심판(self-judgement) : 이것은 인간이 율법을 따라 자신 위에 유죄를 선고하는 것이다. 영혼은 범죄한 자신을 죄 자체에게뿐 아니라 율법에게로 데려옴으로써, 이러한 선고를 통하여 하나님의 완전한 의로우심을 인정하게 된다. 여기서 옛 자아는 정죄당하고, 죄인은 범죄한 자신과 용서하시는 하나님 사이에서 용서를 빌게 되는데, 여기서 죄에 대한 사랑에 관하여 깨어지게 되고 하나님을 온전히 의지하게 된다. 그리고 하나님의 용서를 경험함으로써 그러한 의존의 마음은 사랑이 된다. 따라서 하나님께 대한 의존의 마음과 순종, 용서해 주신 하나님께 대한 사랑과 죄에 대한 미움은 모두 하나로 연결된 것이다. 하나님께 대한 절대 의존의 감정은 사랑의 감정과 나뉘지 않는다. 사랑이 없는 절대 의존의 감정은 노예의 감정과 다를 바 없기 때문이다. 하나님의 의(義)에 대한 자기 정죄에 관하여는 다음을 참고하라. John Owen, *A Practical Exposition upon Psalm CXXX.; wherein the nature of the forgiveness of sin is declared; the truth and reality of it asserted; and the case of a soul distressed with the guilt of sin, and relieved by a discovery of forgiveness with God, is at large discoursed*, in The Works of John Owen, vol. 6, edited by William H. Goold, (Edinburgh; The Banner of Truth Trust, 1991 reprinting), pp.170-172.

(的)으로 경험합니다. 신자의 죄에 대한 심판은 다양한 형벌의 형태로 주어지는 것이 아니라, 항상 죽음으로 선고됩니다. 왜냐하면 신자의 죄에 대하여 예수 그리스도께서 다양한 형태의 형벌로 속죄해 주신 것이 아니라 오직 죽음을 통해서 그 일을 이루셨기 때문입니다. 죄를 확신하고 자기를 심판한 신자는 자기 처벌 안에서 자신이 지은 죄가 가져다 줄 비참한 고통을 선취적으로 경험하게 되는데, 그 고통의 경험은 다음과 같이 크게 두 가지로 요약됩니다.

1. 양심의 가책이 주는 고통

양심의 가책이 주는 고통은 자신의 죄로 인하여 맞이하게 된 비참한 상태에 대하여 느끼게 되는 고통입니다. 이러한 고통은 율법의 도움으로 이루어집니다. 자신이 미처 자각하지 못하던 고통을 양심의 각성을 통하여 느끼게 되기도 하고, 혹은 고통의 궁극적인 원인이 죄라는 사실을 알게 됨으로써 놀라움과 함께 고통이 가중되기도 합니다.[111] 이처럼 죄에 대한 인식은 필연적으로 양심의 가책을 불러오는데, 이것은 하나님의 엄위와 심판에 대한 인식을 동반하게 됩니다(요 16:8-11).[112]

---

[111] 자기 자신의 고통이 일반적인 섭리 가운데 일어나는 고통이라고 생각하는 것과 하나님이 자신의 죄에 대하여 심판하시기 때문에 일어나는 고통이라고 생각하는 것이, 물리적으로 그 고통을 증감시킬 수는 없어도 그것을 느끼는 두려움에 있어서는 각각 다를 것이니 경험적으로는 고통의 효과가 차이가 날 것이다.

[112] "그가 와서 죄에 대하여, 의에 대하여, 심판에 대하여 세상을 책망하시리라 죄에 대하여라 함은 저희가 나를 믿지 아니함이요 의에 대하여라 함은 내가 아버지께로 가니 너희가 다시 나를 보지 못함이요 심판에 대하여라 함은 이 세상 임금이 심판을 받았음이니라"(요 16:8-11). 이 성경 구절을 근

때로 죄에 대한 확신이 가져오는 고통은 마음과 영혼뿐 아니라 육체까지 이르게 됩니다. 이러한 경험에 대하여 경건한 시인은 이렇게 말합니다. "내 생명은 슬픔으로 보내며 나의 해는 탄식으로 보냄이여 내 기력이 나의 죄악으로 약하며 나의 뼈가 쇠하도소이다"(시 31:10). 또 다른 곳에서 시인은 고백합니다. "내가 토설치 아니할 때에 종일 신음하므로 내 뼈가 쇠하였도다"(시 32:3).113)

이 속에서 신자는 양심의 가책과 심판에 대한 두려움을 강력하게 느끼게 되고, 마치 그 모든 죄악을 자기 스스로 행한 것이 아닌 것처럼 소스라치게 놀라고 혐오감을 가지며 거기에서 멀어지고 그것에 대항하고자 합니다. 이것이 바로 성령의 조명으로 말미암아 죄에 대한 사랑과 자기의에 빠졌던 신자가 그것을 깨닫고 반응하는 최초의 움직임입니다.

거로, 프린스턴의 신학자 벤자민 워필드(Benjamin B. Warfield)는, 인간이 구원받기 위해서는 반드시 죄와 의, 그리고 하나님의 심판이 무엇인지를 알아야 한다고 말한다. 특별히 죄의 결과로서 그 위에 임하게 될 하나님의 심판의 엄위에 대하여 확신하지 않고는 구원받을 수 없다고 말한다. 그리고 이러한 죄에 대한 확신은 그리스도의 복음이 선포되는 곳에 성령께서 함께 하심으로써 생겨난다. Benjamin B. Warfield, *Faith and Life*, (Edinburgh; The Banner of Truth Trust, 1990 reprinting), p.127.

113) 이러한 사실은 시인의 다음 고백에서도 입증된다. "여호와여 내가 수척하였사오니 긍휼히 여기소서 여호와여 나의 뼈가 떨리오니 나를 고치소서"(시 6:2). "나는 물같이 쏟아졌으며 내 모든 뼈는 어그러졌으며 내 마음은 촛밀 같아서 내 속에서 녹았으며"(시 22:14). "내 생명은 슬픔으로 보내며 나의 해는 탄식으로 보냄이여 내 기력이 나의 죄악으로 약하며 나의 뼈가 쇠하도소이다"(시 31:10). "주의 진노로 인하여 내 살에 성한 곳이 없사오며 나의 죄로 인하여 내 뼈에 평안함이 없나이다"(시 38:3). "나로 즐겁고 기쁜 소리를 듣게 하사 주께서 꺾으신 뼈로 즐거워하게 하소서"(시 51:8). 죄의 확신에서 오는 이러한 고통스러운 경험은 율법의 정죄와 양심의 송사를 통해 이루어지는데, 참회자는 그 안에서 결코 평안을 얻을 수 없으니, 평안은 오직 복음 안에서 약속된 용서를 받아들임으로써 가능해진다.

2. 하나님의 마음을 느끼는 고통

또한 양심의 가책은 하나님의 마음을 느끼는 데서 오는 고통입니다. 신자는 자기 처벌의 과정에서 자신을 바라보며 아파하시는 하나님의 마음을 느끼는 고통을 경험합니다. 자신의 죄로 인하여 초래하게 된 하나님의 불명예와 그리스도의 사랑을 배반한 것에 대한 후회에서 비롯되는 고통입니다.

신자는 이러한 고통의 경험을 통하여 자기 심판을 통해 지정된 처벌이 실행되는 것을 경험하게 됩니다. 일반적으로 범죄한 신자의 마음에는 이미 내적인 고통이 시작됩니다. 그러나 자기 심판을 통하여 진실하게 참회하는 신자는 자신이 지은 죄에 대한 마땅한 형벌을 그리스도의 십자가의 죽음에서 봅니다. 이러한 고통은 율법만이 아니라, 오히려 복음을 통하여 이루어집니다.[114]

이 경험은 자신의 죄로 말미암아 자신이 당하게 될 심판이나 고통 때문에 아파하는 것이 아니라, 자신의 죄로 말미암아 하나님이 아파하시는 것을 마음에 전수받은 데서 오는 고통입니다. 이 고통 안에서 신자는 자신이 선택하여 지은 죄가 바로 예수 그리스도를 십자가에 못박은 죄라는 사실을 깊이 인식하게 됩니다.

---

[114] 이것은 참회의 복음적인 측면인데, 이는 율법적인 측면과 나뉘지 않는다. 다시 말해서 율법의 정죄를 통하여 하나님의 위엄과 정당한 진노를 의식하는 일이 없이는 참다운 복음적 회개에 이를 수 없다.

B. 자기 처벌의 고통을 경험하는 방식

자기 처벌의 고통은 다음과 같은 방식으로 경험됩니다. 신자가 자기의 죄에 대하여 심판하고 처벌할 때, 그는 고통을 당하게 되는데, 이는 자기 안에 있는 옛 성품이 죽어 가면서 느끼는 고통입니다. 자기 처벌을 통하여 집행하는 형벌이 항상 죽음인 것은 신자에게 있어서는 바로 이 옛 성품이 그리스도와 함께 십자가에 이미 못박힌 성품이기 때문입니다. 또한 그리스도께서 그 죄 때문에 십자가에서 죽으셨는데, 그 죽음은 바로 신자 자신의 죽음이었어야 했기 때문입니다. 신자가 자기 처벌을 통하여 자기 안에서 형벌을 경험하는 것은 다음 세 가지로 설명됩니다.

1. 죄를 올바로 인식하는 고통

자신이 지은 죄에 대하여 올바로 인식함으로써 고통을 경험합니다. 이것은 이미 죄를 확신하는 순간부터 시작되는 고통입니다. 자기 깨어짐을 말하면서 죄의 확신과 자기 심판, 그리고 자기 처벌을 나누는 것은 그것들이 각각 긴 시간을 두고 발생하는 단계라는 사실을 의미하는 것은 아닙니다. 어떤 의미에서 이것은 '구원 서정'(救援 序程, ordo salutis)과 같습니다. 죄의 확신과 자기 심판, 그리고 자기 처벌이 거의 동시에 일어날 수도 있습니다. 그럼에도 불구하고 이것들을 단계별로 나누는 유익은 이것입니다.

성령의 조명을 받은 신자가 모두 자기 부인에 이르는 것도 아니고,

죄를 확신한 신자가 모두 자기 깨어짐에 이르는 것도 아닙니다. 그들은 자기 깨어짐으로 나아가는 각각의 단계에서 어떤 이유로든지 이탈하였습니다. 저의 이러한 신학적 작업은 그렇게 참된 자기 깨어짐에 이르지 못한 신자로 하여금 자기가 어느 지점에서 미끄러졌는지를 보여주고, 진정한 참회를 통해서 자기 깨어짐으로 나아가는 길을 보여주는 것입니다. 죄를 확신하는 것 자체가 자신에 대한 적용을 의미하기 때문에 이미 신자 안에서 고통이 시작됩니다. 예전에도 있었던 고통이지만, 정확하게 죄를 직시하고 나면 그 고통은 신자의 마음 안에서 더욱 가중됩니다. 다시 말해서 죄를 개념적으로 알 때가 아니라, 경험적으로 알게 될 때 신자는 더욱 고통을 경험하게 되는데(롬 7:15-17, 시 51:3), [115] 자기 처벌 자체가 신자의 경험 속에서 일어나는 전인격적 반응이지, 개념 속에서 일어나는 이성만의 반응이 아니기 때문입니다. 신자는 자기 안에 있는 죄를 확신하게 될 때에, 그 죄가 자신 안에 있는 것에 대한 도덕적 책임임을 통감하게 됩니다. 이러한 도덕적 책임감은 구체적으로 자기 심판의 과정을 거치면서 더욱 피할 수 없는 책임을 느끼게 됩니다. 그리고 이러한 도덕적 책임감의 깊이가 곧 죄를 선택한 후회의 정도를 좌우하게 됩니다. 오늘날과 같이 교

---

[115] 죄와 실재와 작용, 그리고 역사하는 힘이 이렇게 신자의 경험 속에서 잘 인식된다는 사실은 다음 성경 구절에 분명하게 제시되고 있다. "나의 행하는 것을 내가 알지 못하노니 곧 원하는 이것은 행하지 아니하고 도리어 미워하는 그것을 함이라 만일 내가 원치 아니하는 그것을 하면 내가 이로 율법의 선한 것을 시인하노니 이제는 이것을 행하는 자가 내가 아니요 내 속에 거하는 죄니라"(롬 7:15-17). "대저 나는 내 죄과를 아오니 내 죄가 항상 내 앞에 있나이다"(시 51:3). "내 생명은 슬픔으로 보내며 나의 해는 탄식으로 보냄이여 내 기력이 나의 죄악으로 약하며 나의 뼈가 쇠하도소이다"(시 31:10). "주의 진노로 인하여 내 살에 성한 곳이 없사오며 나의 죄로 인하여 내 뼈에 평안함이 없나이다"(시 38:3).

리적인 지식도 없이 무슨 문제든지 쉽게 믿는 신앙으로 해결을 보려고 하는 '안일한 믿음만능주의'(easy believism)의 풍조에 익숙한 그리스도인들에게는 진지한 회개가 현저히 결핍되어 있습니다. 죄와 그 죄를 선택한 자신의 책임에 대한 의식이 없기 때문입니다.

죄를 지은 것이 단지 '본인에게도 유감스러운 일' 정도로 생각되는 식으로는 죄 때문에 잃어버린 영혼의 생기를 다시 찾을 수는 없습니다. 하나님 앞에 죄를 지은 신자가 언제나 통절한 참회를 통하여 하나님과의 관계를 회복하고 영혼의 생기를 회복한다는 사실은 아무리 강조해도 지나치지 않습니다. 진실한 참회 없는 하나님의 사랑의 경험은 참된 '신앙 감정'(religious affection)이 아닙니다. 하나님께서 신자에게 이러한 참회를 요구하시는 것은 하나님께서 비정하게 엄격하시기 때문이 아니라, 그 과정에서 자기 처벌을 통한 자기 깨어짐을 기대하시기 때문입니다. 그것을 통해서 우리의 본성이 참으로 거룩하게 변화되어서 하나님이 이 세상을 창조하신 목적을 따라 행복할 수 있기 때문입니다.

2. 섭리 속에서 주어질 징계를 인식하는 고통

섭리 속에서 주어질 징계를 인식함으로써 고통을 경험합니다. 자신이 지은 죄에 대하여 섭리 속에서 그 죄스러운 행동에 대한 자연스러운 결과로서 도래하게 될 고통스러운 결과를 회개 속에서 미리 맛봄으로써입니다. 반드시 최후의 심판이 아니더라도, 신자의 범죄는 하나님의 일반 섭리 속에서 반드시 그 죄의 결과인 고통을 가져옵니다.

하나님께서는 신자들에게 일반 섭리 속에서 자신이 지은 죄에 의해 도래하게 될 결과를 미리 보게 하심으로써 고통을 느끼게 하십니다. 이것은 대체로 율법을 통하여 이루어지는 고통입니다. 하나님의 정당하심을 인식하는 신자 안에는 자신의 죄의 보응에 대한 인식이 있습니다. 신자의 죄에 대한 하나님의 징계는 언제나 일반 섭리 속에서의 고통을 동반합니다. 그러나 이것은 죄를 지은 신자에 대한 하나님의 보복이 아닙니다. 오히려 하나님은 이러한 징계들을 사용하셔서 신자를 더욱 정결하게 하시고 예수 그리스도의 형상을 닮아가는 도구로 사용하십니다.

3. 심판의 고통을 경험함

자신의 죄로 인하여 하나님 앞에서 심판을 받는 참회의 체험 안에서 고통을 경험합니다. 이것은 그리스도의 십자가의 현재적인 경험의 핵심을 이루는 부분입니다. 이는 다시 회고적인 경험과 전망적인 경험으로 나눌 수 있습니다.

a. 회고적 경험

첫째로, '회고적 경험'(retrospective experience)의 측면입니다. 회고적인 경험은 그리스도께서 자기의 죄를 위하여 속죄의 희생적인 죽음을 당하시지 않았다면 당하게 되었을 형벌의 고통을 참회의 경험 속에서 맛보는 것입니다. 자기 깨어짐에 있어서 진수에 해당하는 자기 처벌의 고통은 곧 십자가에서 인간들의 죄를 위하여 형벌 받으신 그리스도의 죽음이, 참회하는 신자 자신 안에 스며드는 실재화(actualization)의 경험입니다. 거기서 신자는 죄의 심각성과 하나님께 버림 받으시고 고통당하시는 그리스도의 죽음의 고난을 맛보게 됩니다. 그리고 바로 이러한 경험을 통해서 하나님의 사랑을 알아갑니다.

신자는 죄에 대한 자기 처벌 속에서 아파하는 자신의 고통 안에서 예수 그리스도의 고난이 실재화 되는 것을 경험하게 됩니다. 이것은 죄로 말미암아 이완(弛緩)되었던 그리스도와의 실제적인 연합이 다시 복구되는 경험입니다.[116] 모든 성도들의 하나님의 사랑에 대한 탁월한 경험은 자신의 죄를 용서해 주시는 경험 속에서 이루어집니다.[117] 이러한 그리스도의 죽음이 자기에게 이입(移入)하여 경험되는 것은 신자와 '그리스도와의 연합'(unio cum Christo)의 진수입니다.

b. 전망적 경험

둘째로, '전망적 경험'(prospective experience)의 측면입니다. 전망적

---

[116] 신자와 그리스도와의 연합은 신비적이고 영적인 연합이다. 이 연합은 원리적인 연합과 실제적인 연합으로 이루어진다. 원리적으로 중생과 함께 영적으로 그리스도께 접붙여짐으로써 이루어지고, 실제적으로는 신자의 성화, 곧 성화를 통한 지순(至純)의 사랑을 통하여 이루어진다. 그리스도와의 연합의 교리는 다음 책을 참고하라. 김남준. 「구원과 하나님의 계획」, (서울; 부흥과개혁사, 2004), pp.309-322.

[117] 따라서 죄의 진실한 참회를 통하여 자기 깨어짐에 이르게 된 신자들에게는 하나님의 엄위와 사랑에 대한 공정한 인식이 생겨난다. 자신의 죄로 인하여 하나님을 너무 두려워하게 된 나머지 하나님께 대하여 겁먹은 종처럼 되거나, 하나님의 용서를 너무 쉽게 생각한 나머지 하나님 앞에 방종한 아들이 되지 않는다. 진실한 참회는 두려움과 떨림 속에서 하나님을 사랑함으로 섬기게 한다. "그러므로 우리가 진동치 못할 나라를 받았은즉 은혜를 받자 이로 말미암아 경건함과 두려움으로 하나님을 기쁘시게 섬길지니 우리 하나님은 소멸하는 불이심이니라"(히 12:28-29). "그런즉 사랑하는 자들아 이 약속을 가진 우리가 하나님을 두려워하는 가운데서 거룩함을 온전히 이루어 육과 영의 온갖 더러운 것에서 자신을 깨끗케 하자"(고후 7:1).

경험은 자신이 지은 죄를 회개하지 않으면 당하게 될 미래의 심판의 고통을 십자가의 죽음을 통하여 미리 맛보는 것입니다. 그 안에서 그는 자신의 죄를 심판하시고 처벌하시는 하나님의 공정하심을 깨닫게 됩니다. 거기서 자신이 지은 죄에 대하여 받을 고통을 미리 경험하는 것입니다. 그렇게 함으로써 신자는 그리스도 안에 있는 속죄의 공로가 자신을 구원했다는 사실을 확신하고, 은혜 언약 안에서 약속된 하나님의 끊임없는 용서에 자신을 적용할 마음을 갖게 되는 것입니다. 자기 처벌을 통하여 신자 안에서 이루어지는 이러한 예수 그리스도의 죽음에 대한 실재적인 경험은 신자 안에 있어 내재하는 죄를 죽이는 유일한 길입니다.

뿐만 아니라, 신자는 이러한 경험의 반복 안에서 죄 사함으로 말미암아 새롭게 경험된 은혜의 경향성과 회복된 새 사람의 본성의 풍미에 합치하려는 마음을 갖게 됩니다. 이러한 영적인 경험들을 주시는 분이 성령이시라는 사실은 아무리 지적해도 지나침이 없습니다. 이것이 바로 자기 처벌에서 이어지는 자기 깨어짐 안에 있는 신자 안에 내재하는 죄 죽임의 효과입니다. 이러한 자기 처벌에서 오는 고통은 신자로 하여금 항상 그 죄로부터 돌이켜 서는 의지적인 결단을 불러일으키는데, 이는 자기 처벌의 고통을 통해서 죄에 대한 바른 판단과 미움이 생겨났기 때문입니다.[118]

---

[118] 토마스 왓슨(Thomas Watson)은 참된 회개의 본질을 다음과 같이 6가지 요소로 요약하였다. (1)죄를 인식함(sight of sin), (2)죄에 대한 슬픔(sorrow for sin), (3)죄의 고백(confession of sin), (4)죄에 대한 수치(shame for sin), (5)죄에 대한 혐오(Hatred for sin), (6)죄로부터 돌이킴(turning from sin). Thomas Watson, *The Doctrine of Repentance*, (Edinburgh; The Banner of Truth Trust, 1994 reprinting), pp.18-58.

자기 심판과 자기 처벌

한·눈·에·보·는·7장

I. 성령의 조명과 양심
- 성령의 조명은 양심의 기능을 일깨워 자기 심판에 이르게 함
- 율법과 복음의 교리를 올바르게 알고 있다면 양심은 그를 자기 깨어짐에 이르게 하지만, 그러지 못할 경우 양심은 바르지 못한 죄책감으로 인해 정당한 참회가 아닌 다른 보상적 행동을 택하게 함

II. 자기 심판
A. 자기에 대한 유죄 선고
- 자기 심판은 자신을 하나님의 법정에서 자신이 마치 또 하나의 다른 사람인 것처럼 유죄 판단하는 것

B. 양심과 자기 심판
- 양심은 하나님의 판단과 관계가 있으며, 우리가 죄를 감추지 못하도록 하나님 앞에 우리를 고발하는 기능을 함
- 양심은 자신이 지은 죄가 하나님 앞에 악이라는 판단을 갖게 하여 우리를 참된 회개에 이르게 함
- 자기 심판을 행하는 대상은 이미 실행된 죄와 아직 마음에 있는 죄의 욕망임

III. 자기 처벌
A. 고통의 선취적 경험 : 죄를 확신하고 자기를 심판한 신자는 자기 처벌 안에서 자신이 지은 죄가 가져다 줄 비참한 고통을 선취적으로 경험하게 됨
1. 양심의 가책이 주는 고통
2. 하나님의 마음을 느끼는 고통

B. 자기 처벌의 고통을 경험하는 방식
1. 죄를 올바로 인식하는 고통
- 죄를 확신하는 순간부터 시작됨
- 도덕적 책임감의 깊이가 죄를 선택한 후회의 깊이를 좌우함
2. 섭리 속에서 주어질 징계를 인식하는 고통
- 일반 섭리 속에서 도래하게 될, 자신이 지은 죄의 고통스러운 결과를 회개 속에서 미리 맛봄으로써 느끼는 고통
- 이것은 대개 율법을 통해 이루어지며, 죄를 범한 것에 대한 하나님의 보복이 아니라 신자를 더욱 정결하게 하기 위한 하나님의 징계임

3. 심판의 고통을 경험함 : 예수 그리스도의 십자가의 현재적인 경험의 핵심
  _ 회고적 경험 : 그리스도께서 우리의 죄를 위하여 속죄의 희생적인 죽음을 당하시지 않았다면 당하게 될 형벌의 고통을 참회의 경험 속에서 맛보는 것
  _ 전망적 경험 : 회개하지 않으면 당하게 될 미래의 심판의 고통을 십자가의 죽음을 통하여 미리 맛보는 것

자기 깨어짐
DE FRANGENTIA

자기 깨어짐이란 죄에 대한 사랑과 거기에 기반을 둔 자기의에 대한 신뢰가 파괴되는 것으로,
곧 하나님의 뜻을 거스르는 본성의 파괴를 의미합니다.

제 8 장

그리스도와 함께 죽고 다시 삶

"죄에 대하여 죽는다는 것은 자기 심판과 자기 처벌의 전 과정을 통하여 하나님께서 자기의 세계를 창조하신 목적을 거부하며 살던 마음과 생활을 돌이키고, 자신이 온 우주의 중심이며 최고인 것처럼 살아가게 하던 세상의 길과 가치를 버리는 것이다."

_김남준

제 8 장

그리스도와 함께 죽고 다시 삶

이러한 과정 속에서 신자는 자기의 죄 때문에 고통을 받으신 그리스도의 고난에 참여하게 됩니다. 그리고 이러한 자기 깨어짐은 총체적으로 그리스도와 함께, 죄에 대하여 죽고 다시 살아나게 합니다. 이것을 좀 더 상세히 설명하면 다음과 같습니다.

I. 그리스도와 함께 죽고 다시 삶

A. 옛 사람의 죽음을 경험함

먼저 지적할 것은 자기 깨어짐의 경험 안에 있는 옛 사람의 죽음입니다. 옛 사람의 본질은 하나님을 향해서는 죽어 있고, 자신을 향해서는 살아 있는 것입니다. 이에 대한 성경적인 표현은 신자에 대한 사도 베드로의 언명에 잘 나타납니다. "친히 나무에 달려 그 몸으로 우리 죄를 담당하셨으니 이는 우리로 죄에 대하여 죽고 의에 대하여 살게 하려 하심이라 저가 채찍에 맞음으로 너희는 나음을 얻었나니" (벧전 2:24).

구속받은 신자 안에 있는 새 사람의 성품은 '죄에 대하여 죽고, 의에 대하여 사는 것'이지만, 옛 사람의 성품은 이와 정반대로, '죄에 대하여 살고, 의에 대하여는 죽은 자로 있는 것'입니다. 따라서 신자는 죄에 대하여 죽은 것만큼 의에 대하여 살고, 의에 대하여 사는 것만큼만 죄에 대하여 죽게 됩니다.

죄에 대하여 죽는 것은 자기 심판과 자기 처벌의 전 과정을 통하여 하나님께서 자기와 세계를 창조하신 목적을 거부하며 살던 마음과 생활을 돌이키고, 자신이 온 우주의 중심이며 최고인 것처럼 살아가게 하던 세상의 길과 가치를 버리는 것입니다.

자기 깨어짐의 과정을 통하여 예수 그리스도의 죽음이 자신의 마음과 영혼 안에 침투해 들어오는 경험의 핵심은 죄 죽임입니다. 그러므로 예수 그리스도의 죽음 안에 신자의 죄 죽임이 있습니다. 자기 심판과 자기 처벌은 예수 그리스도의 죽음이 실행되는 것이고, 그 죽음의 실행을 통하여 신자 안에 있는 죄된 옛 성품이 죽임을 당합니다. 그리고 그렇게 됨으로써 신자는 다시 자신 안에 있는 부패함으로부터 정결하게 되어 하나님을 사랑하고 전일성을 회복하게 되고, 하나님 앞에서 창조의 목적에 부합하는 올곧은 삶을 살아가기를 즐거워하게 됩니다.

B. 새 사람의 살아남을 경험함

또한 지적할 것은 자기 깨어짐의 경험 안에 있는 새 사람의 살아남입니다. 중생을 통해 신자 안에 심겨진 새 본성은 옛 본성을 고쳐서 얻은 수리된 본성이 아니라, 성령을 통해 창조된 새로운 본성입니다. 따라서 이것은 재창조된 '천적 본성'(heavenly nature)이며, 하나님을 사랑하고 그분의 뜻에 순종하며 살고 싶어하는 은혜로운 본성입니다.

그런데 신자 안에 심겨진 재창조된 새 본성은 옛 사람의 본성이 죽는 만큼 살아나게 됩니다. 자기의 정욕을 따라 살고자 하는 도덕적인 부패성인 옛 사람의 성품은[119] 중생과 함께 심겨진 또 다른 새 본성과 끊임없이 갈등합니다.

그러므로 다음과 같은 어거스틴(Augustine of Hippo)의 지적은 참으로 적절합니다. "옛 사람의 끝이 죽음이듯이, 새 사람의 마지막은 영원한 생명이다. 처음 인간이 죄의 사람이라면 나중 인간은 의덕(義德)의 사람이기 때문이다. 이 두 종류의 사람에 있어서, 옛 사람 즉 땅의 사람

---

[119] 자연인의 본성은 아담의 타락과 관련하여 다음과 같은 결과를 물려받았다. 이것이 원죄이며, 옛 사람이라고 일컫는 옛 본성의 뿌리이다. 원죄는 죄책과 오염으로 이루어지며, 인간들이 짓는 온갖 더러운 실행죄들의 원천이 된다. (1)죄책이 인류의 대표자로서 아담이 지은 죄에 대한 인류의 책임이라면, (2)오염은 타락한 인간 안에 물려받은 죄된 본성이다. 오염(corruption)은 우리의 본성과 관련하여서는 선천성을, 우리의 행위와 관련하여서는 전적인 부패성을 지니게 되었다. 이것은 다시 둘로 구분된다. ①전적인 타락 : 이는 인간의 본성 전체가 남김없이 타락하여 하나님을 사랑하고 그분의 뜻에 순종하려는 의지가 없음을 뜻한다. ②전적인 무능 : 이는 인간이 비록 하나님의 뜻에 순종하려고 마음을 먹는다 할지라도 의지가 그렇게 할 수 없음을 뜻한다. "첫째는 바로 죄책과 오염으로 구성되는 원죄이고, 둘째는 그 부패한 본성 때문에 실제로 짓게 되는 실행죄(혹은 自犯罪, actual sin)가 그것입니다. 인간은 원죄의 뿌리와 거기서부터 자라나는 실행죄로 말미암아 끊임없이 자신을 죄의 영향 아래 속박하는 존재가 되었습니다. 그리고 그 죄로 말미암은 영혼의 죽음의 질병으로 인하여 끊임없는 악과 고통을 경험하며 살아갈 수밖에 없는 절망적인 존재가 되었습니다." 김남준. 「구원과 하나님의 계획」, (서울; 부흥과개혁사, 2004), pp.67-69.

은 한 인간이 일평생 사는 동안 끌고 다니지 않을 수 없는 것이다. 모든 사람은 피할 수 없이 옛 사람으로 자신의 인생을 시작하기 마련이며, 더욱이 그가 죽음에 이르기 전까지는 비록 옛 사람이 쇠해 가고 새 사람은 성장한다 할지라도 사는 동안에는 항상 이 옛 사람을 끌고 다니지 않을 수 없기 때문이다."[120]

옛 사람이 죽임을 당할 때, 새 사람이 살아나 하나님의 뜻에 순종하는 삶을 살 수 있게 됩니다. 그리고 이러한 삶은 순명(順命)의 삶으로 나타납니다. 하나님을 향한 사랑에서 비롯되는 순명의 삶은 그분을 향한 신자의 사랑을 입증하는 열매가 되고, 그러한 사랑 안에서 사는 삶은 무엇을 하든지 하나님을 섬기는 삶이 됩니다.

예수 그리스도께서는 "나의 계명을 가지고 지키는 자라야 나를 사랑하는 자니 나를 사랑하는 자는 내 아버지께 사랑을 받을 것이요 나도 그를 사랑하여 그에게 나를 나타내리라"(요 14:21)고 말씀하셨습니다. 신자는 사랑과 순명의 실천 안에서 하나님께 더 많이 사랑을 받고, 그리스도를 아는 지식에서 자라가게 됩니다. 이것은 신자에게 있어서 영적인 성장과 열매 맺는 삶이 결코 분리되지 않는다는 사실을 보여주는 그림 같은 묘사입니다. 이러한 변화는 옛 사람의 죽음을 통해서

---

120) "Vt enim finis ueteris hominis mors est, sic finis noui hominis uita aeterna. Ille namque homo peccati est, iste iustitiae. Sicut autem isti ambo nullo dubitante ita sunt, ut unum eorum, id est ueterem atque terrenum possit in hac tota uita unus homo agere, nouum uero et caelestem nemo in hac uita possit nisi cum uetere, nam et ab ipso incipiat necesse est et usque ad uisibilem mortem cum illo quamuis eo deficiente se proficiente perduret, sic proportione uniuersum genus humanum…". Avrelivs Avgvstinvs, *De Vera Religione*, in *Corpvs Christianorvm Series Latina*; *Avrelii Avgvstini Opera*, (Tvrnholti; Typographi Brepols Editores Pontificii, 1992), p.219.

다시 살아나는 새 사람을 통해 이루어지는 것입니다. 이러한 일련의 과정을 통하여 신자는 하나님께서 자신을 다시 소성케 하시는 은혜를 경험하게 되는데 이것이 바로 신자가 성화의 도상에서 겪게 되는 그리스도의 부활에 대한 현재적 경험입니다. 이것은 죄로 말미암아 죽었던 영혼이 다시 살아나는 경험입니다.[121]

이러한 경험에 대해 사도 바울은 다음과 같이 고백합니다. "내가 그리스도와 함께 십자가에 못박혔나니 그런즉 이제는 내가 산 것이 아니요 오직 내 안에 그리스도께서 사신 것이라 이제 내가 육체 가운데 사는 것은 나를 사랑하사 나를 위하여 자기 몸을 버리신 하나님의 아들을 믿는 믿음 안에서 사는 것이라"(갈 2:20). 아무리 생애적인 회심을 경험하고 신자가 된 사람이라도 그리스도와 함께 죽고 다시 사는 성화의 경험이 없다면 받은 바 은혜는 고갈되고 정욕은 흥왕해질 것입니다.[122]

---

[121] John Owen, *Of the Mortification of Sin in Believers; the necessity, nature, and means of it; with a resolution of sundry cases of conscience thereunto belonging*, in *The Works of John Owen*, vol. 6, edited by William H. Goold, (Edinburgh; The Banner of Truth Trust, 1991 reprinting), p.22.

[122] "Exercise and success are the two main cherishers of grace in the heart; when it is suffered to lie still, it withers and decays: the things of it are ready to die, Revelation 3:2; and sin gets ground towards the hardening of the heart, Hebrews 3:13. This is that which I intend: by the omission of his duty grace withers, lust flourisheth, and the frame of the heart grows worse and worse; and the Lord knows what desperate and fearful issues it hath had with many. Where sin, through the neglect of mortification, gets a considerable victory, it breaks the bones of the soul…." John Owen, *Of the Mortification of Sin in Believers; the necessity, nature, and means of it; with a resolution of sundry cases of conscience thereunto belonging*, in *The Works of John Owen*, vol. 6, edited by William H. Goold, (Edinburgh; The Banner of Truth Trust, 1991 reprinting), p.13.

그리고 마음의 틀은 점점 더 악해져서 은혜가 깃들기에는 부적합하고 죄가 깃들기에는 좋은 틀로 바뀌어 마음은 은혜를 점점 싫어하고 죄에 대한 강력한 욕구를 갖게 될 것입니다.

신자는 자기 깨어짐의 전 과정을 통해 마음의 쇄신을 경험하고, 마음의 틀이 하나님을 사랑하고 죄를 미워하기에 적합한 틀로 다시 회복되는 것을 누립니다. 이것은 신자의 마음 안에서 거룩한 삶을 좇는 새로운 경향성이 되어, 하나님의 계명에 순종하기에 적합하도록 신자를 준비시킵니다. 은혜 경험의 핵심은 죄인을 용서하고 당신과의 사귐 속으로 다시 부르시는 사랑의 경험이기 때문입니다.[123]

C. 창조의 목적으로 돌아감

마지막으로 지적할 것은 자기 깨어짐 안에 있는 회귀의 효과입니다. 즉 창조의 목적으로 돌아가게 되는 것입니다.

하나님께서 자기 깨어짐을 통한 변화를 기뻐하시는 것은 크게 세

---

[123] 청교도 카튼 매더(Cotton Mather)는 회심의 경험이 철저히 은혜의 수단들에 참여하는 것과 관련된다는 점을 강조함으로써 인간의 의무와 책임을 강조하였다. 그러면서도 그는 이러한 은혜의 수단의 사용을 통하여 회심하는 것조차도 은혜의 과정이기 때문에 인간이 자신의 공로를 자랑할 수 없다고 못박는다. 이것은 단지 비중생자들의 경우만 아니라 신자들의 회심, 정확히 말하면 회심의 갱신 경험에 있어서도 마찬가지이다. 그러므로 자기 깨어짐을 갈망하는 신자는 철저히 은혜의 수단으로부터 이러한 경험이 올 것을 믿으며 성실히, 열렬하게 믿음으로 참여하여야 한다. 카튼 매더가 제시한 대표적인 은혜의 수단들은 자기 성찰(self-examination), 묵상, 기도, 성경 연구, 청교도들의 예배 참석(attendance upon the Puritan preaching service)이었으며, 이보다 조금 하위의 것(a lesser degree)으로서 성례에 참여함, 가족들과의 경건의 시간 그리고 기타의 경건 훈련 등이 있다. James L. Breed, *Sanctification in the Theology of Cotton Mather*, (Dubuque; Aquinas Institutes of Theology, Ph. D. dissertation, 1980), pp.215-216.

가지 이유 때문입니다.

첫째로는, 그렇게 됨으로써 하나님께 순종하는 신자의 삶을 항구화하기 때문입니다. 변화된 사람이 변화된 삶을 살아갑니다. 하나님께서는 악인의 우발적인 큰 선행보다는 변화된 선인의 지속적인 도덕적 삶을 더 미덕스럽게 여기시기 때문입니다.

둘째로는, 그렇게 변화됨으로써 신자의 인격이 그리스도를 보여주기 때문입니다. 자기 깨어짐은 그리스도를 닮지 않은 성품을 죽이고 그리스도를 닮은 성품은 살아나게 하여 그리스도를 닮아가게 합니다.

셋째로는, 하나님께서 자기 깨어짐을 통해서 변화된 신자와 충만한 교제를 누리실 수 있기 때문입니다. 이 세상의 인간들을 향한 하나님의 관심은 두 가지로 집약됩니다. 아직 용서받지 못한 죄인들을 용서하시는 것과, 용서받은 죄인들을 참으로 사람으로서 살아가게 하시는 것입니다. 예수 그리스도께서 사람의 몸을 입으시고 이 땅에 오신 것도 바로 이 때문이었습니다. 하나님은 창조의 원인이시기도 하지만, 목적도 되십니다. 하나님으로 말미암아 온 세상이 창조되었고, 온 세상은 창조주이신 하나님의 영광을 충만하게 드러내기 위하여 그분에 의하여 보존됩니다. 그래서 하나님은 만물의 창조주(Creator)이시며, 보존자(Upholder)이십니다. 인간은 그러한 창조 계획 가운데 있는 가장 중요한 이성적 피조물입니다. 인간은 그렇게 하나님이 지정해 준 자리에서 생육하고 번성하여 땅에 충만함으로 만물을 잘 돌보아 피조세계에 깃든 하나님의 영광이 더욱 충만하게 드러나게끔 섬기도록 부름을 받았습니다. 그리고 인간은 그 자리에서 가장 행복할 수 있었습니다. 죄로 말미암아 이러한 계획이 좌절되는 것같이 보였지만, 하나님은 그리스도의 구원을 통해서 이 일을 완성하셨습니다.

Ⅱ. 철학적 사유를 통한 현자의 삶

이처럼 자기 깨어짐을 통하여 옛 사람에 대하여 죽고 그리스도에 대하여 다시 살아나게 된 신자의 경험은 그리스도와 복음의 비밀에 대한 새로운 지식들을 가져다줍니다. 그리고 이러한 영적인 변화가 신자의 삶에 지속적으로 영향을 미치기 위해서는 그 새로운 지식들이 산발적으로 흩어진 채 방치되어서는 안 됩니다. 진리에 대한 치열한 사유를 통하여 그 새로운 지식들이 체계를 갖추게 될 때 이것은 신자에게 총명, 곧 오성의 빛을 더하게 됩니다. 자기 깨어짐을 통해 얻게 된 새로운 지식들이 이처럼 체계를 갖춘 지식이 되어서 만인에게 들려줄 인생의 지혜가 되기 위해서는 보다 더 철저한 철학적 사유가 필요하고, 이를 위하여 신자의 지성이 철저히 헌신되지 않으면 안 됩니다. 이에 대한 훌륭한 본보기를 시인들의 사유에서 발견할 수 있습니다. "만민들아 이를 들으라 세상의 거민들아 귀를 기울이라 귀천 빈부를 물론하고 다 들을지어다 내 입은 지혜를 말하겠고 내 마음은 명철을 묵상하리로다 내가 비유에 내 귀를 기울이고 수금으로 나의 오묘한 말을 풀리로다"(시 49:1-4).

중생을 통하여 신자 안에 부여된 새 사람의 성품은 하나님께서 창조하신 세상에 하나님의 영광이 충만히 드러나 천지창조의 목적이 실현되는 것을 최고의 가치로 생각하고 그 안에서 쉼과 만족을 얻습니다. 하나님의 가장 궁극적인 바람은 인간이 참으로 인간으로 사는 것입니다. 즉 죄로 말미암아 부패하여 창조시의 전일성을 상실하고 죄인이 된 인간들이 고쳐져서 하나님께서 처음 창조하신 때에 기대하셨던 그 인간으로서, 원래 지정된 자리에서 살아가기를 바라십니다. 죄로 말미암아 타락하여 그 자리에서 이탈한 인간은 스스로의 힘으로는 다시 그 원래의 전일성을 회복할 수 없고 그 자리로 돌아갈 수도 없고, 그렇게 할 의지도 없습니다. 타락한 세상에서 신자의 가장 큰 의무는 죄인들에게 우주의 최고의 존재이신 하나님을 보여주는 것입니다. 그 목적을 위하여 모든 인간은 그리스도 안에서 주어진 하나님의 구원을 받아들이고 거듭나지 않으면 안 됩니다. 단지 하나님을 믿을 뿐 아니라 참으로 진실한 신자가 되어감으로써 자신의 존재와 거기에서 비롯되는 삶까지 거룩해져서 하나님을 드러내야 합니다. 그런 점에서 그리스도인은 이 세상에 존재하는 마지막 현자(賢者)들이어야 합니다. 인간이 참으로 누구이며, 참된 삶이 무엇인지를 보여주는 지혜자이어야 합니다.[124]

한 그리스도인의 신앙이 참으로 그의 삶에 통전적인 영향을 미치기

---

[124] 현자(賢者)로서의 그리스도인의 삶은 하나님을 아는 지식의 빛을 나눠주는 것이며, 그의 존재와 삶은 이러한 현자의 역할을 하는 가장 중요한 방식이다. 그렇게 함으로써 다른 사람들이 인간을 창조하시고 구속하신 하나님을 생각하게 하여 하나님을 향한 그릇된 태도를 돌이키게 하는 것이다. 이는 곧 성화(聖化)를 통해 충심적 선, 혹은 핵심적 선(cordial goodness)을 전적으로 받아들인 삶이다. 신자에게 있어서 이러한 삶은 하나님을 알고 그 하나님의 모든 계명에 대하여 삶의 모든 방면에서 전적으로 순종하는 삶으로 나타나며, 이는 하나님께 대한 순전하고 충만한 사랑으로 말미암아 가능하게 된다. 충심적(衷心的) 선(善), 혹은 미(美)의 철학적이고 신학적인 개념에 대하여는 조나단 에드워즈의 다음 논문을 참고하라. Jonathan Edwards, *The Nature of True Virtue*, in *The Works of Jonathan Edwards*, vol. 8, edited by Paul Ramsey, (New Haven; Yale University Press, 1987), pp. 563-565.

위해서는 교리적인 지식이 종교생활에 갇혀서는 안 됩니다. 곧 철학적 사유를 통하여 인식의 지평의 외연이 이 우주와 세계에 이르기까지 확장되어야 합니다. 이러한 사유를 통해서만 참으로 지혜자가 될 수 있습니다. 그리스도 안에 있는 지혜자는 하나님의 계시의 빛 아래서 이성의 사유를 통하여, 세상을 창조하시고 자신을 지으시고 구속하신 하나님의 계획을 아는 사람입니다. 그리고 오늘 하나님께로부터 부어지는 은혜를 기대하는 것도 바로 그 계획을 따라 살기 위함임을 아는 사람입니다. 이 세상은 이런 사람들의 섬김과 삶을 통하여 고쳐집니다. 그러므로 신자는 신앙적인 사유를 함에 있어서 만물의 근원부터 시작하여야 합니다. 그렇게 함으로써 하나님의 창조의 계획을 이해하고 그 계획에 부합하며 살아갈 수 있게 됩니다. 이것이 바로 탁월한 계시의 빛 아래 살았던 성경의 인물들이 찾고자 하던 바였습니다.[125]

그들이 그토록 찾고자 하였던 지혜는 참으로 창조주 하나님이 누구이시며, 이 온 우주와 만물은 어떻게 또 무엇을 위하여 존재하며, 그

---

[125] 이러한 사실은 시편을 비롯한 성경 여러 곳에서 입증된다. 시인들은 철학적인 사유를 통하여 신앙적으로 깊은 지식을 소유하기도 하였고, 신앙적인 경험을 통하여 우주와 세계에 대한 깊은 통찰에 이르는 유익을 얻기도 하였다. 신앙적인 경험을 통하여 그 인식의 외연이 우주로까지 확장된 경우는 다음 성경 구절에 잘 나타난다. "여호와께서 그 성전에 계시니 여호와의 보좌는 하늘에 있음이여"(시 11:4). "하나님이여 내 마음이 확정되었고 내 마음이 확정되었사오니 내가 노래하고 내가 찬송하리이다 내 영광아 깰지어다 비파야, 수금아, 깰지어다 내가 새벽을 깨우리로다 주여 내가 만민 중에서 주께 감사하오며 열방 중에서 주를 찬송하리이다 대저 주의 인자는 커서 하늘에 미치고 주의 진리는 궁창에 이르나이다 하나님이여 주는 하늘 위에 높이 들리시며 주의 영광은 온 세계 위에 높아지기를 원하나이다"(시 57:7-11). 또한 우주 만물에 대한 사유가 성전에서의 하나님의 영광에 대한 묵상으로 이어지게 된 경우는 다음 성경 구절에 잘 나타난다. "여호와의 소리가 광야를 진동하심이여 여호와께서 가데스 광야를 진동하시도다 여호와의 소리가 암사슴으로 낙태케 하시고 삼림을 말갛게 벗기시니 그 전에서 모든 것이 말하기를 영광이라 하도다"(시 29:8-9).

앞에서 인간이 어떻게 사는 것이 올바른 것이며 또 어떻게 행복해질 수 있는지에 대하여 모두 대답해 줄 수 있는 그런 지혜였습니다. 그래서 그들은 그 지혜를 헐떡이듯이 열애(熱愛)하며 찾았습니다.[126]

하나님께서 우리가 성화를 통해 참 신자가 되기를 바라시는 것은 그렇게 됨으로써 우리가 참으로 하나님께서 이 세상에 두시려고 창조하신 인간이 될 수 있기 때문입니다. 따라서 우리가 좋은 그리스도인이 되는 것은 하나님이 세상을 창조하신 계획에 좋은 사람으로 살기 위해서입니다. 그러므로 기독교신앙은 단지 종교생활에 갇힌 신앙이 아니며, 더욱이 교회생활 안에 묶인 신앙이어서는 안 됩니다. 오히려 그 신앙은 신자를 비롯하여 참 행복을 찾기 위하여 고민하는 불신자들은 물론 이교도들에게까지 대답이 될 수 있는 사상을 지닌 신앙이어야 합니다. 그래서 기독교신앙은 단지 종교의 교리를 습득하는 것이 아니라, 그 진리들을 토대로 철학적 사유, 곧 지혜자적 사유를 통하여 이교사상이 다다르지 못한 철학적인 결론들을 보여줄 수 있어야 합니다. 이렇게 함으로써 자기 깨어짐의 경험을 통하여 죄에 대하여 죽은 신자가 그리스도에 대하여 견고하게 살아 있을 수 있게 됩니다.

그리스도인들에게 세상 사람들과 구별되는 품격이 있다면 그것은 바로 지적인 품격입니다. 그리스도인들이나 세상 사람들 모두 죄 많은 세상에서 연약한 인간으로 살아갑니다. 부유하기도 하고 가난하기

---

[126] "이는 지혜를 얻는 것이 은을 얻는 것보다 낫고 그 이익이 정금보다 나음이니라 지혜는 진주보다 귀하니 너의 사모하는 모든 것으로 이에 비교할 수 없도다"(잠 3:14-15), "지혜는 그 얻은 자에게 생명나무라 지혜를 가진 자는 복되도다"(잠 3:18) "지혜가 제일이니 지혜를 얻으라 무릇 너의 얻은 것을 가져 명철을 얻을지니라"(잠 4:7).

도 합니다. 그러나 그것은 모두 삶의 한 양태에 불과할 뿐 그것이 곧 영원을 향한 인간의 삶의 질을 결정 짓는 품격은 아닙니다. 그리스도인은 세상 사람들과 구별되는 지적인 품격을 지니는데, 그것이 바로 지식(scientia)과 지혜(sapientia)입니다. 여기서 지식은 다름 아닌 '삶의 교훈들과 믿음의 규칙들'(praecepta vivendi et regulae credendi)을 의미합니다. 이 지식들을 통하여 그리스도인들은 하나님을 향하여 살고 하나님을 믿습니다. 변전(變轉)하는 사물의 표상으로 둘러싸인 세상에서 하루하루의 삶을 영원에 잇대어 살아가는 것입니다. 이것이 바로 그리스도인의 품격입니다.

우리는 이 품격을 소유한 채 견고하며 흔들리지 말고, 참으로 사람답게 사는 길과 행복이 무엇인지를 이 세상에 보여줄 수 있는 사람들이 되어야 합니다.

그리스도와 함께 죽고 다시 삶

한·눈·에·보·는·8장

I. 그리스도와 함께 죽고 다시 삶
  _ 자기 깨어짐의 과정 속에서 신자는 그리스도의 고난에 참여하게 됨
  ### A. 옛 사람의 죽음을 경험함
  _ 옛 사람의 본질 : 하나님을 향해서는 죽어 있고, 자신을 향해서는 살아 있는 것
  _ 새 사람의 성품 : 죄에 대하여 죽고, 의에 대하여 사는 것
  ### B. 새 사람의 살아남을 경험함
  _ 중생을 통해 신자 안에 심겨진 새 본성은 재창조된 천적 본성으로 은혜로운 본성임
  _ 옛 사람의 성품은 새 본성과 끊임없이 갈등함
  _ 옛 사람이 죽임을 당할 때 새 사람이 살아나는데, 그 결과는 순명의 삶, 부활에 대한 현재적 경험, 마음의 틀의 회복임
  ### C. 창조의 목적으로 돌아감
  _ 하나님께서는 자기 깨어짐이 신자의 순종의 삶을 항구화하고, 신자로 하여금 인격으로 그리스도를 보여주게 하고, 하나님과의 충만한 교제 가운데로 나아오게 하기 때문에 기뻐하심

II. 철학적 사유를 통한 현자의 삶
  _ 자기 깨어짐이라는 영적인 변화가 신자의 삶에 지속적으로 영향을 미치기 위해서는 진리에 대한 철학적 사유와 창조의 목적의 실현을 최고의 가치로 여기는 태도가 필요함
  _ 그리스도인은 참된 삶이 무엇인지 보여주는 지혜자여야 함

자기 깨어짐
DE PAENITENTIA

자기 깨어짐이란 죄에 대한 사랑과 거기에 기반을 둔 자기의에 대한 신뢰가 파괴되는 것으로, 곧 하나님의 뜻을 거스르는 본성의 파괴를 의미합니다.

제 9 장

그리스도를 따름

"지순(至純)의 사랑이 진리를 깨닫는다."   _어거스틴 Augustine of Hippo

제9장

그리스도를 따름

이처럼 자기 깨어짐의 과정은 반드시 그리스도를 현재적으로 경험하게 하고, 그리스도를 경험하는 것은 신자로 하여금 그리스도를 따르는 순종의 삶을 살도록 만들어 줍니다.

I. 그리스도를 따름

이것은 자기 깨어짐의 열매의 핵심입니다. 이처럼 자기 깨어짐을 통해 참된 회개에 이른 신자에게는 회개에 부합하는 열매가 그의 인격과 삶에 나타나게 됩니다. 이렇게 이루어지는 그리스도를 닮은 인격과 거룩하고 도덕적인 삶은, 한 인격의 자기 깨어짐을 통한 그리스도와의 실제적 연합의 증진을 통하여 이루어집니다.[127]

진실한 참회를 통하여 자기 깨어짐에 이르게 된 신자는 궁극적으로 죄를 버리고 그리스도를 따르게 되는데, 이를 좀 더 상세히 설명하면 다음과 같습니다.

A. 부주의함을 고침

신자는 먼저 생각과 삶에 있어서 부주의함을 고치게 됩니다. 신자가 진정한 참회를 통하여 자기 깨어짐에 이르게 될 때, 가장 먼저 자각하게 되는 것은 자신의 부주의함입니다. 죄에 대한 사랑이나 자기의에 대한 신뢰나 모두 죄의 속이는 작용을 통하여 생겨나게 됩니다. 죄가 신자 안에 역사할 때 사용하는 방법은 크게 두 가지, 속임과 강압입니다. 죄의 강압하는 힘은 성경의 여러 곳에서 사도 바울에 의하여 경험적으로 언급되고 있는데,[128] 이것은 신자 안에 있는 은혜의 힘에

---

[127] 따라서 중생을 통해서 이루어진 그리스도와의 원리적인 연합을 실제적으로 경험하며 사는 길은 끊임없는 참회 속에서 자기 깨어짐을 경험하는 것이다. 그렇게 될수록 신자는 사랑으로 그리스도와 더 많이 연합될 것이다. 칼빈은 신자의 회개가 곧 그리스도와 하나됨(unio cum Christo)의 과정이라고 보았다. 김재성 교수는 자기의 박사학위 논문에서, 칼빈의 주장을 기초로, 신자의 자기 깨어짐이 있는 회개의 열매를 다음과 같이 거론한다. (1)주의 깊음(sollicitudo), (2)용서를 비는 탄원(excusatio), (3)자기 죄에 대한 비분(悲憤, indignatio), (4)두려움(timor), (5)선한 의무의 이행을 위한 소원(desiderium), (6)이러한 소원을 위한 강한 열망(zelus), (7)더욱 주를 섬김으로 자신을 입증코자 함(vindicta). Kim Jae Sung, *Unio Cum Christo: The Works of The Holy Spirit in Calvin's Theology*, (Philadelphia; Westminster Theological Seminary; Ph. D. Dissertation, 1998), pp.204-207.

[128] "나의 행하는 것을 내가 알지 못하노니 곧 원하는 이것은 행하지 아니하고 도리어 미워하는 그것을 함이라 만일 내가 원치 아니하는 그것을 하면 내가 이로 율법의 선한 것을 시인하노니 이제는 이것을 행하는 자가 내가 아니요 내 속에 거하는 죄니라 내 속 곧 내 육신에 선한 것이 거하지 아니하는 줄을 아노니 원함은 내게 있으나 선을 행하는 것은 없노라"(롬 7:15-18). "만일 내가 원치 아니하는 그것을 하면 이를 행하는 자가 내가 아니요 내 속에 거하는 죄니라"(롬 7:20). "내 지체 속에서 한 다른 법이 내 마음의 법과 싸워 내 지체 속에 있는 죄의 법 아래로 나를 사로잡아 오는 것을 보는도다"(롬 7:23).

의하여 극복될 수 있습니다. 그리고 죄의 속임은 복음교리를 아는 지성과 죄의 작용에 대한 주의 깊음(carefulness)에 의하여 극복될 수 있습니다. 따라서 죄가 신자의 영혼을 속임에 있어서 성공하지 않고는 죄를 사랑하거나 자기의를 신뢰할 수 없습니다. 그리고 죄가 그러한 속이는 일에 있어서 성공을 거두었다면, 거기에는 반드시 신자의 생각의 태만함, 곧 부주의(carelessness)의 도움이 있었기 때문입니다.[129]

신자가 자기 깨어짐을 통하여 다시 순전하게 그리스도를 따르는 삶을 살게 되는 것은 이러한 부주의함을 고침으로써입니다. 하나님께서는 당신을 향한 경외함의 진수를 두려워함과 사랑으로 보셨습니다. 그리고 하나님을 공경하는 경건한 두려움은 그분 앞에서 살고 섬기는 모든 방면에서 고도의 주의 깊음으로 나타납니다.

따라서 자기 깨어짐에 이르게 한 참회가 진실한 것이라면, 거기에는 항상 죄에 대한 인식과 그 속이는 작용에 대한 깨달음이 있습니다. 이 둘이 없다면 신자가 아무리 슬프게 울며 하나님께 매달린다 할지라도 그것은 회개가 아닙니다. 신자가 자기 깨어짐을 통하여 이전의 모든 죄를 버리고 그리스도를 따르는 삶을 살게 될 때, 제일 먼저 회복하게 되는 것은 경외함에서 비롯되는 주의 깊음이니, 이렇게 예전의 부주의함을 버리게 됩니다.

---

[129] 인간의 생각(mind)의 가장 중요한 사명은 자신과 영혼을 공격하는 죄를 식별하고 그것을 자신과 영혼에게 알리는 것이다. 그러나 인간의 마음이 하나님의 영광에 대한 인식으로부터 멀어지거나 욕망에 붙잡히게 되면 사물을 올바르게 인식하는 기능이 장애를 받게 된다. 그리하여 인식의 생각은 사물의 실재를 제대로 인식하지 못하고 표상에 붙잡히게 된다. 이 때 죄의 속임은 인간의 마음 안에서 성공을 거둘 수 있는 좋은 위치를 차지하게 된다.

B. 그리스도를 의지함

또한 그리스도를 의지하게 됩니다. 신자가 죄에 대한 사랑을 버리는 것은 다시 하나님을 사랑하는 것을 의미합니다. 이 모든 돌이킴은 그리스도 안에서 이미 이루어 놓으신 속죄를 기초로 한 것입니다. 신자는 진실한 참회의 경험 안에서 자기가 깨어짐으로 전심으로 그리스도만을 의지하게 됩니다.

1. 자기를 의지하던 태도를 버림

자기 깨어짐을 통해서 자기를 의지하던 태도를 버립니다. 신자는 자기 깨어짐을 통해 자신의 교만이 파괴될 때, 자기 사랑을 중심으로 이루어진 잘못된 사랑의 질서를 버리고, 하나님이 지정하신 질서를 따라 애덕(愛德)의 삶을 살게 됩니다. 그리고 이 모든 변화는 그리스도의 공로를 통하여 이루어진 것이고, 신자는 그것을 의지하게 됩니다. 신자가 자신의 죄를 자각하고, 그 죄와 죄의 비참함으로부터 스스로를 구원할 수 없다는 사실을 깨닫게 될 때 중보자이신 그리스도 외에 누구를 의지할 수 있겠습니까? 자기의에 대한 신뢰에서 깨어지는 것도 마찬가지입니다. 이제껏 자신이 제법 하나님의 요구에 부합하는 의로운 삶을 살았고, 더 나아가 하나님을 흡족하게 할 만큼 충분히 헌신하며 살아왔다고 생각하다가, 성령의 조명을 통해 자기가 얼마나 비참하고 더러운 죄인인지를 깨닫게 되었을 때 그가 누구를 의지할 수 있겠습니까? 그는 의롭다고 믿었던 자기의 상태 때문에 오히려 두려워하게 되고, 자신이 하나님을 섬겼다고 신뢰했던 섬김 때문에 깊은 자책감에 빠지게 됩니다. 이러한 자신의 교만과 위선을 깨닫고 자기 심판과 정죄의 과정을 거쳐 자기 처벌에 이르게 될 때에 그가 오직 누구를 생각하겠습니까? 오직 중보자이신 예수 그리스도 외에 아무도 없을 것입니다.

2. 그리스도를 전적으로 의지함

또한 자기 깨어짐을 통해 그리스도를 전적으로 의지하게 됩니다. 신자는 자신의 죄를 깨달은 것만큼 그리스도를 의지하게 되고, 죄의 비참한 결과를 인식한 것만큼 그분의 구원을 갈망하게 됩니다. 자기 깨어짐을 통하여 다시 그리스도를 따르는 삶을 살게 되는 것은 그리스도께 대한 전적인 의존의 마음을 회복함으로써 가능해집니다. 신자의 그리스도께 대한 의존의 마음은 곧 그리스도와의 실제적인 연합의 삶에 있어서 핵심입니다. 그리스도를 따르는 신자의 삶은 곧 그러한 연합을 통한 의존의 마음 안에서 실현됩니다. 거기서 신자는 그리스도를 가장 사랑하게 되고, 계명에 전적으로 순종할 수 있게 됩니다. 이에 대하여 청교도 신학자 존 오웬은 다음과 같이 말합니다. "하나님께서 우리에게 주신 거룩의 계명은, 결코 그 계명 안에 있는 우리를 억압하는 능력이나 권위의 효과 때문에 우리가 마땅히 복종해야 하는 것이 아니라, 오히려 그 계명이 우리에게 참으로 유익하다는 것을 아시는 하나님의 무한하신 지혜와 선하심의 소산이라는 사실 때문에 순종하여야 한다는 것이다."130)

C. 순종으로 그리스도를 알아감

나아가 순종으로 그리스도를 알아갑니다. 자기 깨어짐을 통하여 신자의 영혼은 성령의 은혜로 새로워졌고, 거룩한 삶을 살려는 선한 의지를 회복하게 되었습니다. 이제 그의 마음의 틀은 그리스도를 사랑하고 그분을 통해 계시된 하나님의 모든 계명에 순종하며 살기에 적합하게 고쳐졌습니다. 그의 안에서 죄는 죽고, 은혜는 강력한 지배력을 얻게 되었습니다. 그는 자기 깨어짐을 통하여 회복된 선한 의지를 사용하여 하나님께 순종하는 삶을 살아가게 됩니다. 이러한 교리적 사실을 이해하기 위해서는 다음 사항을 숙고하여야 합니다.

1. 총체적인 삶에 있어 순종함

자기 깨어짐을 통해 신자는 총체적인 삶에 있어서 순종할 의지를 갖습니다. 신자는 자기 깨어짐의 경험을 통하여 자신의 욕망을 따라 죄를 사랑하던 옛 사람의 길과 가치를 버리고, 오직 그리스도 안에서 다시 발견하게 된 은혜의 소명을 따라 살아가게 됩니다. 이 때 신자는 하나님께 총체적으로 순종할 의지를 갖게 됩니다. 이는 자신의 삶의 모든 방면에서 무제한적이자 전포괄적으로 순종할 의지를 갖는 것을 의미합니다. 신자가 이와 같은 기꺼운 마음을 가질 수 있는 것은 자기 깨어짐을 통하여 부당한 자기 사랑을 십자가에 못박기 때문입니다.

---

130) John Owen, *Holiness Necessity from The Command of God. Necessity of holiness proved from the command of God*, in *The Works of John Owen*, vol. 3, edited by William H. Goold, (Edinburgh; The Banner of Truth Trust, 1994 reprinting), p.616.

이러한 경험에 대하여 사도 바울은 말합니다. "그리스도 예수의 사람들은 육체와 함께 그 정과 욕심을 십자가에 못박았느니라"(갈 5:24). 또 다른 곳에는 이렇게 말합니다. "그러나 내게는 우리 주 예수 그리스도의 십자가 외에 결코 자랑할 것이 없으니 그리스도로 말미암아 세상이 나를 대하여 십자가에 못박히고 내가 또한 세상을 대하여 그러하니라"(갈 6:14).

2. 순종을 통하여 지식에서 자라감

자기 깨어짐의 경험 안에서 순종을 통하여 지식에서 자라갑니다. 신자가 진실한 참회 속에서 자기 깨어짐을 통하여 회복된 선한 의지로서 이처럼 순종하는 삶을 살게 되면, 신자는 그러한 순종의 실천을 통하여 그리스도를 아는 지식에서 자라가게 됩니다. 이러한 사실은 '지순(至純)의 사랑이 진리를 깨닫는다.'(caritas novit veritatem)라는 어거스틴의 유명한 명제를 생각나게 합니다.[131]

그러나 이러한 그의 명제는 이미 예수 그리스도의 가르침을 통하여

---

131) 이러한 사상은 그의 고백 속에서도 잘 나타난다. 하나님을 찾음이 곧 하나님을 향한 찬양으로 시작되며, 그러한 찬양 속에서 하나님은 발견되고, 하나님을 발견한 자마다 찬양할 것이기 때문이다. "그리고 그분을 찾는 자들이 주님을 찬양할 것입니다. 실로 찾는 자들이 그분을 발견할 것이며, 그분을 찾는 자들이 주님을 찬양할 것입니다."(*Et laudabunt dominum qui requirunt eum. Quaerentes enim inveniunt eum et invenientes laudabunt eum*). Avrelivs Avgvstinvs, *Confessionvm*, in *Corpvs Christianorvm Series Latina; Avrelii Avgvstini Opera*, (Tvrnholti; Typographi Brepols Editores Pontificii, 1990), p.1; 이처럼 하나님을 이성적으로 이해하기 위해서 믿음을 택하는 것과 그것이 찬양으로 이어지는 것은 어거스틴의 신학에 있어서 특징을 이룬다. J. J. O' Donnell, *Augustine Confessions*, vol.2: Commentary Books 1-7, (Oxford; Clarendon Press, 2000), pp.16-17.

명백히 주어진 것입니다. "나의 계명을 가지고 지키는 자라야 나를 사랑하는 자니 나를 사랑하는 자는 내 아버지께 사랑을 받을 것이요 나도 그를 사랑하여 그에게 나를 나타내리라."(요.14:21).

이에 대해 어거스틴은 자신의 책 『자유의지에 관하여』(De Libro Arbitrio)에서 다음과 같이 말합니다. "찾으라. 그리하면 발견할 것이다. 왜냐하면 인식되지 않은 채 믿어진 것은 발견한 것이라 일컬을 수 없으며 또한 나중에 인식하게 될 것이지만 먼저 믿지 않는다면 누구든지 주님을 만나기에 적합한 자가 되지 못하기 때문이다. 그러므로 주님의 교훈에 순종하면서 지속적으로 탐구해 가자. 실로 그분 자신의 권고로써 우리가 찾는 바를 동일한 분이 보여주심으로써, 이 생(生)에서 우리에 의하여 그렇게 발견될 수 있는 범위 내에서, 발견하게 될 것이다."132)

그러므로 신자의 하나님을 아는 지식은 곧 그리스도를 아는 지식입

---

132) "Quaerite et inuenietis nam neque inuentum dici potest quod incognitum creditur neque quisquam inueniendo deo fit idoneus, nisi ante crediderit quod est postea cogniturus. Quapropter domini praeceptis obtemperantes quaeramus, instanter; quod enim hortante ipso quaerimus, eodem hortante ipso demonstrante inueniemus quantum in hac uita et a nobis talibus inueniri queunt." Avrelivs Avgvstinvs, De Libero Arbitrio, in Corpvs Christianorvm Series Latina; Avrelii Avgvstini Opera, (Tvrnholti; Typographi Brepols Editores Pontificii, 1970), p.239; 믿음으로 진리를 받아들여서 그것을 알게 되었다고 할지라도 그것은 인식론적으로 미완결의 상태이다. 신자가 되었더라도, 진리에 대한 인식을 이렇게 미완결 상태로 방치하면 그는 진정으로 그 진리를 발견했다고 말할 수 없다. 신앙의 힘은 그렇게 믿음으로 받아들여진 진리를 계명된 이성의 추론으로 탐구하여 자신이 믿는 바가 왜 진리일 수밖에 없는지를 탐구하는 데서 나온다. 그리고 이처럼 계명된 이성의 추론을 통하여 믿음으로 받아들여진 진리와 이성의 추론 사이의 간격을 메워갈 때 성령께서 그 지성적 작용을 인도하신다. 이 과정을 통하여 신자는 진리의 빛이 증가함으로 더 큰 사랑을 경험하게 된다. 이렇게 함으로써 신자는 일생 동안 거대한 성경적 사상을 건축해 가게 되며 이러한 지식의 건축을 통하여 신자는 온전한 성도가 되어간다. 그리고 신자의 이러한 영적 성장을 통하여 그리스도의 몸인 교회가 지어져 간다. 설교의 기능은 이러한 사상을 전달함으로써 성도들이 실천적 지성(intellectus practicus)을 소유하게 하

니다. 왜냐하면 하나님은 당신에 관해 우리에게 보여주신 모든 것을 그리스도 안에서 계시하셨기 때문입니다.

한 신자가 그리스도를 아는 참된 지식을 소유하고 있을 때 그것은 피 흘리기까지 자신을 바친 순종을 통하여 획득된 지식입니다.

그리스도가 누구신지를 알게 하시는 분은 하나님이십니다. 하나님께서 성령을 통하여 그리스도를 알게 하십니다. 이 세상에서 인간이 획득할 수 있는 최고의 지식은 바로 그리스도를 아는 지식입니다. 그

는 것이다. 이러한 교리는 조나단 에드워즈가 신자 안에 있는 평화가 획득되는 방식에 대하여 개진한 내용 안에서도 입증된다. "그러나 그리스도께서 주시는 평화와 관련지어 볼 때, 이성은 이것의 위대한 친구입니다. 이성의 기능이 작용할수록 평화는 확고히 세워져 갑니다. 신자들이 사물을 진리로써 숙고하여 볼수록 그들의 위로는 더욱 커지고, 그들의 즐거움은 고양됩니다." Jonathan Edwards, "The Peace Which Christ Gives His True Follower," *Fifteen Sermons on Various Subjects*, in *The Works of Jonathan Edwards*, vol. 2, revised and corrected by Edward Hickman, (Edinburgh; The Banner of Truth Trust, 1995 reprinting), p.92; 조나단 에드워즈는 신자가 그리스도에게서 받는 평화는 그분의 유산과 같은 것이며, 이 평화는 영혼의 쉼을 가져다 주는 평화인데, 이것이 '이성적 평화'(reasonable peace)라고 강조한다. 그리스도의 평화는 빛과 지식 안에서 이성의 추론하는 작용 안에 기초를 둔 평화이며, 그 안에서 사물을 올바르게 보는 시야를 갖게 되는 평화인 반면에 세상의 평화는 이러한 이성적 작용이 인간의 욕망으로 말미암아 잘못된 표상을 좇은 인식론적인 착오에서 비롯되는 거짓 평화라는 것이다. "Christ's peace is a reasonable peace and rest of soul; it is what has foundation in light and knowledge, in the proper exercises of reason, and a right view of things; whereas the peace of the world is founded in blindness and delusion. The peace that the people of Christ have, arises from their having their eyes open, and seeing things as they are. The more they consider, and the more they know of truth and reality of things-the more they know what is true concerning themselves, the state and condition they are in; the more they know of God, and what manner of being he is; the more certain they are of another world and future judgement, and of the truth of God's threatenings and promise; the more their consciences are awakened and enlightened, and the brighter and the more searching the light-the more is their peace established." Jonathan Edwards, "The Peace Which Christ Gives His True Follower," *Fifteen Sermons on Various Subjects*, in *The Works of Jonathan Edwards*, vol. 2, revised and corrected by Edward Hickman, (Edinburgh; The Banner of Truth Trust, 1995 reprinting), p.91.

리스도를 아는 지식의 깊이만큼만 하나님이 그를 창조하신 목적을 따라 살 수 있습니다. 그리스도를 아는 지식은 치열한 삶의 현장에서 순종하는 삶을 통하여 증진되어 갑니다.

D. 하나님을 더욱 섬기고자 함

마지막으로 신자는 하나님을 더욱 섬기고자 합니다. 진실한 참회를 통하여 자기 깨어짐을 경험하고 나면 신자의 마음에는 하나님을 더욱 섬기고자 하는 소원이 가득 차게 됩니다. 순종하고자 하는 마음의 소원이 소극적인 것이라면, 이 소원은 적극적인 것입니다. 신자의 이러한 두 가지 마음에 대하여 사도 요한은 이렇게 말합니다. "무엇이든지 구하는 바를 그에게 받나니 이는 우리가 그의 계명들을 지키고 그 앞에서 기뻐하시는 것을 행함이라"(요일 3:22).

사도 요한은 하나님과 늘 교통하는 가운데 무엇을 기도하든지 하나님께로부터 받는 신자의 삶을 말하면서, 그 요건으로서 하나님 앞에서의 순종과 하나님이 기뻐하시는 바를 행하는 것에 대하여 말합니다. 이것은 단지 다시금 영혼의 곤고함에 이를까봐 두려워하며 순종하는 이상의 삶을 보여줍니다.

신자가 진실한 참회 안에서 자기 깨어짐을 경험할 때, 이처럼 하나님을 더욱 잘 섬길 순전한 마음을 갖게 되는 것은 그 사람 안에 회복된 지순(至純)의 사랑의 효과입니다. 그리고 자기 사랑이 깨어지고 하나님의 선으로서의 창조 목적을 받아들였기 때문입니다. 이처럼 자기 깨어짐을 통한 자기 사랑의 파괴는 언제나 하나님을 더욱 잘 섬기고자 하는 경건한 열망을 불러옵니다.

그러므로 자기 깨어짐은 하나님의 지혜입니다. 자기 안에 부패성의 잔재를 가진 채 살아갈 수밖에 없는 신자, 끝없이 환경의 유혹을 받으며 살아가야 하는 연약하기 그지없는 용서받은 죄인에 불과한 신자인 우리를 자기 깨어짐이라는 방법으로 수시로 쇄신시키심은 하나님의 탁월한 지혜이며 우리를 향한 사랑의 배려입니다. 끊임없이 전일성을 상실하고 부패할 영혼과, 지순의 사랑을 버릴 마음을 쇄신시키시고 새롭게 하셔서 고치심으로, 하나님의 구원 계획을 따라서 창조의 목적에 부합하도록 섬기게 하십니다. 자신만 창조의 목적에 부합한 존재가 될 뿐 아니라, 다른 사람과 온 세계가 그렇게 되기를 힘쓰며 살아가는 것입니다.

Ⅱ. 깨어짐의 고통을 감당하게 하는 것들

진지한 참회의 경험 안에서 자기 깨어짐에 이르는 동안 신자는 많은 고통을 경험하게 됩니다. 이러한 고통 속에서도 인내하며 자기 깨어짐에 이르게 하는 신자 안에 있는 요인은 무엇일까요? 자기 깨어짐과 참회의 경험을 통해 하나님과 친교를 나누는 기쁨에 이르기까지 신자는 수시로 고통을 겪습니다.[133] 이러한 고통에 대하여 시인은

---

[133] 성령의 조명과 죄에 대한 확신에서부터 시작해서 자기 부인과 심판, 그리고 처벌에 이르기까지 신자는 마음과 영혼에 극심한 고통을 겪게 된다. 그리고 이것은 곧 신자 안에 있는 죄를 죽이고 본성을 변화시키시는 그리스도의 죽음의 효과이기도 하다.

고백합니다. "여호와여 주의 분으로 나를 견책하지 마옵시며 주의 진노로 나를 징계하지 마옵소서 여호와여 내가 수척하였사오니 긍휼히 여기소서 여호와여 나의 뼈가 떨리오니 나를 고치소서"(시 6:1-2). 이는 죄의 결과가 그의 영혼과 마음은 물론 육체 안에서까지 온갖 비참함으로 경험된 것입니다.134)

죄의 힘에 눌린 신자의 내면의 고통은 때때로 죄인들을 실신시킬 정도로 크고 무섭게 엄습하기도 합니다. 이 때 하나님과의 관계의 진정한 회복을 갈망하는 신자는 인내하게 됩니다. 오직 하나님께로부터 오는 구원을 갈망하기 때문입니다.135)

그렇다면 신자로 하여금 자기 부인과 자기 심판, 그리고 자기 처벌과 자기 깨어짐에 이르는 모든 과정 속에서 생겨나는 커다란 고통을

---

134) 그러나 이러한 비참함은 복된 것이다. "애통하는 자는 복이 있나니 저희가 위로를 받을 것임이요"(마 5:4). 예수 그리스도께서는 모든 죄인을 비참하다고 말씀하지 않으셨다. 오히려 죄인들 중에도 주님께 복되다는 선언을 받은 사람들이 많았다. 다음 성경 구절을 참고하라. "함께 먹는 사람 중에 하나가 이 말을 듣고 이르되 무릇 하나님의 나라에서 떡을 먹는 자는 복되도다 하니"(눅 14:15). "예수께서 가라사대 너는 나를 본 고로 믿느냐 보지 못하고 믿는 자들은 복되도다 하시니라"(요 20:29). "제자들을 돌아보시며 종용히 이르시되 너희의 보는 것을 보는 눈은 복이 있도다"(눅 10:23). "주께서 그 죄를 인정치 아니하실 사람은 복이 있도다 함과 같으니라"(롬 4:8). 예수 그리스도께서 "심령이 가난한 자는 복이 있나니"라고 말씀하셨을 때, 이것은 반드시 하나님의 영광을 위해서 아름답게 사는 신자의 가난한 마음만을 가리키는 것은 아니다. 이유가 무엇 때문이었든지간에 모든 선한 것이 하나님께로부터 오며, 자신은 그 은총을 의지할 수밖에 없는 비천한 존재라는 인식에서 비롯된 절대 의존의 감정을 가진 심령의 복됨을 가리키신 것이다. 그러므로 주님께서 복되다고 말씀하신 사람 가운데 자신의 죄에 대해 깨닫고 그 비참함을 영혼 속에서 미리 맛보며 그리스도를 통해 하나님만을 의지하고자 하는 죄인들이 포함되는 것은 분명하다.

135) 이 때, 경우에 따라서는 이러한 내적인 고통이 환경적인 고통을 수반할 수도 있다. 그러나 죄 가운데 있는 신자에게 환경의 깊음보다 더 고통스러운 것은 자신의 내면에서 경험되는 고통이다. 이러한 자기 깨어짐의 과정에서 경험하는 내적 고통은 분명히 다윗이 언급한 바 "영혼의 깊음"이다(시 130:1). 이러한 깊음으로부터 구원받기를 갈망하는 신자가 용서를 간구하는 것은 자연스러운 귀결이다. 이렇게 해서 하나님은 당신의 낯을 떠난 신자들을 당신 앞에 세우신다.

이기게 하는 것은 무엇일까요?[136]

A. 그리스도께 대한 믿음

신자는 그리스도께 대한 믿음으로써 자기 깨어짐의 고통을 감당합니다. 성령의 조명하심으로써 죄를 인식한 신자는 양심의 커다란 가책 아래 놓이게 됩니다. 율법을 통한 정죄와 양심의 송사를 당하며 비참한 상태가 됩니다. 죄에 대한 인식은 항상 거룩하신 하나님을 의식하게 합니다. 그의 엄위하심과 엄격하심 앞에서 자신의 죄를 자각한 죄인은 용서를 갈망하게 됩니다. 그러나 이러한 용서는 외부로부터 오는 도움을 통하지 않고는 기대할 수 없습니다. 그때 신자는 자기를 도우실 이가 오직 예수 그리스도뿐임을 깨닫습니다. 그래서 하나님의 거룩하심을 느끼면 느낄수록, 자신의 죄로 말미암은 비참함을 깨닫게 되고, 그렇게 될수록 점점 더 그리스도를 의지하게 됩니다.

그리스도께 대한 이러한 믿음이 자기 깨어짐의 과정에서 발생하는 내적인 고통들을 감당하게 합니다. 이 때 신자가 행사하는 그리스도께 대한 믿음은 구원에 대한 회고를 통하여 이루어집니다. 죄로 인하여 자기 깨어짐이 필요한 상태가 되었지만, 자기를 용서해 주시리라는 믿음을 예전에 경험했던 구원의 경험을 토대로 행사한다는 것입니

---

[136] John Owen, *A Practical Exposition upon Psalm CXXX.; wherein the nature of the forgiveness of sin is declared; the truth and reality of it asserted; and the case of a soul distressed with the guilt of sin, and relieved by a discovery of forgiveness with God, is at large discoursed*, in *The Works of John Owen*, vol. 6, edited by William H. Goold, (Edinburgh; The Banner of Truth Trust, 1991 reprinting), p.331.

다. 즉 그리스도를 믿기 전에 자신이 심히 악한 죄인이었으나 회심할 때에 자신의 죄를 모두 용서해 주시고, 사랑으로 용납하셨다는 사실을 현재적으로 회고함으로써 지금도 자신을 받아 주시리라고 믿는 것입니다(롬 8:32).**137)**

그래서 자기 깨어짐의 경험은 언제나 그리스도의 십자가에 대한 현재적인 경험을 수반합니다. 따라서 자기 깨어짐의 과정에서 초래되는 고통을 견디게 하는 믿음은 십자가를 통해 나타난 하나님의 사랑에 대한 믿음입니다. 그 믿음이 지금 참회하는 자기를 용서해 주시고 다시 사랑해 주실 것이라는 약속을 붙드는 것입니다. 실로 중보자이신 그리스도 예수의 은혜가 아니면 자기 깨어짐으로 가는 모든 고통들을 감당할 수 없습니다. 예수 그리스도를 통해서만 하나님 안에 있는 모든 선한 것들을 누릴 수 있다는 믿음과 의지는 자기 깨어짐의 과정 속에서 생겨나는 모든 고통을 이기게 만듭니다.

B. 하나님을 향한 사랑

신자는 하나님께 대한 사랑으로써 자기 깨어짐의 고통을 감당합니다. 신자가 자기 깨어짐이 필요한 상태 아래 놓이게 되는 것은 부당한 자기 사랑 때문입니다. 하나님의 말씀을 통하여 그것이 잘못된 것임을 깨닫게 될 때에 하나님 밖에서 행복을 찾으려 했던 자신의 모든 시도가 잘못된 것이라는 사실을 알게 됩니다. 신자는 이처럼 자기 안에

---

137) "자기 아들을 아끼지 아니하시고 우리 모든 사람을 위하여 내어 주신 이가 어찌 그 아들과 함께 모든 것을 우리에게 은사로 주지 아니하시겠느뇨"(롬 8:32).

지순(至純)의 사랑을 상실한 고통을 경험하게 됩니다. 그리고는 정말 이 세상에서 가장 가치 있는 것은 지순의 사랑으로써 하나님을 사랑하고 하나님께 사랑을 받는 것임을 알게 됩니다.

1. 하나님 사랑의 가치를 깨달음

자기 깨어짐을 통해 신자는 하나님 사랑의 가치를 다시 깨닫습니다. 자기 깨어짐이 필요하도록 지순의 사랑을 잃어버린 경험을 통해 하나님 사랑의 가치를 다시 깨닫게 됩니다. 하나님을 사랑하고 또 그 분께 사랑받으며 사는 것이 최고의 가치라는 사실을 다시 깨닫게 됩니다. 그렇게 하나님에 의해 지정된 마땅한 행복을 희생의 대가로 지불하면서 찾으려고 했던 모든 것들이 무가치한 것이라는 사실을 깨닫게 되는 것 없이는 자신이 깨어지기를 바라는 마음을 가질 수 없습니다. 따라서 신자가 진실한 참회로 하나님 앞에 나아오는 것은 이미 자신이 하나님 아닌 다른 것들을 사랑한 것이 죄임을 깨달은 것입니다.

2. 회복되는 세 감각

자기 깨어짐을 통해 하나님의 사랑과 관련된 신자의 세 감각이 회복됩니다. 첫째로 하나님의 사랑에 대한 감각이고, 둘째로 하나님의 용서에 대한 감각이며, 셋째로 하나님의 영광에 대한 감각입니다. 이것이 자신에게 적용될 때 각각 하나님을 사랑함으로, 하나님의 은혜에 감사함으로, 그리고 하나님께 영광을 돌리고자 함으로 나타납니다.

따라서 신자가 하나님의 사랑을 받은 것만큼 하나님을 사랑할 수 있고, 용서를 경험한 것만큼 감사할 수 있고, 영광을 경험한 것만큼 영광을 돌리는 삶을 살고자 한다는 것은 명백한 진리입니다. 자신의 죄를 깨닫고 하나님 앞에서 깨뜨려지기를 원하는 것 자체가 이미 하나님을 향한 사랑이 그 사람 안에서 역사하고 있는 증거입니다. 신자 중 그 누구도 하나님의 사랑이 아니고는 진정으로 죄를 미워할 수 없기 때문입니다.

진정한 자기 깨어짐은 단지 양심의 송사를 피하고 율법의 정죄를 모면하려는 의도에서 죄의 용서를 구하는 것이 아닙니다. 마땅히 사랑해서는 안 될 것들에 대한 사랑을 후회하며 그 사랑에 관하여 깨어지는 것입니다.138)

그러한 후회 자체가 이미 참회하는 신자 안에서 하나님을 향한 사랑이 역사하고 있음을 보여주는 것입니다. 그리고 진실한 자기 깨어짐은 이러한 사랑을 신자 안에 가득하게 만들어 줍니다(눅7:47).139)

신자에게 있어서, 보다 더 완전한 사랑을 갈망하며, 참회와 함께 시작된 하나님께 대한 사랑을 끝까지 붙잡는 것은 자기 깨어짐의 과정

---

138) 복음적 회개와 율법적 회개에 대해서는 다음 책을 참고하라. 김남준, 「구원과 하나님의 계획」, (서울; 부흥과개혁사, 2004), pp.195-198; 토마스 왓슨은 회개하지 않는 자들을 위한 처방을 제시하는 가운데 죄에 대하여 숙고할 것을 강조하는데, 그는 이것을 다음 네 가지로 설명한다. (1)진지하게 숙고함. ①죄가 무엇인지에 대하여 진지하게 숙고할 것, ② 하나님의 자비와 사랑을 숙고할 것, ③ 섭리 가운데 참으시는 하나님의 아픔을 숙고할 것, (2)용서받은 상태와 그렇지 못한 상태를 진지하게 비교할 것, (3)개별적인 죄를 떠날 단호한 결심을 할 것, (4)죄를 이길 은혜를 열렬히 구할 것. Thomas Watson, *The Doctrine of Repentance*, (Edinburgh; The Banner of Truth Trust, 1994 reprinting), pp.106-122.

139) "이러므로 내가 네게 말하노니 저의 많은 죄가 사하여졌도다 이는 저의 사랑함이 많음이라 사함을 받은 일이 적은 자는 적게 사랑하느니라"(눅7:47).

에서 만나는 많은 고통들을 견디는 힘이 됩니다. 신자가 죄와 더불어 많이 씨름하여도 하나님의 사랑의 위로를 경험하지 못하는 경우가 아주 없지는 않으나(시 88:1-10),140) 일반적으로 신자가 자기 안에 있는 죄를 미워하며 싸워 죽이는 것만큼 하나님께 사랑을 받게 됩니다. 청교도 존 오웬이 이러한 사랑의 경험을 '싸워 이긴 설복'(prevailed persuasion)이라고 부른 것도 바로 이 때문입니다.

C. 의지의 올곧음

신자는 죄를 용서받으려는 의지의 올곧음(uprightness)으로써 자기 깨어짐의 고통을 감당합니다. 올곧음이란 믿음을 토대로 생겨나는 신자의 내면의 작용으로 어찌하든지 하나님과 올바른 관계 속에서 그리스도를 사랑하고 그분께만 붙어 있으려는 꾸밈이 없는 의지의 결단입니다. 진실한 참회의 경험 안에서 신자는 이러한 올곧음으로써 자기 깨어짐에 이르도록 고통을 감당합니다. 이러한 교리적 사실을 이해하기 위해서는 다음 사항에 대한 숙고가 필요합니다.

---

140) "여호와 내 구원의 하나님이여 내가 주야로 주의 앞에 부르짖었사오니 나의 기도로 주의 앞에 달하게 하시며 주의 귀를 나의 부르짖음에 기울이소서 대저 나의 영혼에 곤란이 가득하며 나의 생명은 음부에 가까왔사오니 나는 무덤에 내려가는 자와 함께 인정되고 힘이 없는 사람과 같으며 사망자 중에 던지운 바 되었으며 살륙을 당하여 무덤에 누운 자 같으니이다 주께서 저희를 다시 기억지 아니하시니 저희는 주의 손에서 끊어진 자니이다 주께서 나를 깊은 웅덩이 어두운 곳 음침한 데 두셨사오며 주의 노가 나를 심히 누르시고 주의 모든 파도로 나를 괴롭게 하셨나이다(셀라) 주께서 나의 아는 자로 내게서 멀리 떠나게 하시고 나로 저희에게 가증되게 하셨사오니 나는 갇혀서 나갈 수 없게 되었나이다 곤란으로 인하여 내 눈이 쇠하였나이다 여호와여 내가 매일 주께 부르며 주를 향하여 나의 두 손을 들었나이다 주께서 사망한 자에게 기사를 보이시겠나이까 유혼이 일어나 주를 찬송하리이까(셀라)"(시 88:1-10).

1. 선한 의지의 지속이 필요함

먼저 지적할 것은 선한 의지의 지속이 요긴하다는 사실입니다. 올곧음이 지속될 때, 신자는 자기 깨어짐의 과정 속에서 경험하는 내적인 고통들을 잘 견디며 성화의 작용에 참여하게 됩니다.[141] 따라서 이 올곧음은 선한 의지의 올곧음입니다.

신자가 자신의 죄를 자각하고 나서 자기 깨어짐에 이르기까지 매우 짧은 기간 동안 그 모든 과정이 진행되는 경우도 있지만, 상당한 기간을 거쳐 자기 깨어짐에 도달하는 경우도 있습니다. 성령의 조명을 통하여 자기의 죄를 깨달았다고 할지라도 그 자각이 반드시 오래 지속된다는 보장은 없습니다. 신자가 자신의 영혼의 비참한 상태를 발견하고 크게 놀란 후에도 어떤 이유에서든지 그것을 곧 잊어버리고 다시 추루하기 짝이 없는 옛 삶으로 돌아가는 일은 얼마든지 있을 수 있습니다(벧후 2:22, 약 1:23-24).[142] 또한 신자가 하나님의 말씀에 비추어 죄에 대하여 자기를 심판하고서도 자기 처벌에 이르지 아니하고, 오히려 내적인 은혜의 작용에 배치(背馳)하여 담대히 죄의 낙을 선택하는 경우도 있습니다. 이후의 모든 자기 깨어짐의 과정에서도 그런 위험스러운 가능성은 언제나 남아 있습니다. 따라서 어찌하든지 그리스도

---

[141] "The form and proper nature of uprightness, is the good inclination, disposition and firm intention of the will to a full confirmity with God's will." Henry Scudder, *The Christian's Daily Walk, in Holy Security and Peace*, (London; Printed for William Miller, 1690), p.184; 김남준, 「죄와 은혜의 지배」, (서울; 생명의말씀사, 2005), p.365, 374.

[142] "참 속담에 이르기를 개가 그 토하였던 것에 돌아가고 돼지가 씻었다가 더러운 구덩이에 도로 누웠다 하는 말이 저희에게 응하였도다"(벧후 2:22). "누구든지 도를 듣고 행하지 아니하면 그는 거울로 자기의 생긴 얼굴을 보는 사람과 같으니 제 자신을 보고 가서 그 모양이 어떠한 것을 곧 잊어버리거니와"(약 1:23-24).

를 사랑하고 그분과의 올바른 관계 속에서 하나님과 합일하려는 선한 의지의 유지가 절대적으로 필요합니다.

2. 올곧음은 신자의 책임임

또한 지적할 것은 올곧음은 신자의 책임이라는 사실입니다. 이것은 이러한 아름다운 경향성이 성령으로 말미암아 거듭난 신자의 새 본성이기 때문입니다.

신자의 올곧음의 원저자는 성령이십니다. 왜냐하면 올곧음 자체가 하나님께만 끊임없이 붙어 있으려는 꾸밈없는 마음에서 우러나온 의지의 결단과 경향이기 때문입니다. 그러나 이렇게 자기 깨어짐에 이르도록 작용하시는 성령의 은혜에 대하여, 선한 의지의 올곧음을 유지하는 것은 전적으로 신자의 책임입니다. 신자는 자신이 선한 의지를 버리고 악한 의지에 굴복한 것에 대하여 누구에게도 핑계를 댈 수 없습니다.

비록 신자가 자신의 죄에 대하여 깨닫게 되었다고 할지라도, 죄에 대한 그러한 자각과 죄의 결과인 비참함에 대해서 느끼는 고통은 언제나 동일하게 계속되는 것이 아닙니다. 자기 깨어짐이 진행되는 과정에서 더욱 증가하기도 하고 감소하기도 합니다. 이는 궁극적으로 신자 자신의 영혼과 마음의 변화에서 비롯되기도 하지만, 그러한 변화는 마음과 영혼 자체 안에서 일어나기도 하고, 환경의 변화에서 비롯되기도 합니다. 따라서 선한 의지의 올곧음을 유지하려는 신자 자신의 노력이 필요합니다.

3. 성경이 풍부한 증거를 보여줌

더불어 지적될 것은 이러한 올곧음의 중요성에 대하여 성경이 풍부한 증거를 보여준다는 사실입니다. 성경은 자기 깨어짐에 이르기를 원하는 모든 신자들의 이러한 의무와 유익을 입증하는 교리적 사실에 대해 풍부한 증거를 가지고 있습니다. "내 영혼아 네가 어찌하여 낙망하며 어찌하여 내 속에서 불안하여 하는고 너는 하나님을 바라라 나는 내 얼굴을 도우시는 내 하나님을 오히려 찬송하리로다"(시 42:11). 시인은 끊임없는 외적인 시련과 내적인 고통에 시달리며 '더 이상 하나님의 도움이 없다.'는 외침에 시달려야 했습니다. 그러나 그는 오히려 자신을 타이르며 하나님을 바라보았습니다. 이것이 바로 선한 의지의 올곧음입니다.

"많은 사람이 있어 나를 가리켜 말하기를 저는 하나님께 도움을 얻지 못한다 하나이다 (셀라) 여호와여 주는 나의 방패시오 나의 영광이시오 나의 머리를 드시는 자니이다 내가 나의 목소리로 여호와께 부르짖으니 그 성산에서 응답하시는도다 (셀라)"(시 3:2-4). 또 다른 곳에서 시인은 많은 사람들로부터 저주를 받았고, 하나님께 도움을 얻지 못한다고 낙인 찍혔습니다. 그러나 그는 여전히 하나님만이 자신의 보호자 되심을 믿으며 지속적으로 부르짖었습니다. 이것이 바로 하나님께 나아가는 죄인들의 선한 의지의 올곧음입니다.

이처럼 자신의 죄를 용서받고 하나님과의 친교를 회복하고자 하는 의지의 올곧음은 자기 깨어짐에 이르기까지 겪게 되는 내적인 아픔과 환경적인 고통들을 잘 참아내게 합니다.

4. 의지의 올곧음의 작용은 은혜 안에 있음

마지막으로 지적되어야 할 것은 이러한 의지의 올곧은 작용이 은혜 안에 있다는 사실입니다. 이 올곧음은 하나님의 기대에 부합한 존재가 되어 하나님의 계획과 목적의 성취에 기여하며 살려는 의지의 선한 경향성과 확고한 결단으로, 오직 은혜 안에만 있습니다. 올곧음의 좌소(座所)는 신자의 의지이며,143) 올곧음은 청교도 윌리엄 베이츠(William Bates)의 지적과 같이 최초의 인간을 거룩하고 의롭게 하였던 것으로 창조의 목적을 따라 살게 하는 경향성이자 인간의 아름다움의 핵심이었습니다.144)

---

143) 올곧음의 좌소(座所)가 신자의 의지 안에 있다는 것은 배타적으로 의지에만 올곧음의 성향이 존재한다는 것이 아니라 지성과 정서 모두에 올곧음의 경향이 존재하지만 의지의 작용이 우선적이라는 뜻이다. "The proper seat or spring in man, from whence through the special grace of Holy Ghost, it riseth, is a sound knowledge of God and of his will, touching those things which the will should choose and refuse; and from faith in Christ Jesus, the conduit pipe through which every believer doth, of his fullness of uprightness receive this grace to be upright. Hereby Christian uprightness which maybe in meer natural, superstitious and mis-believing man, yea, in a Heathen Idolater…This St. Paul did before his Conversion; he did as he thought ought to do." Henry Scudder, *The Christian's Daily Walk, in Holy Security and Peace*, (London; Printed for William Miller, 1690), p.184; 김남준, 「죄와 은혜의 지배」, (서울; 생명의말씀사, 2005), p.394.

144) "Adam was created with the Perfection of Grace: The progress of the most excellent Saints is in comparably short of his beginning: By this, we may, in part, conjecture at the Beauty of Holiness in Him, of which one faint Ray appearing in renewed Persons is so amiable. The Primitive Beauty is expressed in Scripture by Rectitude: God made Man upright. There was an universal entire Rectitude in his Faculties, disposing them for their proper Operations. This will more fully appear by considering the distinct Power of the Soul, in their regular Constitution." William Bates, *The Harmony of the Divine Attributes in the Contrivance and Accomplishment of Man's Redemption by the Lord Jesus Christ*, in *The Works of the Late Reverened and Learned William Bates*, (London; Printed for Aylmer, at the Three Pigeons, against the Royal Exchange in Cornhill: And J. Robinson, at the Golden Lion in St. Paul's Church-Yard, 1700), p.92.

비록 인간은 죄로 말미암아 이것을 잃어버렸지만, 하나님께서는 이것을 구속의 은혜로 다시 회복해 주셨습니다. 또한 자기 깨어짐의 과정에서 경험하는 고통보다도 더 큰 영혼의 축복이 그 후에 주어질 것이라고 믿는 믿음은 이 의지의 올곧음에 힘을 더하여 줍니다. 따라서 신자는 하나님께서 부어 주실 영혼의 위로를 바라보며 의지의 올곧음 안에서 끊임없이 하나님 앞에 나아가려고 결단하게 되고, 자기 깨어짐에서 오는 현재적 고통을 견디게 됩니다. 그리고 이렇게 사는 것이 바로 믿음으로 사는 삶입니다.

Ⅲ. 자기 깨어짐이 없는 섬김

하나님의 자녀라고 할지라도 이러한 자기 깨어짐 없이 형식적인 교회 생활을 이어가는 일은 얼마든지 가능합니다. 그러나 그런 생활은 신자 안에 있는 영적 생명을 고사(枯死)시키는 것입니다. 더욱이 진실한 자기 깨어짐이 없는 신앙 생활을 섬김으로 보상하려고 하는 것은 그를 더욱 허위의 사람으로 만들어 갑니다. 그러므로 다음 사실을 숙고하여야 합니다.

A. 헌신과 자기 깨어짐

먼저 생각해 볼 것은 헌신과 자기 깨어짐의 관계입니다. 한때 하나님만을 위해 살기로 결심한 사람이라 할지라도 어떻게 그가 내재하는 죄의 모든 영향으로부터 자유롭다고 말할 수 있겠습니까? 그의 영혼 안에 심겨진 새로운 본성은 그렇게 살기를 원하지만, 보고 듣고 말하는 모든 감각을 통해 접하게 되는 이 세상의 유혹이 내재해 있는 죄를 이끌어 낼 때, 그는 이전에 경험했던 생애적인 돌이킴과 거룩한 결단에도 불구하고 죄의 유혹을 좇아갈 수 있습니다. 그래서 그는 자신이 구원받은 하나님의 자녀이지만 모든 죄로부터 자유로워진 완전한 사람은 아니라는 사실과, 은혜의 능력 아래서 살아갈 때만 죄를 이길 수 있음을 경험적으로 깨닫게 됩니다. 그런 점에서 신자는 이미 구원받은 사람인 동시에 아직 구원되고 있는 중인 존재입니다. 그러므로 신자는 구원의 은혜를 경험한 후에도 매순간 자기 깨어짐 속에서 살아야 합니다. 자신이 하나님 앞에 얼마나 연약한 죄인인 줄을 깨닫고, 붙들어 주시는 하나님의 은혜와 성령에 의한 부단한 내적 쇄신을 경험하는 일 없이는 그 누구도 자기를 구원하신 하나님의 계획을 따라 살 수가 없습니다.

 자기 깨어짐이 없으면 하나님 앞에서 살아가는 헌신의 삶에 무언가가 결핍되는 것이 아니라 삶 자체가 하나님을 향할 수 없습니다. 하나님께로 향할 수 없으니 그분을 최고의 가치로 생각하며 희생할 수 없는 것은 당연합니다. 자기 깨어짐이 없는 섬김은 하나님께 대한 싫증을 간직한 활동입니다. 그는 마음에 없는 일을 하고 있는 중이며, 설령 그 일에 기쁨을 느끼고 흥미를 얻는다 할지라도 그것은 일 자체에 대한 흥미와 기쁨일 뿐, 개별적인 섬김을 통해 보다 궁극적인 창조의 목적을 이루어 가시는 하나님 자신에 대한 기쁨은 아닙니다. 그는 하나님의 거룩한 계획을 받아들이지 않은 채 여러 가지 다른 동기로 외면상 하나님을 섬기고 있을 뿐입니다.

  하나님을 섬기면서 하나님 자신에 대한 기쁨이 없다는 것은 얼마나 비참한 일입니까? 그의 온 삶은 거짓과 위선으로 가득 차 있고, 그는 하나님의 영광을 위하여 살도록 부름 받았음에도 하나님의 영광이 나타나는 것을 사모하지 않습니다. 그런 그가 하나님의 영광과 그 나라의 회복을 위해 주어진 개별적인 의무를 수행한다고 해서 그의 영혼이 하나님께 가까이 다가갈 수 있겠습니까? 오늘날 하나님을 섬기는 많은 사람들이 하나님 자신 이외에 다른 곳에서 기쁨을 찾습니다. 이것은 이미 그의 내면의 세계가 깨뜨려져야 할 다른 세계로 변하고 있음을 보여줍니다. 하나님을 사랑할 때, 그는 일할 때만이 아니라 삶의 모든 활동을 통해 하나님을 섬기는 사람이 될 수 있습니다.

B. 왜 참된 헌신이 없는가

  그러면 왜 그토록 참된 헌신이 보기 드문 것일까요? 그리스도인들은 하나님께만 헌신하고 하나님께 자신을 다 드리도록 부름 받은 헌제자들입니다. 그럼에도 왜 많은 그리스도인들은 하나님 앞에 헌신하여야 할 마땅한 본분을 저버리고 하나님의 창조와 구원의 계획으로부터 멀리 이탈한 채 살아가는 것일까요? 그렇게 산 삶의 결과가 얼마나 비참하고 허무한 것인지 성경이 수없이 증언하는데도 불구하고 그러한 삶을 살아가는 이유는 무엇일까요? 이 모든 질문에 대한 답은 신자의 잘못된 자기 사랑으로 집약됩니다. 하나님의 뜻대로 살기를 거부하고 하나님께서 원하시는 존재로 변화되어 가기를 기뻐하지 않는 인간의 악덕스러운 자기 사랑의 본성이 허탄한 것들에 굴복하며 살아가게 하는 것입니다.

이런 모든 비극은 자기 깨어짐이 없는 신앙 생활에서 비롯됩니다. 하나님께서는 제물만 죽이고 자신의 내면의 세계는 죽임 당하지 않는 악덕스러운 신자들의 모든 섬김을 멸시하십니다.

결국 자기 깨어짐이 없고, 죄에 대한 사랑을 죽이지 못하면 모든 삶의 결국은 하나님을 기업으로 누리지 못하는 핍절한 삶으로 나타납니다. 그들은 약속은 가지고 있으나 그 약속의 실현을 보지 못할 것이며, 입으로는 하나님을 향한 사랑을 말하지만 삶으로는 하나님을 사랑하는 증거를 보여주지 못할 것입니다. 결국 그가 이 세상에 살아 있는 것은 그를 구원하신 하나님께 말할 수 없는 모욕과 불명예를 가져다 줄 뿐입니다.

하나님께서는 오래 참으심으로 기다리시지만 언젠가는 그 인내가 끝이 나고 모든 기회는 죽음과 함께 박탈될 것입니다. 그러므로 신앙은 날마다 죽음으로써 성취되는 투쟁과 같습니다. 시도 바울이 "나는 날마다 죽노라."라고 고백했던 것도 바로 이러한 이유 때문입니다. 하나님께서 우리에게 베풀어 주신 사랑이 얼마나 놀랍습니까? 이스라엘 백성을 애굽에서 구해 내신 것처럼 우리를 죄와 어둠에서 건져 내어 주시지 않으셨습니까?

하나님께서 형벌 받아 마땅한 죄인들을 구속하신 것은 이제 다시는 우리 자신을 위하여 살지 않고 하나님을 위하여 살게 하기 위함입니다. 우리가 드리는 헌신은 이방신들에게 드리는 제사와 같을 수가 없습니다. 우리가 드리는 제사는 거룩하신 하나님께 드리는 것이니, 우리는 외적인 삶에 있어서뿐 아니라, 내면의 순전함에 있어서도 하나님께 바쳐진 자들이 되어야 합니다. 그러기 위해서는 우리가 죄에 대한 사랑에 관하여 깨어져야 합니다. 죄를 사랑하는 마음이 깨어져서 순전하게 되는 내적인 거룩함의 증진 없이는 우리의 삶이 하나님께 바쳐진 진정한 헌신이 될 수 없는 것입니다.

자기 깨어짐이 없는 헌신은 순전하지 않은 헌제자에 의하여 드려지는 헛된 제물과 같습니다. 우리가 하나님께 수고한 많은 날들 중 얼마나 많은 시간들이 자기 깨어짐이 없는 속에서 바쳐진 의례적인 섬김이었는지를 생각한다면, 우리 중 아무도 하나님 앞에 스스로를 대견스럽게 여길 수 없을 것입니다.

귀한 아들의 피로 쓰레기 같은 죄인들을 속죄하신 하나님 아버지의 크신 사랑을 배반하며 살아온 날들이 얼마나 많았는지요. 힘에 넘치도록 수고한 날들도 얼마나 많이 자신의 보람과 이익을 위하여 산 때가 많았는지요.

아아, 우리는 얼마나 많은 날들을 하나님을 섬기는 모습으로 살아왔습니까? 우리에게는 외면적으로 하나님을 섬기는 모습이 필요한 것이 아니라 전심으로 하나님을 사랑하고 그 사랑이 동기가 되어 그분을 섬기는 일이 필요합니다. 그때 그가 이 세상에서 무슨 일을 하든지 하나님께서는 그 일을 통해 영광을 받으실 것이며, 또한 그 섬김을 통해 영광을 받으시기 전에 그렇게 섬기는 그 사람 자신으로 말미암아 기쁨을 이기지 못하실 것입니다.

우리가 날마다 죄를 죽이고 신령한 은혜 안에서 거룩한 삶을 살며 죄악된 이 세상과 분투하는 것은 바로 그런 존재가 되기 위해서입니다. 그러한 삶으로써 망가진 창조 세계의 한 모퉁이를 고치는 도구로 살기 위해서입니다. 우리가 더 많이 자기 깨어짐을 경험하고 참된 신자가 되어야 할 이유가 여기에 있습니다.

그리스도를 따름

한·눈·에·보·는·9장

I. 그리스도를 따름
  _ 자기 깨어짐의 핵심적인 열매임
  ### A. 부주의함을 고침
  _ 생각과 삶의 부주의함을 고침으로써 그리스도를 따르는 삶이 가능해짐
  ### B. 그리스도를 의지함
  _ 자기를 의지하는 태도를 버리고 그리스도만을 전적으로 의지하게 됨으로써 그리스도를 따르는 삶이 가능해짐
  ### C. 순종으로 그리스도를 알아감
  _ 자기 깨어짐을 통하여 회복된 선한 의지를 사용하여 하나님께 순종하는 삶을 살아가게 됨으로써 그리스도를 따르는 삶이 가능해짐
  ### D. 하나님을 더욱 섬기고자 함
  _ 자기 깨어짐을 통한 자기 사랑의 파괴는 하나님을 더욱 잘 섬기고자 하는 경건한 열망을 가져옴
  _ 하나님을 더욱 섬기고자 하는 적극적인 소원 속에서 그리스도를 따르는 삶이 가능해짐

II. 깨어짐의 고통을 감당하게 하는 것들
  ### A. 그리스도께 대한 믿음
  _ 십자가를 통해 나타난 하나님의 사랑에 대한 믿음
  ### B. 하나님을 향한 사랑
  _ 자신의 무가치를 깨닫게 되면서, 하나님의 사랑의 가치에 눈뜨게 됨
  _ 하나님의 사랑과 관련된 신자의 세 감각, 즉 하나님의 사랑에 대한 감각, 하나님의 용서에 대한 감각, 하나님의 영광에 대한 감각이 회복됨
  ### C. 의지의 올곧음
  _ 영혼의 비참함을 발견한 신자들일지라도, 얼마든지 추루한 옛 삶으로 돌아갈 수 있음. 그러한 위험스러운 가능성 때문에 올바른 관계 속에서 하나님과 합일하려는 선한 의지가 지속되어야 함
  _ 신자를 자기 깨어짐에 이르게 하는 성령의 은혜에 대하여, 선한 의지의 올곧음을 유지하는 것은 전적으로 신자의 책임
  _ 시편의 시인들에게서 선한 의지의 올곧음을 발견할 수 있음
  _ 인간이 죄로 말미암아 잃어버린 선한 의지를 하나님께서 구속의 은혜로 다시 회복해 주셨음

Ⅲ. 자기 깨어짐이 없는 섬김
_ 자기 깨어짐 없는 신앙 생활을 섬김으로 보상하려는 태도는 위험함
A. 헌신과 자기 깨어짐
_ 내재하는 죄의 영향에서 완전히 자유로울 수는 없기에 신자에게는 부단한 내적 쇄신이 요구됨
_ 자기 깨어짐이 없는 섬김은 하나님께 대한 싫증을 간직한 활동임
B. 왜 참된 헌신이 없는가
_ 신자의 잘못된 자기 사랑 때문임

부록

참고 문헌·색인

부록 1 · 참고 문헌

성경 주석

Bruce, Frederick F. *The New International Commentary of the New Testament; The Epistle to the Hebrews*, (Grand Rapids; William B. Eerdmans Publishing Company, 1990 revised edition).

Budd, Philip J. *Word Biblical Commentary; Numbers*, vol. 5, (Dallas; Word Book Publisher, 1984).

Craigie, Peter C. *The New International Commentary on the Old Testament; The Book of Deuteronomy*, (Grand Rapids; William B. Eerdmans Publishing Company, 1976).

Fee, Gordon D. *The New International Commentary on the New Testament; Paul's Letter to the Philippians*, (Grand Rapids; William B. Eerdmans Publishing Company, 1995).

Gaebelein, Frank E. ed. *The Expositor's Bible Commentary*, vol. 2, (Grand Rapids; Zondervan Publishing House, 1990).

Harrison, Ronald K. *The Tyndale Old Testament Commentaries; Leviticus*, (Downers Grove; InterVarsity Press, 1981).

Hartley, John E. *Word Biblical Commentary; Leviticus 1-27*, vol. 4, (Dallas; Word Book Publisher, 1992).

Keil, C. F. & Delitzsch, F. *Commentary on the Old Testament; The Pentateuch*, vol. 1, translated by James Martin, (Grand Rapids; William B. Eerdmans Publishing Company, 1983 reprinting).

McConville, J. Gordon. *Apollos Old Testament Commentary; Deuteronomy*, edited by David W. Baker & Gordon J. Wenham, (Leicester; Apollos, 2002).

Wenham, Gordon J. *The New International Commentary on the Old Testament; The Book of Leviticus*, (Grand Rapids; William B. Eerdmans Publishing Company, 1979).

사전류

Alexander, T. Desmond & Baker, David W. eds. *Dictionary of the Old Testament: Pentateuch*, (Downers Grove; InterVarsity Press, 2003).

Alexander, T. Desmond. Rosner, Brian S. Carson, Donald A. & Goldsworty, Graeme. eds. *New Dictionary of Biblical Theology : Exploring the Unity & Diversity of Scripture*, (Downers Grove; InterVarsity Press, 2000).

Bauer, Walter. *A Greek-English Lexicon of the New Testament and Other Early Christian Literature*, edited by Frederick W. Danker, William F. Ardnt & F. Wilbur Gingrich, (Chicago; The University of Chicago Press, 2000 3rd edition).

Botterweck, G. Johannes, Ringgren, Helmer, Fabry, and Heinz-Josef eds., *Theological Dictionary of the Old Testament*, vol. 7, (Grand Rapids; William B. Eerdmans Publishing Company, 1995).

Brown, Francis. Driver, S. & Briggs, C. *The Brown-Driver-Briggs Hebrew and English Lexicon*, (Peabody; Hendrickson Publishers, 2003).

Clines, David J. A. ed. *The Dictionary of Classical Hebrew*, vol. 4, (Sheffield; Sheffield Academic Press, 1998 reprinting).

Freedman, David N. ed. *The Anchor Bible Dictionary*, vol. 6, (New York; Doubleday, 1992).

Gesenius, H. W. F. *Gesenius' Hebrew-Chaldee Lexicon to the Old Testament*, translated by Samuel P. Tregelles, (Grand Rapids; Baker Book House, 1979).

Harris, Robert L. Archer Jr., Gleason L. & Waltke, Bruce K. *Theological Wordbook of the Old Testament*, vol. 1, (Chicago; Moody Press, 1980).

Holladay, William L. ed. *A Concise Hebrew and Aramaic Lexicon of the Old Testament*, (Grand Rapids; William B. Eerdmans Publishing Company, 1986 reprinting).

Jones, Henry S. & Roderick McKenzie eds., *Liddell and Scott's Greek-English Lexicon*, (Oxford; Clarendon Press, 1940 new edition).

Kittel, Gerhard & Friedrich, Gerhard. eds. *Theological Dictionary of the New Testament*, vol. 3, (Grand Rapids; William B. Eerdmans Publishing Company, 1995 reprinting).

Koehler, Ludwig. & Baumgartner, Walter. *The Hebrew and Aramaic Lexicon of the Old Testament*, vol. 2, translated by M. E. J. Richardson, (Leiden; E. J. Brill, 1994).

Thayer, Joseph H. *Thayer's Greek-English Lexicon of the New Testament*, (Grand Rapids; Baker Book House, 1982 reprinting).

학술 논문

Hawks, Richard M. *The Logic of Grace in John Owen, D. D.; an Analysis, Exposition, and Defense of John Owen's Puritan Theology of Grace*, (Philadelphia; Westminster Theological Seminary; Ph. D. Dissertation, 1987).

Jae Sung, Kim. *Unio Cum Christo: The Work of The Holy Spirit in Calvin's Theology*, (Philadelphia; Westminster Theological Seminary; Ph. D. Dissertation, 1998).

Leithart, Peter J. "Stoic Elements in Calvin's Doctrine of the Christian Life; part II. Mortification," in *The Westminster Theological Journal*, vol. 55, no. 2, (Philadelphia; Westminster Theological Seminary, 1993 fall).

Stetina, Karen S. *The Biblical-Experimental Foundations of Jonathan Edwards' Theology of Religious Experience 1720-1723*, (Milwaukee; Maquette University; Ph. D. Dissertation, 2003).

Wong, David Wai-Sing. *The Covenant Theology of John Owen*, (Philadelphia; Westminster Theological Seminary; Ph. D. Dissertation, 1998).

단행본

김남준. 「구원과 하나님의 계획」, (서울; 부흥과개혁사, 2004).

김남준. 「마음지킴」, (서울; 생명의말씀사, 2003).

김남준. 「죄와 은혜의 지배」, (서울; 생명의말씀사, 2005).

김남준. 「하나님의 깊은 사랑을 경험하라」, (서울; 생명의말씀사, 1999).

김재성. 「성령의 신학자 존 칼빈」, (서울; 생명의말씀사, 2004).

이상현. 「조나단 에드워즈의 철학적 신학」, 노영상, 장경철 역, (서울; 한국장로교출판사, 1999).

토마스 아퀴나스. 「신학대전」, 정의채 역, (사울; 바오로딸, 2005).

Althaus, Paul. *The Theology of Martin Luther*, translated by Robert Schulz, (Philadelphia; Fortress Press, 1966).

Avgvstinvs, Avrelivs. *Confessionvm*, in *Corpus Christianorvm Series Latina; Avrelii Avgvstini Opera*, (Tvrnholti; Typographi Brepols Editores Pontificii, 1990),

Avgvstinvs, Avrelivs. *De Civitate Dei*, in *Corpvs Christianorvm Series Latina; Avrelii Avgvstini Opera*, (Tvrnholti ; Typographi Brepols Editores Pontificii, 1955).

Avgvstinvs, Avrelivs. *De Libero Arbitrio*, in *Corpvs Christianorvm Series Latina; Avrelii Avgvstini Opera*, (Tvrnholti ; Typographi Brepols Editores Pontificii, 1970).

Avgvstinvs, Avrelivs. *De Vera Religione*, in *Corpvs Christianorvm Series Latina; Avrelii Avgvstini Opera*, (Tvrnholti ; Typographi Brepols Editores Pontificii, 1992).

Bates, William. *The Harmony of the Divine Attributes in the Contrivance and Accomplishment of Man's Redemption by the Lord Jesus Christ*, in *The Works of the Late Reverened and Learned William Bates*, (London; Printed for Aylmer, at the Three Pigeons, against the Royal Exchange in Cornhill: J. Robinson, at the Golden Lion in St. Paul's Church-Yard, 1700).

Bayly, Lewis. *The Practice of Piety; A Puritan Devotional Manual*, (Morgan; Soli Deo Gloria, 1997 reprinting).

Bellamy, Joseph. *Sin, the Law, and the Glory of the Gospel*, (Ames; International Outreach, Inc., 1998).

Breed, James L. *Sanctification in the Theology of Cotton Mather*, (Dubuque; Aquinas Institutes of Theology, Ph. D. dissertation, 1980).

Calvin, John. *Institutes of the Christian Religion*, vol. 2, translated by Henry Beveridge, (Grand Rapids; William B. Eerdmans Publishing Company, 1981 reprinting).

Dickson, David. *Therapeutica Sacra; shewing briefly the method of healing the diseases of the conscience, concerning regeneration,* written first in Latine by David Dickson and thereafter translated by him, (Edinburgh; Printed by Evan Tyler, Printer to the King's most Excellent Majesty, 1664).

Douglas, Mary. *Purity and Danger; an Analysis of Concepts of Pollution and Taboo*, (London; Routledge, 2002).

Edwards, Jonathan. A History of the Work of Redemption, in *The Works of Jonathan Edwards*, vol. 9, edited by John F. Wilson, (New Haven; Yale University Press, 1989).

Edwards, Jonathan. "Christian Knowledge or the Importance and Advantage of a Thorough Knowledge of Divine," *Miscellaneous Discourse,* in *The Works of Jonathan Edwards*, vol. 2, revised and corrected by Edward Hickman, (Edinburgh; The Banner of Truth Trust, 1995 reprinting).

Edwards, Jonathan. "God Glorified in Man's Dependence," *Two Sermons,* in *The Works of Jonathan Edwards*, vol. 2, revised and corrected by Edward Hickman, (Edinburgh; The Banner of Truth Trust, 1995 reprinting).

Edwards, Jonathan. "Man's Natural Blindness in the Things of Religion," *Miscellaneous Discourse,* in *The Works of Jonathan Edwards*, vol. 2, revised and corrected by Edward Hickman, (Edinburgh; The Banner of Truth Trust, 1995 reprinting).

Edwards, Jonathan. "Men Naturally are God's Enemies," *Miscellaneous*

Discourse, in *The Works of Jonathan Edwards*, vol. 2, revised and corrected by Edward Hickman, (Edinburgh; The Banner of Truth Trust, 1995 reprinting).

Edwards, Jonathan. "Sermon on Hosea 5:15," *Seventeen Occasional Sermons*, in *The Works of Jonathan Edwards*, vol. 2, revised and corrected by Edward Hickman, (Edinburgh; The Banner of Truth Trust, 1995 reprinting).

Edwards, Jonathan. *Sermons and Discourses, 1720-1723*, in *The Works of Jonathan Edwards*, vol. 10, edited by Wilson H. Kimnach, (New Haven; Yale University Press, 1992).

Edwards, Jonathan. "The Glory and Honor of God", in *Previously Unpublished Sermons of Jonathan Edwards*, vol. 2, edited by Michael D. McMullen, (Nashville; Broadman and Holman Publishers, 2004).

Edwards, Jonathan. "The Mind", in *The Works of Jonathan Edwards*, vol. 6, edited by Wallace E. Anderson, (New Haven; Yale University Press, 1980).

Edwards, Jonathan. *The Miscellanies, a-500*, in *The Works of Jonathan Edwards*, vol. 13, edited by Tomas A. Schafer, (New Haven; Yale University Press, 2002).

Edwards, Jonathan. *The Nature of True Virtue*, in *The Works of Jonathan Edwards*, vol. 8, edited by Paul Ramscy, (New Haven; Yale University Press, 1987).

Edwards, Jonathan. "The Peace Which Christ Gives His True Follower," *Fifteen Sermons on Various Subjects*, in *The Works of Jonathan Edwards*, vol. 2, revised and corrected by Edward Hickman, (Edinburgh; The Banner of Truth Trust, 1995 reprinting).

Grudem, Wayne. *Systematic Theology; An Introduction to Bible Doctrine*, (Grand Rapids; Zondervan Publishing House, 1994).

Harrison, Ronald K. *Introduction to the Old Testament*, (Peabody; Hendrickson Publishers, 2004).

Kevan, Ernest F. *The Grace of Law; A Study in Puritan Theology*, (Morgan; Soli Deo Gloria Publications, 1997 reprinting).

O'Donnell, J. J. *Augustine : Confessions*, vol. 2: Commentary on Books 1-7, (Oxford; Clarendon Press, 2000)

Owen, John. *A Practical Exposition upon Psalm CXXX.; wherein the nature of the forgiveness of sin is declared; the truth and reality of it asserted; and the case of a soul distressed with the guilt of sin, and relieved by a discovery of forgiveness with God, is at large discoursed*, in *The Works of John Owen*, vol. 6, edited by William H. Goold, (Edinburgh; The Banner of Truth Trust, 1991 reprinting).

Owen, John. *A Treatise of the Dominion of Sin and Grace; wherein sin's reign is discovered, in whom it is, and in whom it is not; how the law supports it; how grace delivers from it, by setting up its dominion in the heart*, in *The Works of John Owen*, vol. 7, edited by William H. Goold, (Edinburgh; The Banner of Truth Trust, 1988 reprinting).

Owen, John. *Holiness Necessity from The Command of God; Necessity of holiness proved from the command of God*, in *The Works of John Owen*, vol. 3, edited by William H. Goold, (Edinburgh; The Banner of Truth Trust, 1994 reprinting).

Owen, John. *Of the Mortification of Sin in Believers; the necessity, nature, and means of it; with a resolution of sundry cases of conscience thereunto belonging*, in *The Works of John Owen*, vol. 6, edited by William H. Goold, (Edinburgh; The Banner of Truth Trust, 1991 reprinting).

Owen, John. *Pneumatologia, or, A Discourse Concerning the Holy Spirit; wherein an account is given of his name, nature, personality, dispensation, operations, and effects; his whole work in the old and new creation is explained; the doctrine concerning it vindicated from oppositions and reproaches. The nature also and necessity of gospel holiness; the difference between grace and morality, or a spiritual life unto God in evangelical obedience and a course of moral virtues, are stated and declared*, in *The Works of John Owen*, vol. 3, edited by William H. Goold, (Edinburgh; The Banner of Truth Trust, 1994 reprinting).

Owen, John. *The Doctrine of the Saints' Perseverance Explained and Confirmed*, in *The Works of John Owen*, vol. 11. edited by William H. Goold, (Edinburgh; The Banner of Truth Trust, 1988 reprinting).

Owen, John. *The Nature of Apostasy from the Profession of the Gospel and the Punishment of Apostates Declared, in an Exposition of Heb. vi. 4-6; with an inquiry into the causes and reasons of the decay of the power of religion in the world, or the present general defection from the truth, holiness, and worship of the gospel; also, of the proneness of churches and persons of all sorts unto apostasy with remedies and means of prevention*, in *The Works of John Owen*, vol. 7, edited by William H. Goold, (Edinburgh; The Banner of Truth Trust, 1988 reprinting).

Owen, John. *The Nature, Power, Deceit, and Prevalency of the Remainder of Indwelling Sin in Believers; together with the ways of its working and means of prevention, opened, evinced, and applied; with a resolution of sundry cases of conscience thereunto appertaining*, in *The Works of John Owen*, vol. 6, edited by William H. Goold, (Edinburgh; The Banner of Truth Trust, 1991 reprinting).

Perkins, William. *The Whole Works of that Famous and Worthy Minister of Christ in the Universities of Cambridge, Mr. William Perkins*, vol. 2, (London; John Legatt, 1617).

Ryle, John C. *The Christian Race and Other Sermons*, (Moscow; Charles Nolan Publishers, 2002).

Scudder, Henry. *The Christian's Daily Walk, in Holy Security and Peace*, (London; Printed for William Miller, 1690).

Vincent, Nathaniel. "The Conversion of Sinners", in *The Puritans on Conversion*, (Morgan; Soli Deo Gloria Publications, 1990 reprinting).

Warfield, Benjamin B. *Faith and Life*, (Edinburgh; The Banner of Truth Trust, 1990 reprinting).

Watson, Thomas. *The Doctrine of Repentance*, (Edinburgh; The Banner of Truth Trust, 1994 reprinting).

부록 2 · 성구 색인

구약

창 2:17	207
창 2:23-24	180
창 4:17	77
창 6:6	179
창 30:22	179
창 31:1	133
창 37:26-27	63
창 39:9	63
출 3:14	179
출 29:43	133
출 33:18	133
출 40:34	133
레 2:1-7	102
레 9:6	133
민 14:10	133
민 21:3	179
신 6:7	125
신 6:25	106
삼상 2:30	133
삼상 4:21	132
삼하 6:22	133
삼하 12:11-12	78
삼하 12:13	74
삼하 12:24	74
왕상 3:13	132
왕하 18:5	180
대상 16:29	133
대하 16:16-18	77
대하 18:1	132
대하 30:20	179
대하 32:27	132
스 10:2-3	176
느 9:9	179
에 8:16	133
욥 19:9	133
욥 20:4-5	208
욥 27:12	43
욥 31:1-2	63, 64
욥 31:3	63
욥 42:6	208
시 3:2-4	258
시 6:1	250
시 6:2	210, 250
시 11:3	140
시 11:4	140, 232
시 18:14	88
시 19:1-2	140
시 19:7	125
시 19:8	124, 125
시 22:14	210
시 26:1	180
시 29:3	133
시 29:8-9	232
시 31:10	210, 213
시 32:3	210
시 34:18	24
시 35:23-25	77
시 38:3	210, 213
시 42:5	172
시 42:11	258
시 49:1-4	230
시 49:16	132
시 51:1	74
시 51:3	213
시 51:4	156, 205

시 51:5	159
시 51:8	210
시 51:16	201
시 51:17	111
시 57:7-11	232
시 88:1-10	255
시 106:20	133
시 108:5	133
시 119:18-20	125
시 119:20	126
시 119:37	43
시 145:11	133
잠 3:14-15	233
잠 3:18	233
잠 4:7	233
잠 5:12-13	172
잠 5:12-13	172
잠 6:5	177
잠 23:5	133
잠 29:6	186
전 2:21	43
사 1:3	127
사 2:5	127
사 5:13	133
사 8:20	125
사 10:16	133
사 13:19	77
사 16:14	133
사 17:4	133
사 22:13	80
사 22:18	133
사 23:9	133
사 42:8	133
사 64:6	106
렘 4:18	186
렘 5:4-5	48
렘 17:9	129
렘 30:15	186
애 3:26	181
애 3:40	176

겔 18:4	186
단 11:14	77
호 6:1	176
욘 3:3	177
욘 3:4-9	155
욘 3:6	177

신약

마 4:1-11	57
마 5:14-15	125
마 6:9-10	109
마 6:23-24	123
마 7:16	193
마 7:17-18	193
마 11:25	189
마 14:5	63
마 16:17	189
마 21:26	63
마 21:31-32	152
마 27:4-5	201
눅 5:8	159
눅 7:47	254
눅 10:23	250
눅 14:15	250
눅 15:18	176
눅 18:9	88
눅 18:13	159
눅 24:26	125
요 1:14	134
요 8:34	68
요 14:21	226, 246
요 15:8	108
요 16:7-8	152
요 16:8-11	209
요 20:29	250

행 7:25	75
행 19:17-18	159
행 22:16	177
행 24:24	164
행 24:25	63, 164
롬 2:14	63
롬 2:15	63, 159
롬 2:17-20	93
롬 3:10-15	106
롬 4:8	250
롬 5:9	177
롬 6:14	177
롬 6:16	68
롬 7:5	27
롬 7:15-17	213
롬 7:15-18	240
롬 7:16	69
롬 7:19-22	69
롬 7:20	240
롬 7:21-23	48, 158
롬 7:23	240
롬 8:2	55
롬 8:32	252
롬 9:31-32	93
롬 10:3	93
롬 10:5	207
롬 14:7-8	176
롬 14:17	177
고전 2:13	126, 150
고전 7:9	27
고전 13:12-13	126
고후 4:4	135, 177
고후 4:6	135
고후 5:18-20	125
고후 7:1	216
고후 7:11	207
갈 2:20	26, 227
갈 4:9	68
갈 5:24	245
갈 6:14	176, 245
엡 4:11-15	125

엡 4:17	124
빌 1:10-11	108
골 2:2	177
골 3:5	190
딤전 1:11	134
딤전 3:15	125
딤전 4:2	205
딤전 5:11	27
딤후 2:7	143
딤후 2:26	48
딤후 3:15-17	125
히 5:14	53
히 11:25	50, 75
히 11:26	50
히 12:1	48
히 12:28-29	216
약 1:14-15	191
약 1:23-24	142, 256
약 1:25	143
약 4:3	27
벧전 2:24	224
벧후 1:4	172
벧후 1:19	124
벧후 2:22	255
요일 2:17	185
요일 3:22	248
계 21:23	133

부록 3 · 주제별 색인 - 본문

ㄱ

각성 134, 206, 209
거룩 91, 100, 109, 134-135, 138, 193, 214, 239, 251, 259, 261
거룩한 본성 36
거룩한 삶 25, 29, 102, 104, 110, 191, 228, 243, 264
거룩한 성품 102, 143
계명 58, 94, 125, 226, 228, 243-244, 246, 248
계시 41, 100, 120, 134, 143, 232, 244
고운 가루 102, 110
고통 48, 72, 75, 130, 185-187, 202, 208-217, 223, 249-250, 252, 255-258, 260
공리적 명제 189
교만 135, 242-243
구속 224, 232, 260, 263
구원 25, 36, 38-40, 98-99, 101, 103-104, 106-107, 109, 128, 133, 160, 183, 187, 212, 217, 230-231, 242-243, 249-251, 261, 263
긍휼 250
기도 29, 105, 109, 128, 191, 248
기쁨 51, 75-76, 78, 100, 139, 141, 249, 261-262, 264

ㄴ

내재하는 죄 38, 47, 56, 67, 165, 192, 217

ㄷ

다윗 74, 77, 111
담대함 256
도덕적 책임 150, 152-159, 173, 213
독립 96-97, 175, 178-180
동기 72, 110-111, 261, 264
두려움 43, 75, 79-80, 141, 164, 210, 241

ㅁ

마음 24, 29, 39-40, 48-58, 60, 65, 67-68, 70, 72-73, 75-76, 78, 80, 89, 91, 96, 100-101, 103, 110-111, 125-128, 130, 132, 135, 140-143, 162, 164, 177-178, 181, 183, 186, 192, 206, 210-211, 213, 217, 224, 228, 230, 244, 248-250, 253, 257, 264
마음의 틀 53-57, 100, 110, 228, 244
마음의 풍취 56
무지 103, 124
묵상 230
미덕 55 57, 95, 229
미움 58, 76, 141, 217
믿음 29, 41, 91, 95, 104-105, 130, 160, 165, 227, 234, 251-252, 255, 260

ㅂ

반감 38
복음 39, 89, 104, 110-111, 127-128, 131-138, 164, 177, 201, 211, 230, 241
복음적 의 92, 94-95
본성의 빛 37, 120
부주의함 240-241
부패성 105, 164, 225, 249

부활 227
불순종 58, 60, 64-66, 69-73, 97
불편의 논증 63
비참함 111, 130, 134, 137, 174, 242, 250-251, 257

ㅅ

사단 177, 187
사랑의 질서 242
삶의 허무 125
삼위일체 102
상번제 110
상상 50-51, 52, 55-56, 73, 75
선 47, 50, 55, 71, 95-98, 108, 156, 159, 182, 184, 186, 202, 248
선택 79, 173, 186, 206, 211, 213-214, 256
선한 의지 27, 56, 70-71, 159, 244-258
섭리 73-74, 214-215
성경 26, 28, 37, 47, 50, 89-90, 106-107, 119, 132-133, 139, 152, 157, 164-165, 175, 180, 185, 189-190, 223, 232, 240, 258, 262
성령 25-26, 42, 55, 68, 80, 122, 125, 127-128, 139-140, 142, 150, 152-153, 160-162, 217, 247, 257
성령의 조명 43, 120, 122, 127-128, 130-132, 135-136, 142, 149-151, 153, 173, 190, 200, 203, 205, 210, 212, 242, 251, 256
성화 28-29, 39, 47, 107, 109, 160-161, 174-175, 202, 227, 233, 256
속임 41-43, 49, 71, 181, 200, 240-241
속죄 67, 209, 215, 217, 242
순결 42
시련 258

신학지식 132
실행죄 59, 64, 69, 158
싫증 261
심판의 고통 215, 217
십자가 39, 89, 95, 176, 202, 211-212, 215, 217, 244, 252

ㅇ

아리스토텔레스 53, 152
악덕 55-57, 79, 95, 156-157, 263
양심 60-62, 66, 70-71, 79, 134, 151, 158, 163, 200-204, 206-207, 252, 254
양심 신성설 203
양심의 가책 209-211
어거스틴 25, 42, 45, 123, 139, 225, 245-246
어둠 123, 263
언약 123, 217
연약함 143
연합 38, 100-101, 138, 216, 239, 243
영광 77, 108-110, 127-128, 131-138, 140, 183-185, 254, 258, 264
옛 본성 26, 38-39, 172-173, 181, 191, 200, 203, 225
오성 46, 143, 205, 228
오염 143, 201
올곧음 255-260
욕망 28, 52, 53, 63, 65-66, 76, 81, 83, 100, 143, 166, 187, 189, 191-192
우주의 중심 222
위로 255, 258
유혹 56, 65, 191-192, 249, 261
율법 92-94, 105, 127, 134, 159, 200, 206-207, 214
은혜 227-228, 232, 240, 244, 252, 256,

259
이성 29, 41, 43-45, 51, 54, 62, 70, 73, 77, 120, 123, 130, 139-143, 150-152, 156, 158, 162-164, 178, 188-190, 213, 229, 232
이성의 추론 44, 62, 70, 130, 142-143, 150-151, 162, 164, 178, 186-187
인격적 사랑 101
인내 182, 249-250, 263
일자성 49

ㅈ

자기 깨어짐 25-26, 38, 42, 90, 150, 176, 189, 200, 217, 260, 262
자기 부인 123, 170, 172, 174-176, 178-179, 181, 189-190, 193, 200, 214, 250
자기 불신 178
자기 비판 173, 175
자기 사랑 26-30, 36-37, 183-184, 186, 191, 194, 206, 240, 244, 248, 252, 262
자기의 26, 38-39, 90-91, 94-95, 99-100, 102-106, 113-114, 127, 133, 162, 173, 211, 240-242
자원 90, 97-98, 102-103, 111
자유 39, 103, 175, 178, 183-184, 246, 261
저주 258
적의 44
전망적 경험 217
절대 의존 99-100, 106
절대선 156, 158
절대악 156
정염 143
정욕 25, 28-29, 51-52, 72
정죄 72-73, 83, 204, 208, 243, 251, 254
정직 62, 163-165

제사 79, 113, 263
조명 47, 120, 122-123, 142, 144-145, 150-152
종교생활 232-233
죄에 대한 사랑 24, 32, 35, 38, 39, 75, 78, 79, 80, 81, 111, 122, 128, 130, 143, 161, 174, 176, 210, 240, 242, 263, 264
죄의 계획 39
죄의 뿌리 25, 35, 37, 43, 205
죄의 원천 158, 159
죄의 확신 149-151, 153-158, 160-161, 164-165, 171-174, 181, 190, 202, 206, 212
죄책감 71-73, 151, 156, 201
주의 깊음 43, 241
중보자 91, 95, 103, 242-243, 252
중생 46, 47, 55, 71, 79, 89, 97, 101, 110, 128, 142, 153-156, 172, 177, 225, 230
지성의 눈멂 121
지순의 사랑 97, 100, 176, 182, 183, 193, 249, 251
지식 29, 54, 55, 89, 100, 119-120, 135-139, 141-143, 149, 162-165, 214, 226, 230, 232, 234, 245-248
지식의 파지 142
진리의 빛 29
질서 66, 96, 137, 143, 180, 192, 202, 242
집착 75, 78-79, 176, 186
징계 214-215, 250

ㅊ

참회 43, 111, 135, 137, 149, 162-163, 182, 185, 201, 211, 213-216, 239-242, 245, 248-249, 252-255
창조세계 183-184, 265
창조의 계획 232

창조의 목적 50, 55, 71, 95-100, 119, 155, 175, 182-184, 186-187, 224, 228, 230, 249, 259, 261
천적 본성 225
천지창조 97, 230
철학 28, 41, 53, 123, 139, 140, 152, 230, 232-233
철학적 사색 41
철학적 사유 230, 232-233
청교도 42, 53, 135, 154, 243, 255, 259
체험 80, 101, 128, 130, 215
총명 44, 54, 140-141, 143, 204, 230
최고 이성 156
축복 105, 260

ㅌ

타락 46, 80, 86, 97-98, 105, 141, 231
통전성 139

ㅍ

평안 78, 154
포기 161
표상 44, 141, 134

ㅎ

하나님의 말씀 90, 122, 124, 126, 128, 133, 165, 189, 200, 252, 256
하나님의 사랑 108-109, 180, 214, 216, 252-255
하나님의 생명 101-102
하나님의 영광 108-109, 127, 130, 132, 137-138, 229-230, 253, 262

하나님의 용서 157, 181, 253
하나님의 은혜 28, 51, 64, 81, 91, 106-107, 190, 253, 261
하나님의 지혜 247
하나님의 진노 127
하나님의 형상 41, 135, 193
행복 37, 45, 100, 138, 186, 193, 214, 229, 233-234, 252-253
헌신 23, 38-39, 91, 105, 110-111, 230, 242, 260-264
현자의 삶 230
확신 64, 103, 111, 119, 149-158, 160-161, 163-165, 171-174, 177-178, 181-188, 190, 199, 201-202, 205-206, 209-210, 212-213, 217
회개 23-25, 28, 74, 80, 95, 119, 127, 140, 151, 153, 160, 177, 204, 208, 214, 217, 239, 241
회고적 경험 215
회심 25, 38, 128, 152, 160, 181, 227, 251
희생 89, 110, 182, 215, 253, 261

부록 4 · 주제별 색인 – 각주

ㄱ

각성 24, 76, 154
거룩 92, 122, 133, 136, 216
거룩한 삶 25, 54
계명 27, 126, 231, 246
고통 63, 108, 119, 126, 209, 210, 225, 249, 250
공리적 명제 188, 189
구원 87, 96, 104, 122, 129, 130, 154, 197, 205, 206, 210, 250, 255
그리스 41, 42, 53, 75, 92
긍휼 74, 210
기도 108, 175, 228, 255
기쁨 69, 75, 76, 77, 92, 97, 133, 136

ㄴ

내적 자유 177

ㄷ

다윗 74, 201, 250
대표자 225
도덕적 의무 93
독립 27, 179, 180
두려움 51, 61, 92, 209, 216, 240

ㅁ

마음 24, 27, 36, 48, 51, 54, 59, 61, 76, 77, 88, 102, 103, 104, 120, 124, 125, 126, 128, 129, 130, 159, 172, 180, 181, 208, 210, 232, 240, 241, 249, 250
마음의 틀 54
무지 93, 121, 125, 130, 177, 189
묵상 24, 25, 125, 228, 232
미덕 193
미움 77, 208,
믿음 26, 41, 42, 93, 122, 126, 130, 131, 154, 188, 189, 228, 245, 246

ㅂ

반감 121
배교 205
복음 24, 37, 93, 124, 128, 200, 207, 210, 211, 254
복음적 의 92
본성의 빛 121, 126
부르심 36
부패성 204, 225
불순종 37, 92
불신앙 177
비참함 250

ㅅ

사단 177
사랑의 질서 193, 199
사적인 사랑 180
상번제 102
선 45, 48, 69, 96, 97, 106, 122, 136, 158, 199, 231

선택 61
선한 의지 203
섭리 61, 74, 209, 254
성결 103
성경 24, 53, 68, 75, 77, 106, 108, 125, 126, 129, 131, 133, 140, 176, 179, 205, 209, 213, 228, 250
성령 24, 61, 120, 129, 130, 136, 150, 154, 203, 246
성령의 조명 120, 126, 128, 129, 207, 249
성화 54, 126, 231
속임 76, 77, 106, 121, 124, 204, 241
속죄 93
순결 46
순수지성 179, 189, 190
신학지식 129
실행죄 225
심판 51, 61, 205, 207, 208, 209, 210, 249
십자가 26

ㅇ

아담 180, 225
아리스토텔레스 122
악덕 121, 193
악한 행실 177
양심 61, 159, 205, 210
양심의 가책 201, 204
어거스틴 41, 45, 46, 94, 130, 131, 190, 203, 245
어둠 76
언약 64, 102, 103, 176
연약함 126
연합 132, 180, 216, 240
영광 42, 77, 94, 124, 128, 132, 133, 134, 179, 232
영혼의 어두움 121, 126

옛 본성 225
오성 41, 94, 130, 140
오염 225
올곧음 259
요셉 63
욕망 27, 172, 198, 203, 241, 247
원죄 225
위로 247, 250
유혹 52, 177
율법 24, 27, 61, 92, 93, 134, 143, 154, 159, 175, 176, 207, 210, 240, 254
은혜 37, 59, 63, 69, 93, 96, 129, 154, 216, 228, 254
이성 41, 42, 44, 61, 77, 119, 120, 121, 124, 125, 126, 130, 131, 142, 172, 188, 189, 190, 245, 246, 247
이성의 추론 42, 61, 77, 119, 126, 142, 172, 188, 190, 246, 247
이차적 아름다움 38
인내 48
인식론 46, 128, 246, 247
일자성 45

ㅈ

자기 깨어짐 24, 102, 103, 119, 142, 216, 228, 240, 250
자기 부인 25, 172, 249
자기 사랑 27, 172
자기의 24, 75, 88, 93, 94, 103, 104, 142, 205, 207
자원 87
자유 37, 143, 177, 206
저주 77, 106
전적 무능 178, 208, 250
절대 의존 180, 208, 250
정욕 27, 52, 59, 61, 62, 76, 121, 172

정죄 69, 207, 208, 210, 211
정직 59, 63, 128, 129, 161
제사 102, 103, 201
조명 120, 125, 126, 128, 129, 130, 131, 142, 150, 154, 190, 207, 249
종말 207
죄에 대한 미움 208
죄에 대한 사랑 24, 103, 208
죄의 결과 210, 214, 250, 257
죄의 법 48, 158, 240
죄의 본질 225
죄의 뿌리 225
죄의 확신 210
죄책감 51, 52
주의 깊음 240
죽음 225, 249
중보자 96
중생 36, 37, 40, 68, 69, 120, 121, 130, 187, 193, 207, 216, 228, 240
지순의 사랑 138, 179, 180, 185
지식 41, 42, 43, 93, 126, 128, 129, 140, 231, 232
지적인 눈멂 76, 121
진리의 빛 246
질병 225
질서 61, 122, 193, 199

ㅊ

참회 24, 201, 210, 211, 216, 240
창조세계 180
창조의 목적 185
철학 41, 42, 45, 126, 130, 140, 179, 231, 232
철학적 사색 130
철학적 사유 126
청교도 36, 61, 63, 69, 106, 121, 154, 228

체험 129
총명 140, 142,

ㅌ

타락 44, 45, 120, 121, 124, 130, 172, 180, 199, 204, 225

ㅍ

편견 177
평안 210, 213
포기 51, 63, 93, 208
표상 44, 189, 241, 247

ㅎ

하나님의 말씀 102, 125, 126, 129
하나님의 사랑 179
하나님의 생명 52
하나님의 영광 129, 133, 135, 136, 140, 232, 241, 250
하나님의 용서 208, 216
하나님의 은혜 93, 96
하나님의 자비 254
하나님의 형상 124
행복 77, 138, 200
헌신 102, 103, 180, 201
화목 36
확신 93, 128, 154, 175, 210, 249
회개 25, 36, 74, 129, 154, 208, 211, 217, 240, 254
회심 87, 228

사명선언문

너희가 흠이 없고 순전하여……세상에서 그들 가운데 빛들로
나타내며 생명의 말씀을 밝혀 _ 빌 2:15-16

1. 생명을 담겠습니다
만드는 책에 주님 주신 생명을 담겠습니다.
그 책으로 복음을 선포하겠습니다.

2. 말씀을 밝히겠습니다
생명의 근본은 말씀입니다.
말씀을 밝혀 성도와 교회의 성장을 돕겠습니다.

3. 빛이 되겠습니다
시대와 영혼의 어두움을 밝혀 주님 앞으로 이끄는
빛이 되는 책을 만들겠습니다.

4. 순전히 행하겠습니다
책을 만들고 전하는 일과 경영하는 일에 부끄러움이 없는
정직함으로 행하겠습니다.

5. 끝까지 전파하겠습니다
모든 사람에게, 땅 끝까지, 주님 오시는 그날까지
복음을 전하는 사명을 다하겠습니다.

서점 안내

광화문점   서울시 종로구 새문안로 69 구세군회관 1층
            02)737-2288 / 02)737-4623(F)

강남점   서울시 서초구 신반포로 177 반포쇼핑타운 3동 2층
            02)595-1211 / 02)595-3549(F)

구로점   서울시 동작구 시흥대로 602, 3층 302호
            02)858-8744 / 02)838-0653(F)

노원점   서울시 노원구 동일로 1366 삼봉빌딩 지하 1층
            02)938-7979 / 02)3391-6169(F)

분당점   경기도 성남시 분당구 황새울로 315 대현빌딩 3층
            031)707-5566 / 031)707-4999(F)

일산점   경기도 고양시 일산서구 중앙로 1391 레이크타운 지하 1층
            031)916-8787 / 031)916-8788(F)

의정부점 경기도 의정부시 청사로47번길 12 성산타워 3층
            031)845-0600 / 031) 852-6930(F)

인터넷서점 www.lifebook.co.kr